臺灣鄉土與宗教研究叢刊

# 臺灣民宅的辟邪物

## ——以臺南縣家宅的門楣為例

陳桂蘭 著

蘭臺出版社

# 臺灣鄉土與宗教研究叢書總序

李世偉（花蓮教育大學鄉土文化系副教授）

人類對於鄉土的感情是原生性的，毋庸刻意學習與培養，自然而成。鄉土既是生命情懷之託，也是知識啟蒙之端，因此古云「君自故鄉來，應知故鄉事」，那是一種每個人最熟悉的生命經歷，而所謂「以鄉之物教萬民」則當是傳統社會的自然及社會教育了。

解嚴以來，隨著政治改革的民主化與本土化的潮流，臺灣鄉土教育與文化日益受到重視，最初由部分知識分子與地方政府草根式的推動，由下而上地顛覆中央政府過去以中國大陸為中心的教育政策，鄉土教育成為體制內所認可的重點。影響所及，教育部也制定了系列的鄉土歷史文化教學活動，在國中小次第開展；此外，各種的鄉土文化藝術活動受到極大的重視與鼓勵，地方文史工作室紛然而立，一時之間，臺灣各地充滿著濃厚的「鄉土熱」。

然而，鄉土熱的風潮未必能帶來相對的研究成果與水平，這除了鄉土研究的時間尚短，相關的問題意識、文獻積累、研究方法、研究視野等尚未充分且深入的開展外，意識型態的干擾、媚俗跟風者眾，也是關鍵因素。這使得表面上鄉土文化的論著充斥書肆，研究資源也易於取得，但研究水平難有實質上的提昇。這樣的反差是頗令人感慨的，因此有了出版這套「臺灣鄉土與宗教研究叢書」之構想。鄉土文化研究以民間宗教信仰作為切入點，自然是著眼於臺灣漢人移民社會的特質而發，從移民之初至今，民間宗教信仰作為族群認同、社區凝聚、經濟生產、常民生活、精神文化等作用，已是我們所熟知的課題，因此作為叢書論述的

主軸。

這套「臺灣鄉土與宗教研究叢書」首先推出七本佳著，分別是周政賢《臺灣民間地基主的信仰》、陳桂蘭《臺灣民宅的辟邪物》、施晶琳《臺灣的金銀紙錢》、楊士賢《臺灣的喪葬法事》、陳瑤蒨《臺灣的地獄司法神》、邱秀英《花蓮地區客家信仰的轉變》、許宇承《臺灣民間信仰的五營兵將》。這些論著均為作者的學位論文改寫而成，雖然他們都是學界新秀，識者不多，舞文弄墨的身段也未必老練。但熟悉學界之生態者多知，許多人一旦擠身教授之流後，或困於教學、行政之壓力，或疏於己身之怠惰，或安於升等後之既得位階，要再期待有佳作問世，便如大旱之望雲霓也。相對的，若是研究生能潛心專志、奮力相搏，反而能有驚豔之作。毋庸誇誇之言，這七部書都是內容紮實的精彩作品，文獻資料詳實可徵，作者們也都作了大量的田野調查，為我們提供第一手的觀察與論證，圖像資料亦相當可貴，具有極高之參考價值。當然，更重要的是，作者所探討的主題均為漢人民間社會中極重要，卻較少被有系統性的處理者，因此益顯彌足可貴，有心之讀者可以細加體會。

臺灣蘊藏的鄉土文化極為豐富，這次首推的叢書，其主題雖多與宗教信仰相關，但我們希望能夠再發崛其它的主題論著，也期許有更多的人投入其中。這套叢書能順利出版，感謝蘭臺出版社的盧瑞琴小姐與郝冠儒先生的支持，要在利潤微薄的出版市場上作這樣投入，是需要一點冒險與勇氣的。另外老友王見川從旁的一些協助與意見，亦一併致謝。是為序。

# 自 序

　　執教多年，隱藏著蠢蠢欲動想重拾書本的念頭，湧了念頭就去闖，就闖進了台南大學台灣文化研究所，憑藉的就是簡單純粹的喜歡台灣文化。受業期間，一則身染學術薰陶，一則驚覺台灣民俗文化的能量在現代社會竟活躍出傳統氛圍，是垂手可得！是舉目可見！當時，俯拾即是的辟邪物就緊緊吸引了我，即便明知研究之路艱辛，仍執著於此；如今，感謝李世偉老師的引薦，研究成果能付梓出書，著實慶幸，亦回饋了選擇辟邪物研究的堅定信念！

　　在「趨吉避凶」的心態下，民宅運用門楣辟邪物以主動積極祈求平安福氣，相對的能避免邪煞惡鬧之傷害。將精神與信仰層面的「辟邪」力量加諸於「物」，幫助人們在心理上堅強面對挑戰，所形成的內在心靈空間的精神防衛系統在台灣民俗文化中落地生根，因此想一探門楣辟邪物的風貌。

　　辟邪物體系涵蓋範疇廣泛，門楣辟邪物類歸為空間辟邪物，屬於私領域的民宅辟邪物。門楣辟邪物之所以在民宅門楣上出現，有其構成要件有四：時空宇宙觀念、陽宅風水理論、巫術宗教信仰、民俗工藝技術，四者彼此環環相扣，互有影響，是門楣辟邪物得以體現的因素。

　　台南縣發展歷史頗早，幾乎可以說是台灣文化開始的起點地，民俗習慣在這塊土地上逐漸累積，必須不斷謀合時代的需求，

方能達到豐富多元的程度，呈現出最為當代所接受的型態。無庸置疑，台南縣使用門楣辟邪物的民俗能依然保存，勢必經過汰舊換新去蕪存菁。

　　台南縣的門楣辟邪物質與量龐複豐富，然而最為普遍的基本型態：八卦、鏡、獸牌、山海鎮，運用於民間歷時已久，各自都有其淵源，而且多與「神話」發展有所關係，逐漸累積出今日之型態。除此之外，尚有牌區型態與器物型態的門楣辟邪物，選擇民俗慣用的符號、圖案、文字加以組織安排，充分表達出壓制邪穢、迴避邪穢、招福納財三種面向。而且一體成形的門楣辟邪物，不但能單獨個別運用，在台南縣還能發現辟邪物的組合，彷彿要形成強而有力的防護網絡，饒富民俗風趣。

　　台南縣幅員遼闊，在這塊肥美的南瀛沃土上，我何其幸運？生活於此！於是乎，以台南縣為研究場域，一個女生，一部機車，一台相機，一股傻勁，風吹日曬，上山下海，跑過了台南縣 31 鄉鎮，累了！倦了！想想何苦來哉？但一尋到特殊的辟邪物，卻笑了！為的無非是想擬出門楣辟邪物的真實風貌！或許，難免有遺珠之憾，卻不容懷疑已盡我所能，面對論文之田野調查工作，不悔！無愧！

　　回首來時路，研究辟邪物雖是「物」，其實交集聚合了好多好多人的「情」，讓我心中滿滿，不都是「緣」嗎？緣分牽動，感謝在學術研究上，恩師助我方向指引，同學陪我同甘共苦；感謝在教學工作上，長官、同事與學生為我加油打氣；感謝在生活上，家人親朋挺我無後顧之憂；感謝在田調研究上，形形色色的受訪者願意與門外漢的我對話，並不吝提供專業的經驗，開啟了

我對門楣辟邪物的認知，提高了我對門楣辟邪物的敏銳度，才能成就論文研究。

　　偶爾，抬頭看看，發現了門楣辟邪物的身影，不覺會心莞爾，彷彿是相識多年的老友，我能明白他們！我能瞭解他們！因而，藉由此書，希冀能誘出共鳴，讓每個巧遇門楣辟邪物的機會，將能昇華成對台灣民俗文化之驚豔與欣賞！

# 目　次

# 第一章

## 緒論

## 第一節　研究動機

　　辟邪物涵蓋範圍廣泛，生老病死、婚喪喜慶、食衣住行等生活事或多或少脫離不了辟邪文化範疇，尤其是空間辟邪物顯而易見，強烈表徵傳統驅邪納福信仰功能，民宅辟邪物就是屬於空間性質的一類。「家」所在的民宅，是個人最直接生活的具體空間，民宅賦有庇護保全的功能，門楣辟邪物運用於民宅，強化民宅的無形防護力量，必有其異於公共區域－－聚落與廟宇的防護功能與精神意義，不屬於公設性質，與個人的關係更為密切，更能表達個人對驅邪避凶祈安求福的訴求，並迴避民宅居住禁忌，營造優質的和諧生活環境。

　　門楣辟邪物與風水、沖煞、巫術等無形之物息息相關，發展淵源多出自於神話傳說，容易被視為迷信，然而現代科學昌明，醫藥精進，物質與精神生活條件優渥，依舊能在臺灣現代西化建築中發現鏡、八卦牌、獸牌、山海鎮等辟邪物，種類型態多樣豐富，加上今日傳播媒體的炒作，門楣辟邪物外顯而普遍，看似傳統卻傳襲至今，並沒有遭到淘汰或式微的跡象，仍活絡的存乎於日常生活中，甚而透過民間傳統工藝技術，逐漸藝術化，加入諸多現代元素。不免令人省思門楣辟邪物交替組合驅邪祈福的圖案、符號與文字，其深層民俗文化意義值得深入探討。

　　放眼臺灣開發較早的臺南地區、金門、澎湖等地，辟邪物甚而形成一種地方性的民俗文化特色，舉例來說，劍獅之於臺南安平、石敢當之於澎湖、風獅爺之於金門，辟邪物與地域幾乎畫上等號，近來受到當地政府重視，相繼進行辟邪物研究與保存工作，成為地方民俗文化傳續推廣之重點方向。臺南縣亦是在臺灣

發展歷史悠久的地區之一，遠在十七世紀荷蘭人來臺之前，就有平埔族原住民在此生活，經荷治、明鄭、清代、日治等時期的民俗文化發展，況且漢人移民入墾頗早，相信臺南縣的門楣辟邪物蘊藏相當的質與量，卻不曾有相關專述頗為可惜，促使本論文以臺南縣作為研究範圍的主要因素。

身處二十一世紀，本論文以關懷臺灣民俗文化的角度為出發點，針對臺南縣民宅為研究對象，將門楣辟邪物予以系統性調查，進行整理、分析，一窺民宅所運用之門楣辟邪物現況，探討其取材種類、歷史淵源、構成要件、圖符文字器物組合與建築、聚落之空間關係，來呈現民俗辟邪文化更為完整的風貌，為臺灣民間精神生活層面提供強而有力的支持。

## 第二節　研究目的

針對臺南縣境內民宅之門楣辟邪物進行研究，期望本論文能深入門楣辟邪物的範疇，擬定欲達成下列目的：

1. 架構辟邪物類型體系，了解臺南縣境內的公領域與私領域的空間辟邪物型態，進而確立門楣辟邪物的定位。
2. 探究門楣辟邪物基本類型：八卦、鏡、山海鎮、獸牌之歷史淵源。
3. 將辟邪物之構成要件予以深究，包括宇宙空間觀念、陽宅風水理論、宗教巫術信仰、民俗工藝技術，整理出加諸於辟邪物精神層面的概念，作為辟邪物得以運用之基礎理論。
4. 剖析臺南縣境內門楣辟邪物題材內容探求意義，並歸納題材組織安排特色，進而探討辟邪物之間的組合情形。

5.調查臺南縣境內門楣辟邪物運用現況，以了解臺南縣門楣辟邪物得以呈現的方式與辟邪物動態的安置運作模式。

6.分析門楣辟邪物與建築之間的空間關係，以及臺南縣聚落發展差異對辟邪物之互動與影響。

7.歸納影響臺南縣民宅門楣辟邪物之變遷因素。

## 第三節 文獻回顧與探討

研究辟邪物的面向廣泛，涵蓋的領域多元化，舉凡民俗、人文、建築、歷史、宗教、藝術等研究論述多有著墨，相關的資料龐雜，而且采風式的文章頗多，經過去蕪存菁，謝宗榮的碩士論文《臺灣辟邪劍獅研究》明確以劍獅為主體的辟邪物藝術研究，精闢探究精神內涵、歷史源流、藝術結構，提供本論文基礎性的研究理論架構。

辟邪物的研究基本上分為單一性辟邪物研究與綜合性辟邪物研究。大部分論述多屬於綜合性研究，合述數種辟邪物，例如：呂理政《傳統信仰與現代社會》第三章；周榮杰〈臺灣民間信仰中的厭勝物〉；謝宗榮〈臺灣傳統空間厭勝物的藝術風貌〉、〈臺灣傳統厭勝物的信仰意涵與藝術風貌〉、〈厭勝物所反映的臺灣民間信仰空間觀念〉等文；何培夫對於臺灣民間的辟邪物則有系統性見解，可見《臺灣古蹟與文物》等著作。因為辟邪物種類多，綜合論辟邪物，難以聚焦，卻呈現出辟邪物體系，畫分出辟邪文化範圍，可作為研究門楣辟邪物認知的入門。

單一性辟邪物研究，與本論文關係最為密切的是董芳苑《臺灣民宅門楣八卦牌守護功用的研究》，以宗教信仰的角度單一就門楣辟邪物為研究，鎖定在八卦牌，雖然田調研究對象取樣數量

可再加深加廣，但是此書闡述門楣八卦牌的文化背景與信仰意涵，是研究臺灣民俗辟邪文化者必研讀資料，同時亦表現出民宅門楣辟邪物的重要性。

高燦榮、莊伯和、施翠峰、江韶瑩等學者則採取藝術層面的角度，致力於辟邪物研究，無論是民宅屋頂辟邪物或是獸牌或是石敢當，除了著眼辟邪物的傳統藝術性質，兼而探討其歷史淵源，可見辟邪物影響民間藝術傳承之重要，方能受到藝術領域學者的注視，是研究參考大方向之一。

針對「辟邪物」著手深入調查，並有豐富田野資料的地區有臺南市、金門、澎湖，讓辟邪物的區域性突顯而出。何培夫以臺南安平地區為主進行系統整理臺南市辟邪物，強調安平劍獅的地方特色，並為辟邪物加以定義分類，是研究辟邪物重要的參考基礎；另外臺南市辟邪物著述不勝枚舉，傅朝卿、黃天橫、楊仁江、盧明德、呂理政等學者皆重視臺南市的辟邪物，在辟邪文化範疇內進行研究。金門的風獅爺研究當推陳炳容與楊天厚、林麗寬夫婦，澎湖的石敢當研究以楊仁江為首，並且還有其他形形色色的辟邪物分布於金門、澎湖各地，藉由實際田野調查逐漸有所紀錄。

值得一提的是這三個地區的地方政府，都非常重視辟邪物的研究與保存價值，視之為地方民俗文化傳承的方向。臺南市政府出版《臺南市民俗辟邪物圖集》、《府城文物傳奇》、《府城文物傳奇續編》、《臺灣的民俗辟邪物》等刊物；金門縣政府出版《金門風獅爺調查研究》、《金門風獅爺》等；澎湖縣立文化中心則出版《硓𥑮石》季刊，莫不證明辟邪物的民俗文化與傳統藝術價值。除此之外，臺南縣亦開始著手民俗文化的紀錄，由臺南縣文化局出版的黃文博《南瀛石敢當誌》即為相關著作。由此提供本論文研究的出發點，期望將地方采風性的辟邪物紀錄進一步

落實為學術研究。

　　大陸方面亦有研究辟邪物的專書，陶思炎《中國鎮物》、《中國祥物》，鄭曉江《中國辟邪文化大觀》上下兩冊，都詳細的論述中國地區的辟邪物之種類與民俗意義內涵。其實臺灣與中國大陸的辟邪物種類或多或少雷同，反應在辟邪物上的辟邪觀念如出一轍，所以大陸的辟邪物研究與臺灣的辟邪物研究息息相關。

　　明中葉有民間匠師著述《魯班營造正式》，萬曆年間又有《新鑴京版工師雕斲正式魯班經匠家鏡》，清朝有多種翻刻本，其中崇禎本題北京提督工部御匠司司正午榮彙編、局匠所把總章嚴輯、南京遞匠司司承周言校正，簡稱為《繪圖魯班經》。《繪圖魯班經》詳細記載十二種民宅辟邪物使用情形，包括辟邪物之尺寸大小、設置原因、設置位置、擇吉及行事要點，並列出家宅內用來降災祈福之物與圖解說明屋宅吉凶現象，雖不知原著者何人，亦無法說明書中辟邪物運用之地點，不盡然符合臺灣的辟邪文化，但卻是昔今辟邪物比對的重要參考資料。

　　再則辟邪物屬於民俗文化的一部分，可由有關民俗單篇著述的集成入手，例如《通俗編》、《叢書集成新編》、《叢書集成續編》、《四庫全書》等古籍都有辟邪文化的蛛絲馬跡，相關的篇文提供辟邪物歷史考據有力的佐證。

　　日治時代，臺灣與日本學者注意到辟邪物的研究，多從田野調查的經驗整理而來，忠實紀錄所見所聞，三島格、片岡巖、東方孝義、石暐陽、曾景來等學者研究範圍遍及獸牌、石敢當、風獅爺、祈福字牌、白虎鏡等辟邪物，即使較少論及民俗精神層面，卻提供珍貴的原始資料。

　　研究辟邪物，還必須由辟邪信仰文化著手，牽涉辟邪構成要件各層面的有民宅建築研究、陽宅風水研究、藝術造型研究、宗

教信仰研究、人文精神研究等學術領域，相關的著作與文章相當
豐富，必須去蕪存菁，為民宅門楣辟邪物研究訂定下較為完善的
理論架構。縱觀參考文獻資料，不難發現多處重複，而且少有觸
及門楣辟邪物之專述或學術研究，畢竟臺灣人們大量使用門楣辟
邪物的民俗習慣，必有其研究價值與意義。

## 第四節　研究對象與範圍

### 一、名詞定義

　　辟邪物即「物」含「辟邪」功能，「辟邪」在《大辭典》的
解釋為：

> 「驅除邪惡凶穢」。引〈續博物志‧七〉：「學道之士居
> 山，宜養白犬、白雞可以辟邪。」[1]

「辟邪」與「避邪」、「厭勝」、「禳解」互通，基本精神與目
的是一致的。「避邪」的「避」是迴避；《大辭典》對「厭勝」
的解釋：

> 「用詛咒的法術來壓伏人。」引《後漢書‧清河孝王慶傳》：
> 「因誣言欲作蠱道祝詛，以菟為厭勝之術。」[2]

厭音壓，所以又稱「壓勝」。連橫在《臺灣通史》就提到臺灣巫

---

[1]　三民書局大辭典編纂委員會《大辭典》，頁 4702，三民書局，1985 年。
　　「辟邪」另有神獸、香料、寶劍名等意義。
[2]　三民書局大辭典編纂委員會《大辭典》，頁 618，三民書局，1985 年。

覡會「造蠱壓勝，以售其奸[3]」，「壓勝」是通厭勝之意。呂理
政直接取字義引述為「避邪制煞」之意，亦須採用巫術儀式達到
去除邪煞穢氣的目的，而採用「厭勝」一名詞[4]。何培夫主張「辟
邪」具有主動積極的態度驅除邪惡並祈安求福，符合民間信仰的
基本精神，而「避邪」只是消極被動的迴避邪穢，少了「辟邪」
自發性的求好，「厭勝」則是指以咒詛壓伏他人，具有侵略與禍
害的成份，何培夫將三者關係釐清，選擇以「辟邪」較具正面意
義者為用[5]。

　　北京提督工部御匠司司正午榮所編輯《繪圖魯班經》中《禳
解類》介紹十二種禳解之物，「禳」解釋為：「驅除邪惡的祭祀
[6]。」，「禳解」、「祈禳」、「禳鎮」都是透過祭祀神來求福
除災，與「辟邪」立意相似，但字面上不容易看出與邪穢、福祿
的關係。

　　筆者根據字意解釋以及何培夫的考量，認為「辟邪」較為適
用。舉凡是出發點僅為和諧的生活環境，先決條件不可降災侵害
他人，將自身保持在一種福來災去的狀態。影響辟邪之物所發揮
的方式：壓制邪穢、迴避邪穢、招福納財三種面向。畢竟福禍相
依，辟邪物透過壓制邪穢免於作祟，產生迴避態度，自然而然祥
福財祿接踵而至，帶來家宅和樂。所以辟邪物或著重在壓制迴
避，或著重祈福納財，或兼具壓制、迴避、祈福，最終的訴求殊
途同歸。

---

[3]　連橫《臺灣通史》，頁 447，幼獅文化事業，1977 年。

[4]　呂理政《傳統信仰與現代社會》，頁 45，稻鄉出版社，1992 年。

[5]　何培夫《臺灣古蹟與文物》，頁 55，臺灣省新聞局，1997 年。

[6]　三民書局大辭典編纂委員會《大辭典》，頁 3422，三民書局，1985 年。

　　本論文選擇民宅門楣辟邪物為主軸，門楣辟邪物種類繁多，不再贅述兩類門楣辟邪物，一為春聯、門神、菖蒲、艾草、八卦綵等歲時節慶可替換的門楣辟邪物；二為符籙，畢竟派系不同所運用的符籙各有其體制且因人而異，難以探討。於是乎，本論文定義出研究對象為常置性的辟邪之物，即一旦設置後不再替換的「民宅門楣辟邪物」。

## 二、研究區域範圍

　　臺南縣是臺灣發展頗早的一個地理區域，諸多民俗文化在此歷經長時間的演進變遷，而且地理區域發展在經濟、宗教等處有所差異，可以從中分析出門楣辟邪物的異同，是相當適合的研究區域。

　　因此以臺南縣三十一個鄉鎮為主要研究場域，主要鎖定私領域的民宅，實地調查安置在門楣上的辟邪物之現況，藉由各類門楣辟邪物種類型態之資料蒐集，針對題材的圖案、符號與文字之組合，加以整理歸納與分析比對，並探討民宅門楣辟邪物所在的空間互動關係。

## 第五節　研究方法與架構

### 一、研究方法

　　本論文主要採用的研究方法為文獻探討法與田野調查法，以此兩個向度，探討臺南縣民宅所使用的常置性門楣辟邪物的實際情況。

## （一）文獻資料蒐集整理

　　蒐集各類型的辟邪物涵蓋精神與物質層面的文獻資料，包括
學位論文、期刊論文、專書、古籍，並佐以電腦網路為輔助工具，
涉獵歷史考證、民俗藝術、空間概念、風水堪輿、宗教信仰等不
同學識領域，進行整理研讀，作為擇定研究主題的基礎。

## （二）田野調查採訪蒐集資料

　　本論文選定門楣辟邪物為研究對象，研究區域設定臺南縣共
計三十一鄉鎮，實際調查民宅使用常置性門楣辟邪物的情形，行
前針對門楣辟邪物所設置的建築型態、地點、種類設計表格，再
實地進行攝影並紀錄。

　　探討門楣辟邪物在各鄉鎮聚落的分布現況，制定田調區域之
取樣標準，除了著手了解各鄉鎮區域發展的特性與層級，還必須
參考各鄉鎮發展歷史沿革，審閱地圖之村庄聚落分布與人口密集
程度[7]，作為民宅所在地的依據，再依照交通路線擷取該鄉鎮數
個具代表性聚落。確認田調區域之取樣聚落，進行調查現存的狀
況，紀錄基本類型之約略數量，以及其他門楣辟邪物特殊個案。

　　訪談對象分為三類：一為民宅主人；二為安置辟邪物的人
士，設定為陽宅風水堪輿師、道教道士法師與神明代言人；三為
門楣辟邪物的製作販售者。並實際參與安置辟邪物儀式，藉此了
解常置性門楣辟邪物設置原因與儀式之現況，從中探討常置性門
楣辟邪物信仰功能、空間意義與民俗價值。

---

[7] 上河文化出版社編《臺灣地理人文全覽圖〔南島〕》，編號 23、24、
　　30、31、32、37、38、39、44，上河文化出版社，2002 年。
　　周宇延編《南臺灣公路地圖集》，頁 94~155，大興出版社，1997 年。

## （三）田調資料歸納與分析比對

根據實際調查蒐集而來的資料，依照辟邪物類型分門別類製表整理，再回歸到參考文獻的基礎理論，進行比對、分析，整理出辟邪物目前現況，包括題材內容與空間關係。

## （四）撰文提出結論

針對臺南縣境內的門楣辟邪物，撰文分述相關內容，並深入其精神內涵，總結出門楣辟邪物的文化特色重點。

## 二、研究架構

圖 1-1：研究架構圖

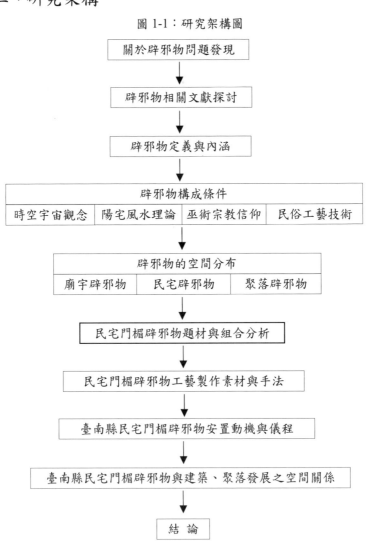

關於辟邪物問題發現

↓

辟邪物相關文獻探討

↓

辟邪物定義與內涵

↓

| 辟邪物構成條件 | | | |
|---|---|---|---|
| 時空宇宙觀念 | 陽宅風水理論 | 巫術宗教信仰 | 民俗工藝技術 |

↓

| 辟邪物的空間分布 | | |
|---|---|---|
| 廟宇辟邪物 | 民宅辟邪物 | 聚落辟邪物 |

↓

民宅門楣辟邪物題材與組合分析

↓

民宅門楣辟邪物工藝製作素材與手法

↓

臺南縣民宅門楣辟邪物安置動機與儀程

↓

臺南縣民宅門楣辟邪物與建築、聚落發展之空間關係

↓

結論

# 第二章

# 辟邪物體系內涵與構成要件

辟邪文化所涵蓋的各層面裡，門楣辟邪物是其中較為明顯易見，然而要了解門楣辟邪物，必須先深入辟邪物整個體系，以縮小範圍為空間辟邪物，以臺南縣現況，空間辟邪物有公領域與私領域之分，本論文鎖定私領域一般民宅常置性質的門楣辟邪物。

走入臺南縣境內，可以發現門楣辟邪物部分樣式頗為普遍，包括八卦、鏡、獸牌、山海鎮，為基本類型的門楣辟邪物。基本類型辟邪物運用於民間歷時已久，各自都有其淵源，而且多與「神話」發展有所關係，逐漸累積出今日之型態。

辟邪物之所以在門楣上出現，有其構成要件，大致有：時空宇宙觀念、陽宅風水理論、巫術宗教信仰、民俗工藝技術，四者彼此環環相扣，互有影響，是門楣辟邪物得以體現的因素。

## 第一節　臺灣辟邪物體系類型分類

辟邪物文化體系龐雜，經過社會汰選、精神寄託與材質加工，在《中國鎮物》一書中，是目前頗具系統的辟邪物專書，陳述諸多辟邪鎮物，種類相當豐富，所涵蓋的層面廣泛，而且建立了辟邪鎮物體系的基礎架構（參表 2-1），辟邪物就是鎮物，關於辟邪鎮物的重要性，其解釋：

> 鎮物作為民間文化中的一個類型，其形制與應用極為龐雜，由於歷史傳承與地域播化的不可靜止，因此鎮物在形成自身傳統的同時，不斷發生著文化的整合與變遷——體系的建立與重構。……在很長的歷史階段中，鎮物幾乎遍及生活的所有空間，有一些風俗活動中甚至具有內核的地

位和點題的作用[1]。

辟邪物的重要亦可見於臺灣民間，即使風俗民情差異，在臺灣民間的辟邪物因地制宜同樣有多面向的呈現。臺灣民間辟邪物種類包羅萬象，人的一輩子往往與辟邪物或多或少有關係，打從還在娘胎裡，歷經生老病死、食衣住行與婚喪喜慶，甚至到了嚥下最終一口氣之後，一生前後過程中，舉凡觀念上以驅凶祈福為依歸，即便是在喪家鄰居所貼的一張紅紙，都屬於辟邪物的範疇。

表 2-1：《中國鎮物》之鎮物一覽表

| 歲時鎮物 | 新年鎮物 | 門戶鎮物 | 桃符、春聯、門神、雞符、門箋、葦茭、羊頭 |
| | | 辭歲鎮物 | 白堊（白灰）、爆竹、壓歲錢、屠蘇酒、剪紙、松盆 |
| | | 新歲鎮物 | 燈盞、野火、五穀、面具、太平鼓、紙馬 |
| | 端午鎮物 | 節物鎮物 | 龍舟、粽子、雄黃酒、菖蒲、艾草、辟瘟丹 |
| | | 佩飾鎮物 | 五色縷、彩葫蘆、布狗、榴花、蟾蜍 |
| | | 端午符鎮 | 鍾馗圖、天師符、五毒符 |
| | 四時鎮物 | 春日鎮物 | 風箏、春牛、蘭花、薺菜花、城牆 |
| | | 夏日鎮物 | 歡糰、七家茶、野鍋飯、麵條 |
| | | 秋日鎮物 | 巧針、烏鵲、月餅、茱萸、菊花酒 |
| | | 冬日鎮物 | 臘八粥、灶神、餛飩 |
| 護身鎮物 | 護兒鎮物 | 生誕鎮物 | 稻穀、草灰、胞衣、胎髮 |
| | | 佩身符鎮 | 虎頭帽、棺材釘、香包、耳環 |

---

[1] 陶思炎《中國鎮物》，頁 56~329，東大出版社，1998 年。筆者將書中所述鎮物整理製成表格。

| | | | |
|---|---|---|---|
| | | 護兒神物 | 寺廟、竹木、篩子、保書、床公床母、張仙 |
| | 男丁鎮物 | 冠帶鎮飾 | 角帽、牙鞋、玉帶扣 |
| | | 求仕神物 | 魁星神君、文昌帝君、科舉符 |
| | | 禳鎮奇物 | 春宮圖、刀、鏡 |
| | 婦女鎮物 | 產育鎮物 | 紙裙、百家饅頭、掃帚、催生符、催生藥 |
| | | 乞子鎮物 | 瓜、燈、磚 |
| 家宅鎮物 | 建房鎮物 | 施工鎮物 | 雄雞、鎮石、米糧、紅綠布 |
| | | 土木之神 | 姜太公、魯班、太歲 |
| | 宅室鎮物 | 宅門之鎮 | 門畫、門當戶對、骷髏、照妖鏡、蟹蝦、財角、吞口 |
| | | 宅外鎮物 | 鴟尾、角脊、刀脊、牙脊、瓦貓、瓦當、手紋磚 |
| | | 室內鎮物 | 中堂畫、玄武、神榜、屏風、鎮宅符、床鎮 |
| 路道鎮物 | 清路鎮物 | 路橋鎮物 | 石敢當、石婆婆、磨盤、橋樑、路燈 |
| | | 村寨鎮物 | 八陣圖村、牛形村、五猖廟、土地廟、敖包 |
| | 行旅鎮物 | 陸行鎮物 | 入山符鎮、甲馬、行神、佩物、夜行咒 |
| | | 水行鎮物 | 船頭圖、船鎮、辟水物、水神 |
| 婚喪鎮物 | 婚嫁鎮物 | 迎親鎮物 | 蓋頭、火燭、解煞雞、雜鎮（傘、篩子、桃、穀豆等） |
| | | 洞房鎮物 | 銅鏡、秤、紅紙、婚床、筷子 |
| | 喪葬鎮物 | 護屍鎮墓 | 牛角棺、鎮墓獸、虎圖、符鎮、人面鳥 |
| | | 遣魂化升 | 玉衣、牙璋、冥途路引、船棺、宇宙樹、搖錢樹、魂瓶、哭喪棒、生肖俑 |
| 禦凶鎮物 | 禳疫鎮物 | 飲膳為鎮 | 豆粥、面人、湯圓、瓊玉膏 |
| | | 神符靈物 | 神符、神枕、刀梯 |

| | | 止疫雜鎮 | 水、紙人、紙船 |
|---|---|---|---|
| | 除災鎮物 | 抗天鎮物 | 朱絲、金鼓、泥狗、鐵牛、石雞、灰人、紙龜、柳枝、泥龍、掃晴雜鎮 |
| | | 除蟲鎮物 | 蝎符、蟲王、灰弓、紙刀、篋蟲 |

何培夫將民俗制煞的圖象、器物大致分成人物、動物、植物、庶物、自然、法器、圖文七大類型，已見臺灣民間辟邪物分類雛型[2]。謝宗榮以周榮杰與呂理政的論述為依據，按照辟邪物特性加以分類歸屬且製表說明，雖然無法全面通盤將所有的辟邪物納入，卻令人清楚一窺臺灣民間辟邪物領域[3]。將臺灣辟邪物根據屬性分類，進一步建立出辟邪物體系，確實是相當重要，不但能夠了解臺灣民間整個辟邪物文化脈絡，是認識臺灣民間辟邪物的最基本最入門的方法，進而能夠探知門楣辟邪物的定位與意義。

　　臺灣民間所使用的辟邪物，其存在的價值依循三個大原則：功能、取材、時間。在功能與取材上，謝宗榮對辟邪物的屬性分類有大體上的架構，筆者引用作為基礎多加延伸，並加上時間的觀點，以期讓臺灣民間的辟邪物領域更為完備週延。

## 一、依「功能」論辟邪物

　　就某一種物品的辟邪屬性，有時是重疊著數種功能，多方面的運用於日常生活。以八卦為例，除了用於建築物上鎮宅，還能製成吊飾配件隨身攜帶護身，婚嫁迎親儀式新娘以八卦米篩遮天

---

[2]　何培夫《臺灣古蹟與文物》，頁 57~58，臺灣省政府新聞處，1997 年。
[3]　謝宗榮《臺灣辟邪劍獅研究》，頁 21~23，國立藝術學院傳統藝術研究所碩士論文，2000 年。

防煞，八卦此辟邪之物可以多方面的運用。功能的屬性分為空間辟邪物、時節辟邪物、儀式辟邪物、人身辟邪物、飲食辟邪物五類，以下分述之。

## （一）空間辟邪物

設置於生活空間以防衛或驅邪制沖者，大多數一旦經過擇吉開光之後即長時期設置，慎重者會擺設香案祭拜。根據空間位置之不同可分為公共領域的聚落辟邪物、廟宇辟邪物與私人領域的民宅辟邪物。空間辟邪物外顯性強，通常較為易見。

## （二）時節辟邪物

使用於特定時間，該時間一到這類辟邪物就暫時出現，僅僅短暫保留，等待下一次特定時間到來再出現或重新更替。最常見的是因應歲時節慶的驅邪祈福之物，春節時的春聯，端午節時的菖蒲艾草都屬於此類；農曆七月俗稱鬼月，民間有諸多禁忌，在門口掛上的「路燈」讓好兄弟照路，達到防止鬼煞進屋之效；孕婦懷胎期間，為了安定胎神，安胎符是必要的，亦屬於時節辟邪物。

## （三）儀式辟邪物

於特定儀式舉行時所使用者，為了使儀式順利進行，並讓日後的生活得以順遂安寧，通常在婚嫁儀式、喪葬儀式、宗教儀式中會運用到的制煞祈福之物，都屬於此類象徵辟邪的物品。

## （四）人身辟邪物

針對「平日護身」與「偶發事由」攜帶在人體身上，一方面

隨時機動性保護個人免於邪穢侵害，一方面傳達對平安財祿的嚮往。念珠、香包、水晶、玉石、八卦、天珠等製作成精緻的配件吊飾，民間確信平日帶在身上能夠保身；辟邪物亦會彈性使用於偶發事件，機動性提供保護的功能，考試時帶上安心應考護身符，捻香、探病或到墓地時身上放七片榕樹葉或芙蓉，都是臨時所攜帶的一些護身或避煞之物。

## （五）飲食辟邪物

民以食為天，食物除了填飽肚子的功能之外，還會被冠上驅邪與祈福的象徵意義，吃了蔥、蒜、雄黃酒代表百毒不侵，吃了紅龜粿、發糕、蘿蔔代表升官發財，諸如此類驅邪祈福的食材不勝枚舉，最為特殊的「水」在物理上屬於中性，在民俗上亦是中性，端看賦予的任務而定，符水與平安水功能不同，但出發點都是為了辟邪。

## 二、依「取材」論辟邪物

民俗文化累積的歷程中，辟邪物的取得方式，分為自然辟邪物及人造辟邪物。「自然辟邪物」是直接取用植物、動物、礦物、天體、氣象以及人體身上分泌排泄物等具有辟邪意向之物，從身邊周遭易於取得的材料，不再額外加工，保留其原本面貌，是辟邪物原始的型態。「人造辟邪物」則是經過人為介入、選擇、改造而成，其型態有三種：

（一）原始目的不是為了辟邪，引以借用。鏡子原先並不是為了辟邪，純然只是人工製造，作為日常生活的實用庶物，然而借助於鏡子的特性，累加上辟邪目的，使鏡子成為頗為普遍的辟

邪物。

（二）取用具有辟邪特性的自然物為材料，進行加工。一般而言鎮宅用的白水晶是琢磨成圓球狀，勢必是將原始的礦物體經過人為機器的製作，仍然保有水晶的質地；石敢當取用石頭雕刻上文字與圖符，稍做加工，並不抹滅石頭的材料本質。

（三）為了藝術化表達，選擇文字圖符組合，重新另取材料製作，通常轉化為平面的形式，辟邪象徵意味濃厚。門楣辟邪物常見的八卦牌、獸牌、山海鎮，是適應生活發展與文化變遷，將民俗辟邪觀念下的文字圖符設計組合，材料本身即使不見得有辟邪意義，但整體組合絕對是為了辟邪目的而製的辟邪物，人造痕跡明顯，市面上販售的辟邪物大多屬於此類。

自然辟邪物和人造辟邪物的取用，可以解釋辟邪物的演進歷程劃分為原生→衍生→再生→化生。有了自然辟邪物的原生基礎，人造辟邪物得以衍生、再生、化生，而且異質的改變，會使得辟邪物必須面臨淘汰消失的局面，或是尋找新的方向與定位，演進成祈福納吉的祥物[4]。

---

[4] 陶思炎《中國鎮物》，頁 19~51，東大出版社，1998 年。「原生」指某些辟邪物的初期形態，取材於自然之物，一般不做材料或形象的加工。「衍生」由原生態的辟邪物衍生而出的文化亞種，是原生辟邪物某一局部的誇張或擇取，在材料上並沒有質的變化，在形式則更具象徵的意義。「再生」發生了用材與形制的變化，生成新的支系。與原生型辟邪物的最大區別在於以人工物的形式表達辟鎮的意義，都經過人的精心加工，也是實用器物或審美裝飾，顯示多功用的性質。「化生」辟邪物的化變成了某種藝術的表達，即不再以原生的與加工的、有一定空間的器物作辟邪物，而以文字、圖像為主要形式，由立體轉化為平面，儘管性質沒有徹底改變，但象徵性更有其突出，人的創造

## 三、依「時間」論辟邪物

　　大致上以辟邪物「運用的時間點」與「運用後時間歷程」來區分。為了避免生活中遭遇出奇不意的困厄，禁忌因而產生，使用辟邪物通常就是在針對禁忌的措施，禁忌防不勝防，導致辟邪物運用的時間點分為兩類：「事先預防之辟邪物」與「事後補救之辟邪物」。事先預防之辟邪物即是借用辟邪物的力量事先使禁忌失去應有的約束能力，造就一種無禁忌的狀態；事後補救之辟邪物是使得遭禁犯忌之後的惡報應不會真的降臨，至少能夠減緩[5]。

　　在起家入厝時就根據風水的禁忌安置建築結構上的辟邪物，是事先預防的表現；一旦家宅諸事不順才意識到安置八卦牌或獸牌等門楣辟邪物的重要，通常是事後補救了。一般幼兒身戴絭牌防煞是事先預防；當受到驚嚇，使用宗教法器收驚，則是事後補救。因此，辟邪物的運用在時間的座標上，劃分出預防與補救的界線。

　　至於看待辟邪物的效力，取決於運用之後的時間歷程長短，分為「常置性辟邪物」與「暫時性辟邪物」。前者常置性辟邪物是使用後，不再輕易取下放棄該辟邪物，前列功能為空間辟邪物多屬於常置性，必須選擇適當的良辰吉時，透過開光的辟邪儀式，保持長時間的辟邪功效，甚至擺上香爐加以祭祀，還被視為神明進駐的象徵。後者因人因時因地因事而異，時間相當彈性，前列時節辟邪物、儀式辟邪物、偶發事由的人身辟邪物、飲食辟邪物大多是暫時使用，依賴性較為薄弱，引發的理由事過境遷，

活動顯得更為活躍。

[5]　任騁《中國民間禁忌》，頁551~568，北京作家出版社，1991年。

辟邪物也隨之失去效能。

　　依據功能、取材、時間的差異，民俗文化中辟邪物隨時可見，隨地可遇，整理出辟邪物體系類型分類圖（參圖 2-1）。呂理政主張辟邪文化包括辟邪物及辟邪儀式。辟邪儀式是透過「法術」過程，運用手勢肢體、音樂、唱腔、咒語、器物等，加諸能夠驅邪制煞的無形威力於有形具體的「物品」上，確實發揮辟邪的功能[6]。要發揮辟邪功能，須透過辟邪儀式，這是與事實有所出入，畢竟部分辟邪物安置的過程並無需辟邪儀式。就以過年時家家戶戶所張貼的春聯為例，純粹只是單純的一種風俗習慣，但精神層面上是信仰其辟邪的象徵。所以，民間運用辟邪物時，辟邪儀式不是絕對的因素，而是相對於辟邪儀式操作後，開啟了辟邪神秘力量，確實加強辟邪物的功效。換句話說，即使沒有辟邪儀式，只要符合驅邪祈福功能的物品，無論是壓制邪穢、迴避邪穢或招福納財，都屬於辟邪物，只是若有辟邪儀式相輔相成的加持辟邪物，該辟邪物被認為更具威嚇的力量。

[6]　呂理政《傳統信仰與現代社會》，頁 45，稻鄉出版社，1992 年。

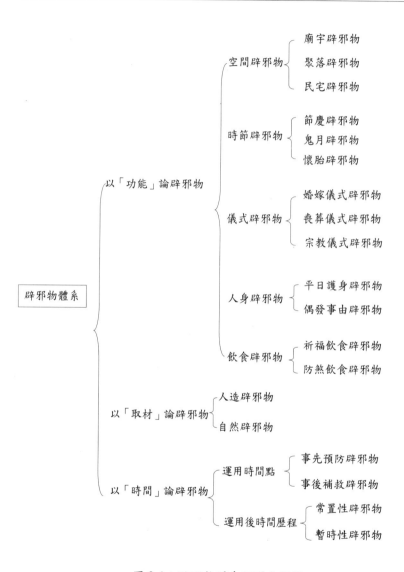

圖 2-1：辟邪物體系類型分類圖

　　依以上分類標準，來審視本論文重點的民宅門楣辟邪物，可歸納出：

　1.就功能而言，民宅門楣辟邪物屬於空間辟邪物私領域的部分。

　2.就取材而言，民宅門楣辟邪物大部分屬於人造辟邪物，而且多數是化生成平面的藝術裝飾辟邪鎮物，其內容表現大致有圖案符號題材與文字題材，既不是文字也非圖符則歸類為器物類型的題材，三大類題材將在本論文第三章加以探討。

　3.就時間而言，運用時間歷程上以常置性民宅門楣辟邪物居多，而且對必須挑選適當的年、月、日、時辰安置，或配合居住者的生辰命相等條件，符合民間擇吉行事的時間觀念。

於是乎，加上諸多的構成要件，包括時空宇宙觀念、陽宅風水理論、巫術宗教文化與民俗工藝技術，建構出各種型態的門楣辟邪物。因此，門楣辟邪物已普遍於日常生活當中，以符合辟邪文化的規律：心理轉換律、邀寵律、移易律、正克邪律[7]，成為辟邪物體系中重要的一環。

---

[7] 鄭曉江〈論中國民間避邪文化〉，頁 39~60，《中國文化月刊》，192 期，1995 年。
〈中華避邪文化之科學透視〉，頁 116~124，《二十一世紀》，27 期，1995 年。

# 第二節　空間辟邪物之設置

　　本論文的主軸－－民宅門楣辟邪物，在辟邪物體系的功能分類屬於空間辟邪物。空間辟邪物依設置之空間為考量，可運用於聚落、廟宇、民宅。前兩者屬於公共區域的大環境，安置的目的以「境」內的一「群」人為對象，賦有整體群聚性質。

　　民宅是個人生活最為直接的空間，民宅辟邪物設置與否因人而異，當個人生理心理不安全感產生，抑或對於生活有所不滿足而想求財求福，即可以積極自發的選擇辟邪物讓身心得到安適感，所以規範性不若聚落或廟宇，只要符合驅邪祈福精神皆能成為辟邪物，所以種類與取材相當多樣化。民宅辟邪物比不上廟宇辟邪物的精緻藝術，卻能機動性立即安設，而且民宅辟邪物多是有迫切需要而設，更強烈發揮民宅辟邪物之實際功能。

　　調查臺南縣各鄉鎮，發現臺南縣廟宇辟邪物、聚落辟邪物與民宅的辟邪物不在少數，樣式五花八門，展現活潑的辟邪民俗文化，在此加以探討，以了解門楣辟邪物之定位。以下分述公領域的廟宇與聚落辟邪物，以及私領域的民宅辟邪物的現況。

## 一、公領域─廟宇與聚落辟邪物

　　就聚落而言，依其山水地理、出入關口、交通要道或意外頻繁的地點設置辟邪物，呂理政將聚落辟邪物分為環衛性與制沖性兩類。五方廟宇、聚落五營、四隅石敢當、五營植榕樹公等具有環衛功能，路口石敢當、石雕豎符、村落風獅爺等具有制沖功能，環衛性的聚落辟邪物多數屬於積極祈求境內平靜安寧，人們方能安居樂業，在聚落形成的過程中逐一設立於中心或邊界；制沖性的聚落辟邪物則是足以影響聚落中大多數人的沖煞過於強大，因

應設置後期望能壓制這些環境負面因素，動機上偏向驅避態度
[8]。聚落辟邪物中的金門風獅爺與澎湖石敢當還成為當地文化特
色，可見得聚落辟邪物與聚落居民的關係緊密而蔚成民俗風氣。

另一種公共區域的廟宇辟邪物種類繁多，廟宇是宗教祭祀信
仰中心，到此祈求神明賜福為最大的訴求，為了符合民心，再加
上人們認同廟宇所供奉之神明法力足以鎮住邪煞，因此廟宇辟邪
物取材以吉慶象徵物居多，例如花、鳥、龍、鳳、麒麟等，型態
外觀亦加以藝術美化，舉凡屋頂、中樑、頂棚、枋柱、牆堵、門
窗、神龕的辟邪物，不乏精美的雕刻、彩繪、剪黏或交趾陶的呈
現，換言之裝飾的成分超越壓制沖煞功能，另有相關廟宇建築物
主體的研究因此不再贅述。

其實，廟宇辟邪物與聚落辟邪物有重疊之處，因為聚落的辟
邪之物通常必須透過廟宇神明的指示或施以神力，而廟宇辟邪之
物則能散落於聚落各角落，發揮神明的力量，確保聚落境內的安
寧。兩者都屬於公共領域，在此打破廟宇與聚落的界限，實地調
查臺南縣，整理出公共性質辟邪物主要有以下類型：

## （一）五營

五營是廟宇駐守在五個方位的部隊，有「內五營」和「外五
營」之分。「內五營」通常以五支三角形營旗設置於廟中，各旗
都象徵領有兵將，負責護衛廟宇主體及供主神差遣之用。「外五

---

[8] 呂理政《傳統信仰與現代社會》，頁 50~51，稻鄉出版社，1992 年。
五方廟宇是指在聚落四方建立土地公廟，與聚落中的「公廟」合為五
方廟宇。路口石敢當、石雕豎符防制路沖、水沖，村落風獅爺則防制
風煞。

營」在距離廟宇數百公尺的範圍內或相對位置的聚落出入口，則是部署於廟宇所轄「境」域或「角頭」安置營寨，是無形空間的防衛武力，用來阻擋外方邪魔惡煞的入侵。五營是廟宇中較具濃厚壓鎮邪煞色彩的辟邪物，尤其是「外五營」散置於聚落中，是廟宇辟邪物與聚落辟邪物的綜合體，是公共領域中環衛性質的辟邪物。五營分別駐紮有神兵神將，廟中的主神能夠命令調度，徵用來對抗妖魔鬼怪，各營編制如下：

> 東營，方位在東，立青旗，領兵「九夷軍」計九萬九千九百九十九兵馬。
>
> 南營，方位在南，立紅旗，領兵「八蠻軍」計八萬八千八百八十八兵馬。
>
> 西營，方位在西，立白旗，領兵「六戎軍」計六萬六千六百六十六兵馬。
>
> 北營，方位在北，立黑旗，領兵「五狄軍」計五萬五千五百五十五兵馬。
>
> 中營，方位在中，立黃旗，領兵「三秦軍」計三萬三千三百三十三兵馬。

各營的營長名稱版本不一，在臺南縣最常見的是東營營長張基清，南營營長蕭其明，西營營長劉武秀，北營營長連忠宮，而中營李元帥是五營的總指揮官就是中壇元帥李哪吒[9]，五營是井然有序的軍事系統。

　　以外五營而言，型態大多以單一竹管，上頭包蓋紅布，稱為

---

[9]　戴文鋒〈臺灣民間五營的民俗與信仰〉，頁 21~23，《漢家雜誌》68 期，2001 年。

「竹符」，象徵下令或調兵遣將的信物，至於營寨建築的樣式，黃文博整理並區分為：露天式、圈圍式、土坵式、磚龕式、小祠式、寶塔式等六個樣式[10]。外五營通常會在竹符前設有香案，簡單者只有一個插香用的圓管，營寨前有馬草水，象徵給營寨中的馬隻飲食用。在廟宇落成或安座大典之後，擇地安營、放營，經過一段時間通常在廟宇主神誕辰日午後重新整理營寨，每逢年節或初二、十六的傍晚，要準備供品犒兵賞兵，以慰勞兵將制煞驅邪之辛勞。

外五營的形式在臺南縣最常見是豎立單一竹符，再蓋有形如小祠廟的建築物遮蔽，原則上是各角頭廟宇主神行使「勅令」，一營一令，但是在臺南縣有一營數令的情形，表示庄廟有多位祀神，各自放營，例如北門鄉發現同一地點，竟然有三枝竹符同列，而溪底寮的五營甚至多達七枝竹符共同排列於一個營寨中（參附錄圖 2-1）。再則北門鄉還在各營竹符前設烘爐與瓷燒，不但象徵外營兵馬伙食的炊具外，並且同時兼具「破煞」或「加強神軍火力」的功能。若再與石碑結合，更凸顯辟邪意味，北門鄉即有一例，五營該地多了一面合刻有「楚江王、代天巡狩、五府千歲、三府千歲、觀音佛祖、永安宮正神」的石牌。（參附錄圖 2-2）

在臺南縣還發現五營神像化，有兩種形式，一種在鹽水鎮或後壁鄉是以五色紙所糊成的五營主帥神像（參附錄圖 2-3），也會增列紙糊的馬匹、馬夫、旗幟、涼傘、營燈（倒三角圓錐形）等祀物；另一種在鹽水鎮大眾廟及後壁鄉一帶，主帥都雕刻各營的象徵顏色的騎馬將軍神像加以奉祀（參附錄圖 2-4）。另有可

---

[10] 黃文博《臺灣民間信仰與儀式》，頁 71~81，常民文化事業股份有限公司，1997 年。

見竹枝掛上象徵方位顏色的令旗，臺一線省道路邊即有，還加上
米篩，也是兵將的象徵（參附錄圖 2-5）。

　　最為特別的是將軍鄉漚汪文衡殿的神明指示，必須在丁字路
口種植鐵樹，取其諧音，象徵「鐵將軍」鎮路辟邪，共計五棵，
以不鏽鋼柵欄圈圍，並標示為關聖帝君所屬，其實功能雷同外五
營。當然有的五營會依附大樹，與大樹共同保衛聚落庄社。（參
附錄圖 2-6）

## （二）石敢當

　　「石敢當」是在聚落的出入口或一般民宅的屋牆屋角，所豎
立類似石碑的立石。聚落中的石敢當，最基礎的形式是在石頭上
書寫或雕刻「石敢當」的文字，有些在上面刻有獸面、八卦或神
符，被認為具有止風、止煞、拘邪、拍穢能力，楊仁江就將石敢
當分為八類：1.「石敢當」原型；2.冠上「泰山」的石敢當；3.
強調「止煞」功能的石敢當；4.刻有「太極八卦」的石敢當；5.
雕「劍獅」或「獸頭」的石敢當；6.兼具「納福」的石敢當；7.
與「符」相結合的石敢當；8.類似石敢當，包括機能相仿的碑石，
例如阿彌陀佛碑[11]。

　　黃文博對石敢當的定義與楊仁江頗為接近，針對臺南縣石敢
當調查，將石敢當的範圍擴大，廣義的只要是石製材料並具制煞
功能皆屬於石敢當，而且碑文不侷限在「石敢當」三字，甚至還
有音似的「石敢冬」都成了碑文，除此之外，碑文內容範圍擴展
到太極八卦、獸頭、神佛號、南無阿彌陀佛碑、符咒、天虎大將

---

[11] 楊仁江〈石敢當初探---臺南地區石敢當實例〉，頁 77~85，《臺南文化》，
　　 24 期，1987 年。

軍等都納入石敢當的範疇。（參附錄圖 2-7、2-8）

　　在臺南縣，許多聚落角落的公設性質石敢當與楊仁江所述相雷同，數量相當多。其安設的目的主要有：祭路、祭水、祭墓、護庄宅、祭磚窯、祭煞祈出丁，就是要透過石敢當達到壓制沖煞的功效，多在水陸交通要道、意外頻傳之地或聚落出入口設置。以曾文溪為界的區分出溪南溪北，黃文博認為石敢當集中在溪北地區[12]。筆者實地調查，亦贊同這種說法，尤其北門區與新營區的聚落石敢當為數不少，例如石敢當中一類---天虎大將軍（參附錄圖 2-9），在北門區就有數座，形式大小不一，渡子頭的天虎大將軍僅有石碑豎在地上，將軍鄉的天虎大將軍則蓋有金屬製小祠廟式建築，溪底寮的天虎大將軍相形之下金碧輝煌頗為華麗。綜合之，取用石製材料為碑的辟邪鎮物就通稱為「石敢當」。

　　「石敢當」這個名稱，清代翟灝於《通俗編》就有解釋：

　　　石敢當，見史游《急就章》，注云：「敢當，言所向無敵也。」《墨莊漫錄》：「慶曆中，張緯宰莆田，得一石，其文曰：『石敢當，鎮百鬼，壓災殃，官吏福，百姓康，風聲盛，禮樂昌。』有大曆五年，縣令鄭押字記。《繼古叢編》：「吳民廬舍，遇街衢直衝，必設石人，或植片石，鑴石敢當以鎮之。本《急就章》也。」按：或據《五代史》劉知遠為晉押衙，高祖遇唐愍帝于傳舍，知遠使勇士石敢，袖鐵鎚侍高祖以虞變，謂植石所鑴取此。既大曆時有鑴之者，斷知此說非矣。劉元卿《賢奕錄》、陳繼儒《羣碎錄》俱以石敢當三字，為人姓名。攷史游原文，石本為

---

[12] 黃文博《南瀛石敢當誌》，頁40~46，臺南縣文化局，2002年。

姓，其敢當字。宋延年等雖嘗有名之說，而顏注非之，今
未可遽以為實[13]。

翟灝說明石敢當最早的記載，可見於漢元帝時黃門令史游所撰
《急就章》，又名《急就篇》，云：

> 師猛虎，石敢當，所不侵，龍未央。

顏師古注曰：

> 衛有石碏、石買、石惡，鄭有石癸、石楚、石制，皆為石
> 氏，周有石速，齊有石之紛如，其後亦以命族。敢當，言
> 所當無敵也。[14]

《急就章》的內容是羅列諸物名姓字，包括萬物之名及人姓字，
是當時的兒童　蒙識字的書籍，顏師古應該是舉例石碏、石買、
石惡、石制、石速、石之紛如等石氏一族，其解釋為象徵所向無
敵的意義，並非將「石敢當」當作一個人物。但是「石敢當」往
往被當作一個人物，將石敢當三字視為姓名，楊信民在《姓源珠
璣》中將「石敢當」化身為一個勇士，記載：

> 石敢當：五代劉知遠為晉祖押衙，潞王從珂反唐，愍帝出
> 奔遇於衛州，知遠遣力士石敢，袖鐵椎侍。晉祖與愍帝議
> 事，知遠擁入，石敢格鬥死，知遠盡殺愍帝左右，因燒傳

---

[13] 《通俗編》（清代）翟灝，頁 21~22，卷二，藝文印書館，1968 年。
[14] 《急就篇》（漢代）史游著，（唐代）顏師古注，（明代）王應麟補注，
頁 3，中華書局，1985 年。「言所當無敵也」，王應麟補注為「所向無
敵」。

國璽，獨留帝乘傳而已。[15]

劉元卿《賢奕錄》、陳繼儒《羣碎錄》亦將石敢當視為人物，取其勇猛的象徵，刻石敢當的姓名在石頭上來捍衛民居，然而翟灝並不苟同，主張唐朝大曆五年即有石敢當的紀錄，何來五代才有勇士之說，顯然前後邏輯矛盾。畢竟《急就章》開宗明義就說明以物名姓字為述，很難不聯想石敢當是個人物。關於石敢當的傳說相當多，片岡巖的《臺灣風俗誌》中記述是孝子石順孝救父母打虎，人們以其名立石木為石敢當[16]；周榮杰在〈臺灣民間信仰中的厭勝物〉文中指出女媧娘娘為了制服狂妄的蚩尤，於是投下刻有「太山石敢當」使蚩尤不敢做惡[17]；楊仁江則在〈石敢當初探---臺南地區石敢當實例〉中的二個石敢當傳說故事[18]，都是以「石敢當」為主角，顯出民間深信石敢當所向無敵，足以對抗各方邪煞，傳說神話色彩濃厚，因此楊仁江主張石敢當是《急就章》中虛構的人物，如同「所不侵」也是虞衡之官因主伐木遂以為姓。

　　無論石敢當是否真有其人，民俗文化上石敢當則是驅邪止煞的立石，最為明確的記載，是宋代王象之《輿地碑記目》〈興化軍碑記〉一文中記載：

　　石敢當碑：慶曆中，張緯宰甫田，再新縣治，得一石銘，

---

[15] 《姓源珠璣》（明代）楊信民，頁439，收錄於《四庫全書存目叢書》子部173冊，莊嚴文化，1997年。

[16] 片岡巖《臺灣風俗誌》，頁602，眾文圖書，1990年。

[17] 周榮杰〈臺灣民間信仰中的厭勝物〉，頁51~91，《高雄文獻》28：29，1987年。

[18] 楊仁江〈石敢當初探---臺南地區石敢當實例〉，頁94，《臺南文化》，24期，1987年。

> 其文曰：「石敢當，鎮百鬼，壓災殃，官吏福，百姓康，
> 風教盛，禮樂張。唐大曆五年，縣令鄭押字記。」今人家
> 用碑石，書曰「石敢當」三字，鎮於門，亦此風也[19]。

可見得石敢當在唐朝已是具有鎮百鬼，壓災殃的驅邪制煞之物，
而且還能達到官吏福，百姓康，風教盛，禮樂張的效果，屬於是
公眾祈福的公設石敢當。文中還說明一般民宅在宋朝也會使用石
敢當鎮於門，屬於私設的民宅石敢當。

在《中國的門文化》一書中則說明「師猛虎」與石敢當的關
係：

> 古人又在碑石上刻畫虎頭。清代《集說詮真》：「石敢當
> 本係人名，取所向無敵之意，而今城廂第宅，或適當巷陌
> 橋道之沖，必植一小石，上鐫『石敢當』三字，或又繪虎
> 頭其上，或加『泰山』二字，名曰『石將軍』。」這是在
> 石敢當之上複加文化符號。虎，古人視為食鬼驅邪的神
> 獸，用石敢當來辟邪，借虎增威[20]。

吳裕成認為辟邪用石敢當碑體上常會刻有虎頭或獅頭，是因為
「石敢當」借用猛獸威力而成了無所不侵的辟邪之物，雖然《急
就章》原文的師猛虎另有意義的，似乎關係遷強，但是石敢當上
刻有猛獸的圖案，確實與現存石敢當的形式不謀而合。

石敢當的形式由碑座、碑體、碑文所組成，碑體通常會結上
紅綵，碑座基本上多是水平的簡單基座，有些是為了方便祭拜石

---

[19]　《輿地碑記目》（宋代）王象之，頁 79~80，臺灣商務印書館，1939年。
[20]　吳裕成《中國的門文化》，頁61，天津人民出版社，1998年。

敢當的祭臺，甚至安放香爐；而石敢當碑體多是長形狀，《繪圖魯班經》對於石敢當的尺寸描述：

> 高四尺八寸，闊一尺二寸，埋入土八寸[21]。

但實際上臺南縣所使用的石敢當大小形狀不一，脫離《繪圖魯班經》的尺寸規範，推測碑體大小和邪氣盛衰相關，或是根據主事者的經濟能力，通常聚落性質的石敢當碑體不至於太小，而且位置顯明，為聚落提供防護的保障。

## （三）老樹

　　臺灣農業社會的源起，使得植物與人之間的關係密切，甚而有些植物被賦予辟邪祈福的功能，例如菖蒲艾草、桃、柳、葫蘆、瓜、石榴…等，屬於自然崇拜。尤其是聚落村莊中茂密高大粗壯的常綠植物樹木，生長時間悠久，多被選擇為崇拜的對象，因為人們相信古老巨大的樹木或奇形靈異的樹木都具有超自然的力量，或附有超自然的力量，這類老樹一般尊稱為樹王公、樹仔公，或稱大樹公[22]。樹王公的樹種以榕樹、刺桐、茄苳樹等居多，所以加上樹名叫榕樹公、松樹公、刺桐王、茄苳公等。如果是一對老樹，甚而尊稱為「公」與「媽」或「娘」[23]，臺南縣安定鄉中沙村與臺南市交界處就有兩棵刺桐樹，賦予雄雌之分，並結為連理成為「夫妻樹」，茄苳公與茄苳媽也是同樣的模式。

　　崇拜老樹最為直接的方式，是以紅綵披掛在樹幹上象徵神靈

---

[21]　《繪圖魯班經》（明代）午榮編，頁17，瑞成書局，1999年。

[22]　阮昌銳《中國民間宗教之研究》，頁138，臺灣省立博物館，1990年。

[23]　心岱編《臺灣老樹之旅》，頁250，時報文化出版社，1999年。

進駐，並且視為神靈興建廟宇加以祭祀。不僅如此，民間還出現老樹配小廟的情況，時而是土地公廟，時而是有應公廟，時而有五營的營寨、令旗依附，因此民間深信大樹能夠鎮守護衛聚落，化身為地方守護神，自然而然老樹就成為聚落空間辟邪鎮煞的一環。

神格化的老樹除了鎮守聚落，民俗上家中若有體弱多病的孩子，常會當老樹的「契子」，藉由老樹的神力來保佑幼兒平安順遂長大；臺灣在七○年代大家樂瘋狂之風，人們向老樹祈討明牌；喪葬隊伍行經必須要在老樹上綁上紅帶子，象徵向老樹借過之意，由此可見老樹融入庶民生活之中。

在臺南縣的老樹，以品種而言數量最多的當屬榕樹。榕樹因為經濟價值不高，不易被砍伐而存活，常常能延續較長的生命，時日一久，枝葉茂密的形象常常被當作樹神崇拜的對象。佳里鎮鎮山宮前，榕樹樹王公被保留在道路中央，充滿傳奇色彩；學甲鎮謝厝寮安放五營和榕樹結合，是典型的聚落五營植榕樹公；西港鄉溪埔寮的老榕樹是為了祭溪止水之用而種植[24]；另外六甲鄉龍湖巖的大榕樹、關廟鄉北花村的榕仔公、歸仁鄉八甲村的榕王公、後壁鄉本協庄的雙榕等，都是以榕樹為主的老樹崇拜，有些榕樹是為了特殊的理由而種植，有些則是自然生長的狀況下成了榕樹王公，環衛性質與制沖性質皆有。

其次常見的樹種為茄苳樹，在臺南縣的東山鄉與南化鄉有茄苳樹，東山鄉的茄苳樹樹皮相傳還能醫治百病；刺桐樹是平埔族人的計時樹，當開花時表示一年又過了，鹽水鎮的刺桐樹年代久

---

[24] 張蕙芬《臺灣老樹地圖---臺灣老樹 400 選》，頁 179~186，大樹文化出版社，2002 年。

遠，將軍鄉的刺桐則與五營結合共同壓制墓地的煞氣，安定鄉的刺桐樹下還豎立一塊獸牌（參附錄圖 2-10），該地曾常發生嚴重車禍。然而，在學甲鎮百渚里的土沉香老樹，是罕見的樹種，樹下有小祠祀奉「松樹王」，頗為特殊；山上鄉南州的阿勃勒樹成為樹王公，亦是鮮為少見的個例。

## （四）塔

「塔」具有莊嚴與鎮守的意義，通常造型雄偉巨大的塔，會安置在聚落的險要或制高點，尤其是澎湖的塔，形成地方特色，有單層塔、三層塔、五層塔、七層塔或九層塔，還有塔公塔婆的雄雌之分，或是多數個的三仙塔，其目的一來鎮風煞，二來驅邪，三來能改變風水[25]。在高雄縣內門鄉的七星塔與臺南市安南區的塔（塔上置有老虎、雞的雕塑）亦屬於聚落辟邪之用。

塔源自於印度的佛教建築，西漢末年進入到中國，逐漸中國化，與漢族的樓閣建築結合，形成中國式的寶塔。本來塔是寺院中的配置，用來供佛、藏經、靜修或納骨，卻逐漸成為鎮壓風水之用而獨立建塔，再演變為聚落中公設的辟邪性建築。清代臺灣塔的形式主要以泉州開元寺雙塔為基礎---八角形平面、奇數層、屋頂出簷低、塔身往上逐級略收[26]。傳統的觀念奇數為陽，因此層數以一、三、五、七、九為用，至於塔的平面除了八角形，還有圓形、四方形、六角形。

臺南縣以七股鄉的塔為例，就是平面八角形，共計七層塔，

[25] 劉還月《臺灣民間信仰小百科---靈媒卷》，頁 236~239，臺原出版社，1994 年。

[26] 李乾朗《臺灣古建築圖解事典》，頁 47，遠流出版社，2003 年。

塔身越往上層越小，塔上豎立一尊手拿法器的神像，更為塔增加其威力，根據當地居民說明是為了制水煞。（參附錄圖2-11）

## （五）路頭神佛

一般在交通流量大的路口，會有小祠廟或神龕，內有神佛駐守，前有香案供人祭拜，其設置原因有二，一是大多是該路口意外頻傳，時常有死傷，民間認為會有冤死的孤魂野鬼，因為陽壽未盡必須到枉死城受苦，若流連徘徊於路口「抓交替」，就是要尋找替死鬼代替才得以超生，如此怨氣深重的厲鬼會禍害人間[27]，因此藉由神明佛像的力量，來渡化或接引這些枉死的孤魂野鬼；二是「氣」的觀念下，路口的人來車往，所形成的是路沖煞氣，導致無常不平靜，因此禍事接連，路頭神像就發揮神力，擔任壓制緩衝的功能。一般在路口的神佛，以佛教佛像居多，通常有阿彌陀佛、地藏王菩薩、觀世音菩薩，另有土地公亦為常見於鄉間縣道的交叉處。（參附錄圖2-12）

### 1.阿彌陀佛

阿彌陀佛碑是石敢當的一種類型，石碑碑文只立單面，一方面防厲鬼擾亂，一方面留退路不趕盡殺絕[28]。精緻的將阿彌陀佛神像化，阿彌陀佛在西方建立極樂世界，以真光明無量與壽命無量為覺體，來接引眾生往生西方淨土，又稱為「接引佛」，阿彌陀佛與觀世音菩薩、大勢至菩薩組成「西方三聖」，人稱「西方三接引」。阿彌陀佛在路口幫助孤魂野鬼早日前往西方淨土，超

---

[27] 董芳苑《認識臺灣民間信仰》，頁243，長青文化出版社，1986年。

[28] 周榮杰〈臺灣民間信仰中的厭勝物〉，頁65，《高雄文獻》，28：29，1987年。

度亡魂期望得以安樂[29]。

### 2.觀世音

觀世音菩薩修成佛身，以菩薩身輔佐弘化佛法，完成救苦救難十八大願，被尊稱為「大慈大悲救苦救難觀世音菩薩」，愛護眾生給予歡樂為「慈」，憐憫眾生拔出苦難為「悲」，觀世音菩薩慈悲的形象可以感化孤魂野鬼，脫離苦難的折磨[30]。

### 3.地藏王

地藏王受釋迦牟尼佛的囑咐，教化六道眾生，救拔陰間鬼魂，被封為「幽冥教主」，亦被稱為「大願地藏王菩薩」[31]。地藏王的形象是手持寶珠與錫杖，為了進入地獄，從事超渡罪眾靈魂的教化工作，因為鬼魂繁多無法間歇，地藏王就難以成佛，只好一直不斷持續超渡的任務。因此交通要衝易出意外而出現孤魂遊蕩，就豎立地藏王菩薩佛像來鎮守，就是要超渡孤魂使之安息。

### 4.土地公

臺灣民間信仰圈中，土地公又稱「福德正神」，神格不高，但是職務卻相當多重，除了是家宅的守護神，也是聚落的土地保護之神，聚落形成時，會供奉土地公，庇護地方平靜而且驅除外物侵境，因此庄頭庄尾土地公，在村莊的出入口或馬路邊都有土地公廟，偶爾會與五營、大樹相結合，共同負起防衛地方的責任[32]。

---

[29] 潘恩德《全像民間信仰諸神譜》，頁 10，巴蜀書社，2001 年。

[30] 鍾華操《臺灣地區神明的由來》，頁 84，臺灣省文獻委員會，1979 年。

[31] 潘恩德《全像民間信仰諸神譜》，頁 12，巴蜀書社，2001 年。

[32] 王健旺《臺灣的土地公》，頁 30~33，遠足文化出版社，2003 年。

## 二、私領域――民宅辟邪物

　　臺南縣各鄉鎮歷經長久發展，融合諸多空間、風水、宗教、工藝等觀念，一般民宅安置門楣辟邪物以外，還有其他空間辟邪物表徵出驅邪祈福，通常在傳統合院式建築較多的庄社聚落尚有小部分的保留。

　　但透天厝的辟邪物並非都消聲匿跡，只是建築結構大幅度改變，必須遷就於建築物周遭的環境，一旦道路重劃，聚落發展逐漸工、商業化，勢必影響過去在傳統合院建築的空間辟邪物，得進行去蕪存菁的調適，進而使用有別於過去的形式，含蓄內斂地加以美化修飾，發展出民宅空間辟邪物的另一番風貌。

　　文獻上關於民宅辟邪物，首推午榮所彙編的《繪圖魯班經》較為系統性。《繪圖魯班經》是明代有關建築工程的重要資料，記錄建築時工匠所需注意的事宜，在卷四「禳解類」說明十二種民宅辟邪物設置之尺寸、原因、位置、擇吉及行事要點，主要是設置在屋宅的表面或外圍，其中瓦將軍、石敢當、獸牌、吉竿、黃飛虎、山海鎮、鎗籬、倒鏡、靈是剋制風水煞，姜太公符是剋制土煞，賜福板、一善牌是祈福性質的辟邪物[33]。（參表 2-2、圖 2-2）

---

[33] 《繪圖魯班經》（明代）午榮編，頁 17~18，瑞成書局，1999 年。

表 2-2：《繪圖魯班經》「禳解類」十二種民宅辟邪物說明

| 名稱 | 尺寸（材料） | 設置原因 | 設置位置 | 擇吉及行事要點 |
|---|---|---|---|---|
| 瓦將軍 | （土燒） | 因對面或有獸頭、屋脊、牆頭、牌坊脊，如隔屋見者宜用 | （屋頂前坡） | 擇神在日安位日，由天晴安位者吉，如雨不宜，若安位反凶。<br>本物不可藏坐下，將軍本屬土，木原剋土，故不可用。<br>安位必先祭之，用三牲酒菓金錢香燭之類。<br>（安位時）以將軍面向前上梯，不可朝自己屋，凡工人只可在將軍後，切不可在將軍前，恐有傷犯，休教主人對面伸看，宜旁側立看吉。 |
| 石敢當 | 高四尺八寸闊一尺二寸埋入土八寸（石鑿） | 有巷道來沖者 | 立于門首 | 凡鑿石敢當須擇冬至日後甲辰、丙辰、戊辰、庚辰、壬辰、甲寅、丙寅、戊寅、庚寅、壬寅，此十二日乃龍虎日，用之吉，至除夜用生肉三片祭之，新正寅時立。 |
| 獸牌 | 上闊八寸按八卦，下六寸四分按六十四卦，高一尺二寸按十二時，兩邊合廿四氣（木板） | 有人家對近墻屋之脊用此。 | 釘于窗頂上，切莫直釘檐上，則對不著對面之沖，釘者需要准對，不可歪斜。 | 取六寅日寅時吉，忌未亥生命。<br>釘不可釘于獸面，若釘當中反凶也。 |
| 黃飛虎 | （紙或木板） | 凡有人家飛簷橫沖者用此，橫沖屋脊等項亦用此鎮。 | | 黃飛虎將軍或紙書或板上畫，見有人家用酒瓶者亦同。用小三白酒內藏五穀、太平錢一文，研成一塊如品字樣。 |

| 賜福板 | （木板） | | 此板釘他人屋脊上或牆上 | 須要與他家屋主人說明，要他家主人寫，不可自寫，若自寫反不吉。此板因不釘獸牌或對門相好親友，恐他人不喜之設，故釘此兩吉也，和睦鄉里之用。 |
|---|---|---|---|---|
| 吉竿 | （木製） | 凡有大樹、燈竿、城樓、寶塔、月臺、更樓、敵樓、廳宮室沖者並皆用之；若人家前高後低者亦用此。 | 朝對沖處，不宜太高，立于後門或天井中。若後邊有山高墙高，他家屋高亦用此，立前天井內門前。 | 吉竿用長木佳，上用披水板，如雨落水一般，名曰避雨。中用轉肘，好扯燈籠，上寫平安二字，避雨中用一板，上寫紫微垣三字，像神位一般供在避雨中。 |
| 山海鎮 | | 凡有巷道、門路、橋亮、峰土堆、鎗、柱、船埠、豆蓬柱等項通用。 | | 山海鎮如不畫者，只寫山海鎮，如可畫之猶佳。 |
| 鎗籬 | | 凡有低屋脊及矮墻頭沖者用；如己屋朝東朝西朝南者，恐日影墻脊屋脊影入門，故用鎗籬以當其鋒。 | | |

| 一善牌 | （木板） | | 釘此一善須要現眼處 | 擇四月初八日，用佛馬淨水化紙畢，辰時釘。釘時須要人看，待旁人有識此者，借其言曰：「一善！」能消百惡，若旁人不說，則先使親友來說。 |
|---|---|---|---|---|
| 姜太公符 | （紙） | 一應興工破土起造修理皆可用。 | | 寫姜太公符者不宜用白紙，用黃紙。 |
| 倒鏡（白虎鏡） | （銅鑄） | 凡有一切廳屋、宮室、高樓、殿寺、庵觀屋脊以及旗竿相沖，用此鏡鎮之最妙。 | | 此鏡鑄成如等盤樣，四圍高中間陷，不宜太深，凹中磨亮，不類人與物照之，皆倒也。 |
| 靈 | | 凡有鐘樓、鼓樓、鉄馬梯、迴廊、秋遷架、牌樓上麒麟獅子開口者及照墻神閣五聖堂屋脊相沖等項。 | 坊上此事逢凶化吉 | （坊上書：九天應元雷聲普化天尊） |

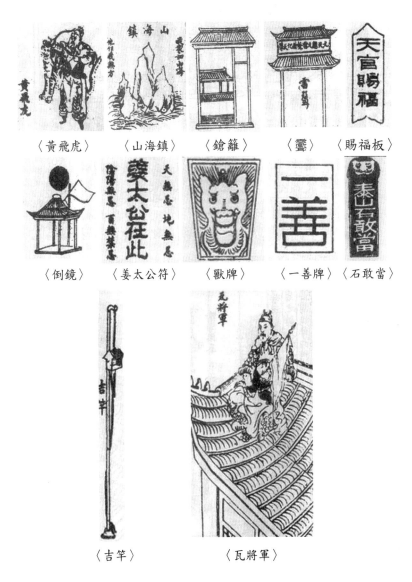

〈黃飛虎〉　　〈山海鎮〉　　〈鎗籬〉　　〈靈〉　〈賜福板〉

〈倒鏡〉　　〈姜太公符〉　　〈獸牌〉　　〈一善牌〉〈石敢當〉

〈吉竿〉　　　　　〈瓦將軍〉

圖2-2：《繪圖魯班經》室內的辟邪禳解之物

除此之外，《繪圖魯班經》〈禳解類〉另有二十七種於屋宅內的物品，大致上分為兩大類，一類是工匠建築房子時放置，導致屋主一家諸事不順，甚至家破人亡；一類是具有祈福求安的功用，能夠為居住者帶來榮華富貴。「禳」應該是祓除邪穢，前者禳解類是主動降災的形式，不但不能壓制去除邪煞還招來禍害，實在無法類歸為辟邪物，《繪圖魯班經》舉列出來，主要目的應該是提供屋主自保防範歹心工匠的方法。但後者積極求福的做法是符合辟邪物的涵義，即使藏於隱密的斗中、柱中、樑上，並不明顯，其作用就如同屋外的祈福字牌相似，藉由該物品吉祥的象徵，強過邪煞，達到福祿雙全的生活目標。（參表 2-3）

表 2-3：《繪圖魯班經》室內的辟邪禳解之物

| 項目 | 用途說明 | 性質 |
|---|---|---|
| 桂葉 | 藏於斗中主發科甲 | 祈福 |
| 船 | 藏於斗中，可用船頭朝內主進財，不可朝外，朝外主退財 | 祈福 降禍 |
| 松枝 | 不拘藏於某處，主主人壽長 | 祈福 |
| 披頭五鬼 | 藏中柱內，主死喪 | 降禍 |
| 棺材 | 死一口，若然兩口主雙刑，大者其家傷大口，小者其家傷小丁，藏堂屋內坊內 | 降禍 |
| 「黑日」畫 | 藏家不吉昌，昏昏悶悶過時光，作事卻如雲蔽日，年年疾病不離床，藏人門上坊內 | 降禍 |
| 鐵鎖 | 中間藏木人，上描五彩像人形，其家一載死五口，三年五載絕人丁，藏井底或藏牆內 | 降禍 |
| 竹葉 | 青青三片連上書大吉大平安，深藏高頂椽梁上，人口平安永吉祥，藏釘椽屋脊下禁柱上 | 祈福 |
| 紗帽、帶、靴 | 梁畫紗帽檻畫靴，坊中畫帶正相宜，生子必登科甲第，翰林院內去編書 | 祈福 |
| 墨浸 | 門縫中間藏墨浸，代代賢能出方正，不為書吏卻丹青，積善人家生忠信 | 祈福 |
| 碗片、筯 | 一塊碗片一雙筯，後代兒孫乞者是，衣糧口食常凍餓，賣丁房屋住山寺，藏門口架梁內 | 降禍 |

| 覆船 | 藏在房北地，出外經營喪江內，兒女必然去投河，妻兒難逃產死厄，埋北首地中 | 降禍 |
|---|---|---|
| 劍頭繫繩 | 藏地下隨處行，夫妻父子長不睦，吊死繩頭有幾人，不論埋于何處 | 降禍 |
| 「雙刀」畫 | 殺人放火逞英豪，殺傷人命坐牢獄，不免秋來刀下拋，藏門前白虎首坊內 | 降禍 |
| 「人、馬、鎗」畫 | 一人一馬一枝槍，武職身榮大吉昌，名聞天下虜戎服，不免將軍死戰場 | 祈福 |
| 白虎 | 白虎堂當坐止廳，主人口舌不離身，女人在家多疾厄，不傷小口只傷妻，藏梁楣內頭向內凶 | 降禍 |
| 米 | 斗中藏米家窩月，必然富貴發華昌，千財萬貫家安穩，米爛成倉衣滿箱，藏斗中 | 祈福 |
| 破瓦 | 一塊破瓦一斷鋸，藏在梁頭合縫處，夫喪妻嫁子拋離，奴僕逃亡無處置，藏在梁合縫內 | 降禍 |
| 雙錢 | 雙錢正梁左右分壽，財福祿正豐盈夫，榮子貴妻封贈代代兒孫桂級衣，藏正梁兩頭一頭不要覆放 | 祈福<br>降禍 |
| 釘頭 | 七個釘頭作一包，七口人丁永不拋，若然添人與娶媳，一得一失必難逃，藏柱內孔中 | 降禍 |
| 墨筆 | 一定好墨一枝筆，富貴榮華金階立，必佐聖朝為宰臣，筆頭若蛀退官職，藏坊內 | 祈福 |
| 符 | 合木木中書此符，家中常見鬼妖魔，走石飛砂常作怪，妻女兒郎祛病多，將木鑲縫中書之 | 降禍 |
| 書寫「多口舌」 | 朱雀門前書多口舌，官非橫禍相連涉，家財耗散損人丁，直待賣房絕得歇，寫大門上坊中 | 降禍 |
| 書寫「斗囚」 | 門檻縫中書斗囚，房若成時禍上頭，天大官司監牢內，難出監中作死囚，藏門檻合縫中 | 降禍 |
| 牛骨 | 房屋中間藏牛骨，終朝辛苦忙碌碌，老來身死沒棺材，後代兒孫壓肩肉，埋房中間 | 降禍 |
| 頭髮、刀 | 頭髮中間裹把刀，兒孫落髮出家逃，有子無夫常不樂，鰥寡孤獨不相饒，藏門檻下地中 | 降禍 |
| 「葫蘆」畫 | 墙頭梁上畫葫蘆，九流三教用工夫，凡住人家皆異術，醫卜星相往來多。畫墙上畫梁合縫中間 | 祈福 |

資料來源：午榮編《繪圖魯班經》，頁 18~19，瑞成書局，1999 年。

　　畢竟《繪圖魯班經》所記載的民宅辟邪物，並非全然是針對臺灣民宅，若以臺灣傳統民宅為分析場域，呂理政則主張民宅辟

邪物設置於宅厝的位置，一般在屋頂、屋牆、屋埕、門楣（額）、中樑，並針對臺灣主要類型的民宅厭勝物（辟邪物）設置位置列表整理，再細分出正身屋脊中央、正身山牆馬背上、正身屋頂前坡、牆頭、牆面、牆角、牆面小脊中央、牆門楣（額）、廳前埕、廳門楣（額）、正廳中脊樑、屋內五方[34]。然而，謝宗榮以此基礎再衍生，整理出臺灣漢人民間信仰辟邪物功能分類中的民宅辟邪物，確實符合臺灣民間因地制宜所呈現的辟邪物[35]。

何培夫則認為屋宅本身自大門、照壁、屏風、門楣、屋頂、正脊、山牆、後院等位置，再往外推到屋側、牆角或巷口都能設置辟邪物[36]，其種類和呂理政、謝宗榮的分類大同小異。

對於臺灣傳統民宅古厝的辟邪之物，高燦榮加入新的觀點，將傳統民宅的建築構件，賦予驅邪祈福的辟邪功能。「懸魚」以魚象徵水中物，可為屋宅鎮火災以及祈求年年有餘，該位置雕塑獅頭、花果、寶瓶，或放置寫有天官賜福的字牌，都不離鎮宅祈福的含意；「馬背」有金、木、水、火、土之別，與五行觀念結合；「瓦鎮」是屋頂瓦片上的鎮邪物，有制煞方向的作用，尤其是獸頭瓦鎮辟邪作用甚於裝飾作用；「鳥踏」兩頭的葫蘆形，取諧音福祿來驅邪招福[37]。廣義的來看，舉凡關於驅邪祈福的裝飾

[34] 呂理政《傳統信仰與現代社會》，頁 70，稻鄉出版社，1992 年。

[35] 謝宗榮《臺灣辟邪劍獅研究》頁 23，國立藝術學院傳統藝術研究所碩士論文，2000 年。

[36] 何培夫《臺灣的民俗辟邪物》，頁 13~35、頁 57~59，臺南市政府，2001 年。

[37] 高燦榮《燕尾、馬背、瓦鎮---臺灣古厝屋頂的型態》，頁 47~48、頁 81，南天出版社，1989 年；《臺灣古厝鑑賞》，頁 68，南天出版社，1993 年。

題材出現在建築實體上，都能屬於辟邪文化的範疇，尤其大戶官宦仕紳豪宅，通常運用更為精緻的雕塑紋飾來驅邪祈福，反而壓煞制沖的氛圍較為不彰，相形之下家宅避風港的安全感形象增色許多。

　　實際田野調查目前臺南縣民宅，無論是一條龍、合院式屋厝或是透天厝，辟邪物該歸類在傳統建築和透天厝的界線很難畫清，有些辟邪物只出現在傳統建築，有些辟邪物只出現在透天厝的現代鋼筋水泥建築，有些辟邪物跨越時空出現在傳統建築和透天厝，門楣辟邪物就是相當典型的例子。

　　審視門楣辟邪物之所以能活絡地、頻繁地、慣常地使用於臺南縣各鄉鎮聚落，必有其不為淘汰的優勢，能突顯門楣辟邪物之重要性，必須先認知目前放置於民宅的辟邪物之形式種類。在此省略探討建築的辟邪性裝飾與具辟邪意義的建築體構件，而是將額外設置並純粹以辟邪為目的之民宅辟邪物一併整理如下，並列表標明民宅辟邪物所在的位置。（參表 2-4）

表 2-4：臺南縣民宅辟邪物種類名稱與設置位置一覽表

| 民宅的位置之分類 | 民宅的位置所在 | 辟邪物名稱 | 見於傳統建築打○ | 見於透天厝打○ |
|---|---|---|---|---|
| 民宅屋厝主體內部 | 中樑 | 中樑八卦 | ○ | |
| | 室內牆壁 | 符咒（剪刀鏡尺符） | ○ | ○ |
| | 室內各處 | 辟邪擺設 | ○ | ○ |
| 民宅屋厝主體外緣 | 屋頂 | 陶缽、陶罐、瓷碗 | ○ | |
| | 屋頂 | 仙人掌 | ○ | ○ |
| | 牆面 | 字牌 | ○ | ○ |
| | 門上 | 門神 | ○ | |
| | 門上 | 舖首 | ○ | |

| | 門楣 | 八卦、獸牌、山海鎮、鏡、字牌、神明符咒、硃砂筆、水晶球、七星劍、八仙牌（綵）、通寶、神明令旗、菖蒲艾草、春聯、刺球等 | ◯ | ◯ |
|---|---|---|---|---|
| 民宅屋厝主體周邊 | 屋宅前後角落 | 石敢當 | ◯ | ◯ |
| | 屋宅正前方 | 刀劍門 | ◯ | ◯ |
| | 屋宅正前方 | 照牆 | ◯ | ◯ |
| | 屋宅正前方 | 風水池 | ◯ | |
| | 屋宅正前方 | 盆栽 | ◯ | ◯ |

## （一）民宅屋厝主體內部

### 1.中樑辟邪物：中樑八卦

有別於門楣八卦與照牆八卦，指彩繪於中樑的辟邪圖文，並非只侷限八卦象的宇宙圖案，通常還會伴隨太極、兩儀、四象、洛書，甚或精緻的繪上花草、祥雲、日月裝飾紋飾，泛稱為「中樑八卦」。傳統建築無論是廟宇或一般民宅，中樑是屋架最高最大的桁木，因為中樑位處建築物的中心，被視為神聖的空間所在，安放時要舉行上樑典禮，並基於重量承載考量，通常以彩繪的方式呈現在雙倒水的傳統建築物。但是隨著現代透天厝的中樑消失，在天花板是看不到中樑八卦，無法發揮其辟邪能力。（參附錄圖 2-13）

### 2.室內牆壁辟邪物：符咒

一般在室內會貼符咒，通常是神明以降乩的方式，賜符令鎮家宅，通常以毛筆沾墨或硃砂，在金紙銀紙上畫符。較為特別的

是「剪刀鏡尺符」，剪刀取諧音「家」，鏡取諧音「境」，尺代表度量吉祥之數，通常鏡子擺中間，象徵合家（境）平安。在廟宇的牆壁也使用剪刀鏡尺符，並會依方位有東方青色、南方紅色、西方白色、北方黑色，廟門門楣中央黃色之分，期望合境平安[38]。

### 3.室內辟邪物：辟邪擺設

《繪圖魯班經》中記載擺設在室內的禳解辟邪之物，多是含蓄不外顯的，民間密而不宣的使用。時至今日經過傳播媒體的報導宣傳，引起風水堪輿的熱潮，各式各種的辟邪物隨之風行，逐漸精緻轉化成擺飾，並必須經過開光點眼的儀式，主要是要化解煞氣補足室內的氣場，增加旺盛的生氣，以達到家運昌隆，錢財廣進的訴求。以永康市某民宅為例，在家中的旺位擺上銅龍，前方還供有淨爐，可以招財富求福祿；佳里鎮的一商家，家中角落擺上麒麟踩八卦亦是同樣道理。除了銅龍、麒麟，還有貔貅、金蟾，另有水晶洞、水族箱等都是風水上用來辟邪的擺設。（參附錄圖 2-14）

## （二）民宅屋厝主體外緣

### 1.屋頂辟邪物：陶缽、陶罐、瓷碗、仙人掌

屋頂是家宅的制高點，尤其是屋脊的中央，更是具有神聖空間意涵，通常是辟邪物安置位置的絕佳選擇，目前在臺南縣的民宅屋脊上設有辟邪物，還是多在傳統合院式雙倒水建築，最為常見的是陶缽、陶罐，民間認為是取代風獅爺的罈型風獅爺或盆型

---

[38] 劉還月《臺灣民間信仰小百科---靈媒卷》，頁 271，臺原出版社，1994年。

風獅爺，其實陶缽、陶罐不全然為了避風，安置的原因與神明的指示有關，焚化符令於水盛在缽罐中，可以辟邪，安定鄉港口村的慈安宮神明在四十多年前曾降乩，指示建醮時化符水在陶罐中安屋脊中央，因此港口村許多民家的屋脊都能看到陶罐，成為當地的特色（參附錄圖 2-15）；而且缽罐能接雨水，俗稱「無根水」，盛多聚多視為聚寶盆，加上水能剋火，具有防火的象徵意義[39]，在關廟鄉、佳里鎮、新市鄉等地都能看到陶缽、陶罐。而仙人掌肉厚汁多，可以用來避火煞，常見於澎湖地區。至於臺灣鄉間有「八卦仙人掌」，俗稱「八卦癀」，可用來解毒，如此看來，仙人掌和八卦相結合，其辟邪意味不言可喻。臺南縣北門鄉溪底寮一民宅屋頂前坡有仙人掌，屋脊有陶缽，屋主表示都是為了避煞。將軍鄉亦有傳統合院的屋脊中央種仙人掌來鎮煞。（參附錄圖 2-16）

### 2.外牆辟邪物：字牌

在傳統合院建築的山牆會懸掛字牌，字牌的內容多是「對我生財」、「天官賜福」、「福星高照」等祈福為詞句，率直的表現一目了然，在玉井鄉三號省道上就有一塊合書「天官賜福」、「五路財神」、「四方貴人」的字牌。在佳里鎮則有一面白鐵板書寫「九天應元雷聲普化天尊」，並置有一面八卦鏡，固定在透天厝牆上，用來阻擋後方的屋脊沖煞對來（參附錄圖 2-17）。

### 3.門面辟邪物：門神、舖首

民宅進出的大門，會貼上門神的圖像，是具有避邪驅魔和祈

---

[39] 劉還月《臺灣民間信仰小百科---靈媒卷》，頁 259，臺原出版社，1994年。

求吉福雙重意義的保護神象徵。門神屬於物神，起於桃符，乃至於神荼鬱壘與秦瓊尉遲恭等武將扮相當作門神，都是以驅邪為原則，但為了滿足各種需求，出現文官門神與祈福門神，與升官發財、多子多福、福壽延年有關，會添加一些吉祥物，爵、鹿、蝠、瓶與花草紋飾，轉化為招福納祥的意味[40]。在臺南縣的民俗習慣會在過年時更換門神貼像，有的民宅甚而直接彩繪門神在門上，而且此門是指神案前的大門，通常在透天厝的頂樓。合院式建築的大門的門環，稱為「舖首」，相傳為龍生九子之一，喜蜷曲望遠，因此用於門上，後來演變成門環上有八卦的圖案，具有辟邪的功能。（參附錄圖2-18）

　　4.門楣辟邪物

　　門楣是民宅祈福制煞的神聖空間，門楣辟邪物是本論文的重點，而且鎖定在一經安置上就不隨意拿下來的常置性門楣辟邪物。其實門楣上還有一部分屬於暫時性的辟邪物，這類的辟邪物有配合歲時節慶的春聯與艾草菖蒲、神明出巡香路沿途的紅綵、入厝婚嫁吉慶用的八仙綵等。門楣辟邪物將於他章專述，此處略而不論。

## （三）民宅屋厝主體周邊

　　1.石敢當

　　本節前述石敢當屬於聚落性質，然而亦有一般民宅私人所設的石敢當，《通俗編》就有引施清臣《繼古叢編》云：

　　　　吳民廬舍，遇街衢直衝，必設石人或植石片，鐫石敢當以

---

[40]　姜義鎮《臺灣的鄉土神明》，頁90~105，臺原出版社，1995年。

鎮之[41]。

元代陶宗儀《輟耕錄》卷第十七,云:

> 今人家正門,適當巷陌橋道之衝,則立一小石將軍,或植
> 一小石碑,鐫其上曰石敢當,以厭禳之。[42]

石暘睢曾紀錄一段關於民宅石敢當的軼聞,因為有人擔心晚輩不
長進而變賣家產,就安置石敢當於屋宅角落,讓人誤認為凶宅而
怯步不敢買下[43],畢竟石敢當的制煞威力強大,被一般民眾所接
受。民宅安置石敢當方式,《繪圖魯班經》記載:

> 鑿石敢當需擇冬至日後甲辰、丙辰、戊辰、庚辰、壬辰、
> 甲寅、丙寅、戊寅、庚寅、壬寅,此十二日乃龍虎日,用
> 之吉,至除夜用生肉三片祭之,新正寅時立[44]。

選擇冬至日,就是立冬後四十六天,相當於陽曆的十二月二十二
日或二十三,以後的龍日(辰)或虎日(寅),也就是甲辰、丙
辰、戊辰、庚辰、壬辰、甲寅、丙寅、戊寅、庚寅、壬寅中擇其
中的一天鑿造碑體,到了除夕,要先用三片生肉祭拜,然後在元
月一日上午的三點至五點之間,趁沒有人看見時,立在門前,然
後這座石敢當就能為衝巷的主人止風止煞[45]。

---

[41] 《通俗編》(清代)翟灝,頁 21~22,卷二,藝文印書館,1968 年。

[42] 《輟耕錄》(元代)陶宗儀,頁 248,中華書局,1985 年。

[43] 石暘睢〈臺南の石敢當〉,頁 43,《民俗臺灣》,02:05,武陵出版社,
1988 年。

[44] 《繪圖魯班經》(明代)午榮編,頁 18,瑞成書局,1999 年。

[45] 楊仁江〈石敢當初探---臺南地區石敢當實例〉,頁 77~85,《臺南文化》,

　　臺南縣民宅的石敢當在屋宅外前後角落，一例在永康市為了防路沖，圓形上刻石敢當三字；一例在關廟鄉，亦呈圓形，以硃砂筆書寫石敢當與符字於上；另一在關廟鄉的例子，刻上「泰山石敢當」豎於屋內並不朝外，周圍還有五顆不同顏色的圓球狀水晶；也有僅僅豎立一塊石頭於屋宅角落，不書寫或雕刻任何文字圖案，屋主表示是為了鎮宅。（附錄圖 2-19、2-20）

　　2.刀劍門

　　刀劍是尖銳的武器，可以斬奸除惡，民間取用青龍刀、長矛、七星劍、月斧、長短戟的武器形象加以組合，一般是七支或五支，有木製亦有水泥石製，設置於在大門門楣處，亦有獨立在另製的門框上，豎立於屋宅進出的大門前方，或在合院式建築的屋埕中央。在北門鄉有二座，一是立在屋埕中央，一共七支甚至門上還有對聯，另一組只有五支，有八卦牌，安置在大門的門楣之處（參附錄圖 2-21、2-22）；佳里鎮的刀劍門則難以分辨何種武器，僅象徵性的五支武器，並設有八卦牌（參附錄圖 2-23）。民宅門牆除了刀劍門的造型，在大內鄉二溪發現一座金屬製門牆，上有「吉星」與「屴」的字樣，據屋主表示家中不順，堪輿老師指示安置，亦有異曲同工之妙。（參附錄圖 2-24）

　　3.照牆

　　又稱「照壁」、「照屏」[46]，設置在屋宅正門前，阻擋門前的沖煞。關廟鄉埤仔頭發現三座照牆，皆立於屋宅大門正前方，其中一座上有刀劍武器，俗稱「刀劍屏」，並搭配獸牌，威武十

---

　　24 期，1987 年。

[46] 吳炳輝《臺灣傳統民宅的人文風貌》，頁 77，稻田出版社，2003 年。

足，另一座則放上葫蘆書寫日月拱照，祈福性質較強（參附錄圖2-25、2-26、2-27）；官田鄉的照牆則有「對我生財」的文字（參附錄圖2-28）；大內鄉的照牆以鐵皮搭蓋，是村中神明指示，擋住前方屋角的煞氣。（參附錄圖2-29）

4.風水池

民間對風水的觀念，「水」能聚氣聚財，最理想的風水格局是家宅門前有蜿蜒曲緩的流水，當環境上缺乏如此狀況，就人工挖掘池塘注水，而且多是半月形的池子，鹿陶洋江家古厝前的半月池就有因風水之說。但是，現今因為地稠人密，變通的方式就是以「水車」象徵轉動運勢，也是另類風水池。

5.盆栽

因為住宅用地上建築物稠密的狀況下，不容易設立刀劍門、照牆等辟邪之物，而且不方便安置八卦、山海鎮等門楣辟邪物，於是種植具有辟邪涵義的植物，以盆栽的方式來「生旺」與「化煞」，品種上大多選擇常綠或厚葉的芙蓉、黃金葛、矮榕、富貴竹等，帶刺的植物如仙人掌、麒麟花則偏向化煞作用，種植於屋宅對外的陽臺或門前[47]。

## 第三節　民宅門楣辟邪物基本類型探源

在門楣辟邪物的使用上，可以清楚的感受到八卦牌、鏡、山海鎮、獸牌頗為普遍，可謂是門楣辟邪物的基本類型。這些約定俗成所選擇的文字、圖案與符號之組合各有由來，往往包容著複

---

[47] 宋韶光《風水百寶箱》，頁38~40，笛藤出版社，1997年。

雜的文化內涵和迷離怪異的生成邏輯，由於時間的疊積和空間的轉換，不少已成文化之謎[48]。然而，有賴風俗習慣的傳承，即便是圖文加以重組變化，或是製作的材質殊異，仍會維持八卦牌、鏡、山海鎮、獸牌的主體性，應用於臺南縣民間生活。

　　八卦牌、鏡、山海鎮、獸牌等門楣辟邪物基本類型，其發跡起源多從遠古時代為出發點，往往與「神話」息息相關。「神話」源自於人們對自然現象、世界起源與社會生活並不能科學解釋，借助想像幻想加以組織結構，因而產生的原始理解故事[49]。從盤古開天闢地、女媧補天、伏羲燧人神農……等神話，不但包括遠古時代的原始社會，根據生活經驗，把變化莫測的自然現象人格化和神化，也要廣義的推展到傳說中歷史時代的人、事、地、物，以至於有白蛇傳、鍾馗捉妖、封神演義等故事[50]。

　　神話是最單純也最複雜，最虛幻也最現實，最原始也最永恆，最神聖也最平常，最荒誕也最有道理[51]，即使邏輯矛盾，卻深深影響臺灣民俗生活，無論是文學、建築、藝術、宗教，以至於八卦牌、鏡、山海鎮、獸牌等門楣辟邪物都有神話的痕跡。

## 一、八卦牌

　　八卦之所以成為民宅守護功能的選擇，在於八卦蘊藏無形神秘強大能量，被臺灣民間視為一種避邪祈福的象徵，影響層面廣泛深入，雖然八卦種類繁多，但是均集中於人物、居宅、以至機

---

[48] 陶思炎《中國鎮物》，頁 16~19，東大出版社，1998 年。
[49] 陳天水《中國古代神話》，頁 21，鴻泰圖書，1990 年。
[50] 袁珂《神異篇》，頁 10，書泉出版社，1993 年。
[51] 趙沛霖《先秦神話思想史論》，頁 3，五南出版社，1998 年。

車汽車等交通工具之守護[52]。八卦不但在門楣、照牆、中樑當作
為辟邪物，傳統建築常見的八角形藻井、八角窗、八卦舖首門環、
八角樓（臺南縣鹽水鎮）、八邊形屋頂，顯然是大量運用八卦其
正八邊形象於建築結構上的表現。除此之外，八卦符、八卦米篩、
八卦錢等庶物具有辟邪守護能力，乃至於宋江陣中的「排八卦」
來驅邪招安，抑或是陽宅風水以八卦斷吉凶，都是發揮八卦辟邪
力量，確立了在臺灣民間日常生活中相當重要的辟邪觀念。

　　八卦曾經出現在《周易》、《連山》、《歸藏》等關於占卜
的經典，《周禮・春官》云：

> 三易之法：夏曰《連山》，殷曰《歸藏》，周易曰《周易》。
> 其經皆八，其別皆六十有四[53]。

《周易》、《連山》、《歸藏》都有八卦，再相疊成六十四卦，
三者差異之處是居首的原卦不同，《連山》以艮卦為首，《歸藏》
以坤卦為首，《周易》以乾卦為首[54]。因為《連山》、《歸藏》
失傳，所以有關八卦最早的記載目前當屬是《周易》。《周易》
分為《易經》與《易傳》，已經被視為闡述八卦義理的重要典籍。

　　門楣的八卦牌並不單著重於八卦，應該說是「八卦系統」，
涵蓋一組秩序嚴謹繁複卻又充滿變化的宇宙符號。八卦的組成結

---

[52] 董芳苑《臺灣民宅門楣八卦牌守護功用的研究》，36~42 頁，稻鄉出
　　 版社，1988 年。八卦符是道士或紅頭法師採取「八卦」圖示為主所
　　 繪製的一種符式；八卦錢是鑄有「八卦」圖式的銅錢，掛於胸前以做
　　 為個人護身物者；八卦米篩是新娘過門時頭上遮以畫有八卦的米篩，
　　 象徵能成家繁衍子孫。
[53] 《周禮》，頁 115，臺灣商務印書館，1967 年。
[54] 徐志銳《周易陰陽八卦說解》，頁 1~3，里仁書局，1994 年。

構可由《周易‧繫辭上》十一章解釋：

> 易有太極，是生兩儀，兩儀生四象，四象生八卦，八卦定
> 吉凶，吉凶定大業[55]。

說明八卦的基本組合要素---太極、兩儀、四象，終而生成八卦。
「太極」是在天地未分之前，宇宙是一片渾沌的狀態，呈現渾圓
形式的整體，太極化生「兩儀」，就是「陰」與「陽」兩種相反
而復相成的氣，以一動一靜，一正一反，一剛一柔，一開一合的
相對勢力相互作用消長，作為天地萬物生成的基礎，形成了千變
萬化的現象，兩儀再化生「四象」，就是太陽、少陰、少陽、太
陰；四象再因陰陽之氣化生「八卦」，即為乾、兌、離、震、巽、
坎、艮、坤。太極、兩儀、四象、八卦皆有其圖文符號，八卦是
由陽爻「▬」與陰爻「▬▬」三個一組進行排列，構成八個原卦，
即乾「☰」、兌「☱」、離「☲」、震「☳」、巽「☴」、坎「☵」、
艮「☶」、坤「☷」。並代表自然現象：乾為天，兌為澤，離為
火，震為雷，巽為風，坎為水，艮為山，坤為地。（參表 2-5）

---

[55] 《周易》，頁 46，臺灣商務印書館，1967 年。

表 2-5：八卦系統結構與圖案示意

| 八 | 七 | 六 | 五 | 四 | 三 | 二 | 一 |
|---|---|---|---|---|---|---|---|
| 坤 | 艮 | 坎 | 巽 | 震 | 離 | 兌 | 乾 |
| 太陰 | | 少陽 | | 少陰 | | 太陽 | |
| 陰 | | | | 陽 | | | |
| 太極 | | | | | | | |

八卦　　八卦圖
四象
兩儀
太極

　　八卦由簡單的陽爻與陰爻構成「原卦」，到了周朝，周文王被囚禁時將兩個原卦重疊組合為六十四「成卦」，每一組成卦有六爻，共計三百八十四爻。一般用於門楣辟邪物的山海鎮，其文字題材時常出現的「元亨利貞」，就是六十四卦的第一卦「乾卦」。

　　周文王作了卦辭，包括卦形、卦名、卦辭；其後代周公作爻辭，包括爻題、爻辭。伏羲作八卦，文王作卦辭、周公作爻辭，總稱為《易經》，作為解說占卜結果的吉凶，並非一開始就是當作屋宅辟邪之用。《周易・繫辭下》云：

八卦以象告，爻彖以言情，剛柔雜居，而吉凶可見焉[56]。

《易傳》用來解釋《易經》，孔子所作，共七種十篇，分別為《繫辭》上下篇、《彖辭》上下篇、《象辭》上下篇、《文言》、《說卦》、《序卦》、《雜卦》，合稱為《十翼》，取其作為《易經》的輔翼之意[57]。由此為基礎，針對八卦的研究與論調繁雜，八卦不斷被統整與應用，更加以擴充，《太極圖說述解》引周敦頤《太極圖說》：

> 無極而太極，太極動而生陽，動極而靜，靜而生陰。靜極復動，一動一靜，互為相根，分陰分陽，兩儀立焉。陽變陰合，而生水火木金土，五氣順布，四時行焉。五行一陰陽也，陰陽一太極也，太極本無極也。五行之生也，各一其性，無極之真，二五之精，妙合而凝，乾道成男，坤道成女，二氣交感，化生萬物，萬物生生，而變化無窮焉。惟人也，得其秀而最靈，形既生矣，神發知矣，五性感動而善惡分，萬事出矣。聖人定之以中正仁義，而主靜立人極焉。故聖人與天地合其德，日月合其明，四時合其序，鬼神合其吉凶，君子修之吉，小人悖之凶。故曰：「立天之道，曰陰與陽；立地之道，曰柔與剛；立人之道，曰仁與義。」又曰：「原始反終，故知死生之說。」大哉易也，

---

[56] 《周易》，頁 52，臺灣商務印書館，1967 年。

[57] 王玉德《神祕的八卦》，頁 7~8，廣西人民出版社，2003 年。《彖辭》上下：斷定一卦之意義。《象辭》上下：詳解一爻之意義。《繫辭》上下：綜述易卦，以易例解析卦理卦象。《文言》：存乾坤二卦，闡釋乾坤兩卦意義。《說卦》：說明易卦卦象，分本象與廣象。《序卦》：說明易經六十四卦次序。《雜卦》：綜論六十四卦象，闡詳易卦命名意義。

斯其至矣[58]。

將八卦結合陰陽五行、四時，推展到為人處世的道理，而且確立占卜的理論基礎，諸多風水術門派亦將八卦周易學說引用，自成一套相地堪宅的規則，並久而久之成為日常生活中相當有威力的辟邪圖符。八卦的歷史起源，最常見的說法是《周易·繫辭下》二章云：

> 古者包羲氏之王天下也，仰觀象於天，俯則觀法於地，觀鳥獸之文，與地之宜，近取諸身，遠取諸物。於是始作八卦，以通神明之德，以類萬物之情[59]。

說明伏羲氏身處上古時代，治理天下時，觀察天象地法與鳥獸身上紋理，附會在身邊遠近事物畫下八卦，用來貫通神奇光明的德性，用來類比天下萬物的情態。伏羲的外形人面蛇身，是半人半獸的「神話人物」，與女媧結為夫妻，都是蛇圖騰的始祖[60]（附錄圖 2-30）。關於伏羲的造型，一幅繪伏羲見神龜而畫八卦，圖中伏羲有腳，而且顯然八卦因神龜而作，但並沒有太極兩儀四象；一幅繪伏羲捧著八卦，太極兩儀四象明確呈現；另一幅只繪龍馬，說明龍馬跑到伏羲面前，伏羲因此才畫八卦[61]（參附錄圖 2-31、2-32、2-33）。

於是乎，伏羲與八卦關係密切，但是究竟如何畫出八卦，眾說紛紜莫衷一是。穿鑿附會之下添加諸多想像，而且透過《周易》

---

[58] 《太極圖說述解》（明代）曹端，頁 7~17，臺灣商務印書館，1967 年。
[59] 《周易》，頁 48，臺灣商務印書館，1967 年。
[60] 袁珂《中國神話傳說辭典》，頁 88~89，華世出版社，1987 年。
[61] 李亦園編，段芝撰《中國神話》，頁 112，地球出版社，1994 年。

的解釋演繹，八卦的起源就與伏羲畫上等號，甚至日後發展出以八卦為基礎的學說系統。不爭的事實是臺灣民間深信伏羲氏就是八卦的原創者，並尊稱為「八卦祖師」，在臺南縣的山海鎮上出現的八卦祖師，應該就是指伏羲。

至於究竟是否真有伏羲其人？是否伏羲氏確實畫了八卦？伏羲的八卦是否包括太極兩儀四象？值得深思，亦引發八卦起源其他的論調，一個是兩性生殖崇拜之說，另一個蓍草神龜占卜之說，但接受度無法取代伏羲畫八卦的說法，畢竟八卦的神秘力量搭配神話人物，威力無窮而深植民心[62]。

根據八個原卦排序不同，分為「先天八卦」與「後天八卦」，《周易》有所解釋。《周易‧說卦》說明「先天八卦」的排列方式，云：

> 天地定位，山澤通氣，雷風相薄，水火不相射，八卦相錯[63]。

根據易經的說法，先天八卦是伏羲所創，乾坤上下定位，離坎列左右，艮兌對立，巽震相對。宋代陳搏還依先天八卦圖解釋，乾兌離震為陽，巽坎艮坤為陰，從乾一、兌二、離三、震四為順，象徵天左旋。從巽五、坎六、艮七、坤八為逆，象徵陰陽相錯，還能依此順序畫出太極，表示陰陽消長的旋轉運作模式，卻沒有說明各個原卦的方位，只闡述其卦象特性[64]。《周易‧說卦》說

---

[62] 董芳苑《臺灣民宅門楣八卦牌守護功用的研究》，稻鄉出版社，1988年。

[63] 《周易》，頁53，臺灣商務印書館，1967年。

[64] 王玉德《神祕的風水》，頁191，書泉出版社，1994年。

明「後天八卦」的排列方式，云：

> 帝出乎震，齊乎巽，相見乎離，致役乎坤，說言乎兌，戰
> 乎乾，勞乎坎，成言乎艮。萬物出乎震，震，東方也。齊
> 乎巽，巽，東南也，齊也者，言萬物之潔齊也。離也者，
> 明也，萬物皆相見，南方之卦也。聖人南面而聽天下，向
> 明而治，蓋取諸此也。坤也者，地也，萬物皆致養焉。故
> 曰致役乎坤。兌，正秋也，萬物之所說乎，故曰說言乎兌。
> 戰乎乾，乾，西北之卦也，言陰陽相薄也。坎者，水也，
> 正北方之卦也。勞卦也，萬物之所歸也，故曰勞乎坎。艮，
> 東北之卦也。萬物之所成終而所成始也，故曰成言乎艮[65]。

後天八卦是文王所創，以先天八卦為基礎重新排列，並冠上八個
方位，震是東方，巽是東南方，離是南方，坤是西南方，兌是西
方，乾是西北方，坎是北方，艮是東北方。

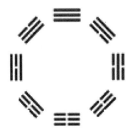 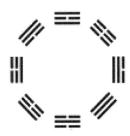

圖2-3：「先天八卦」圖　　　圖2-4：「後天八卦」圖

---

[65] 《周易》，頁53，臺灣商務印書館，1967年。

　　因為先天八卦是伏羲所創，別稱為「伏羲八卦」；後天八卦
是文王所創，別稱為「文王八卦」，先天八卦為體，後天八卦為
用。董芳苑在《臺灣民宅門楣八卦牌守護功用的研究》中主張先
天八卦用於人物宅第的守護與堪輿相地看風水，後天八卦用於占
卜算命，是術士的創作，因此先天八卦才是真正八卦的基礎，臺
灣民間用來護宅的八卦均為先天八卦[66]。

　　臺南縣一般民宅門楣上的八卦牌確實多採用先天八卦，但是
偶有例外，在北門鄉發現一塊後天八卦牌，在山上鄉與善化鎮發
現有同時採用先天八卦與後天八卦。至於先天八卦用來堪輿相地
看風水，與現實狀況有所出入，《八宅明鏡》就將後天八卦分為
東四宅與西四宅，作為堪輿屋宅方向定位的依據[67]。而且後天八
卦定下八方位，風水術的向法理論就以此為基礎是理所當然。

## 二、鏡

　　臺南縣的門楣辟邪物中，以鏡子的數量居冠。在基本類型
中，鏡子是唯一不靠文字或圖符來傳達辟邪的意念，其本身的材
質與特性就具有辟邪的功能。鏡又稱為「照子」或「鑑」，鑑是
一種大盆狀的水器，遠古時代用來裝水照面，《廣雅》說明鑑就
是鏡子，云：「鑑謂之鏡[68]。」鑑與鑑相通，表示「鏡」和「鑑」
意義相同，直到戰國才有鏡字的使用，後來鑄造銅鏡在功能和名

---

[66] 董芳苑《臺灣民宅門楣八卦牌守護功用的研究》，頁 33~34，稻鄉出
　　 版社，1988 年。
[67] 《八宅明鏡》（清代）箬冠道人，頁 3，瑞成書局，1990 年。東四宅
　　 屬於離、震、巽、坎的屋宅，西四宅是屬於乾、兌、艮、坤的屋宅。
[68] 《廣雅》，頁 90，臺灣商務印書館，1966 年。

稱上取代以鑑盛水，歷代各式各樣的銅鏡出現，形式饒富藝術之
美與民俗之風。

銅鏡分為兩種系統，一為背面有鈕可繫繩子的圓形鏡，以中
國、朝鮮、日本為主；另一為有柄圓鏡，以埃及、希臘、羅馬為
主。中國的考古發現最早的銅鏡是 4000 多年前齊家文化時代的
七角星紋鏡。後來銅鏡的使用逐漸萌芽，在殷商、西周以前王室
貴族才能專用，一直到了春秋戰國時，漸漸為一般貴族階級使
用，秦、漢時代以後成為尋常百姓的日常生活用具，到了隋唐時
代，銅鏡發展臻於全盛黃金期，五代、宋之後步入下坡，明、清
年代銅鏡沒落，因為出現在玻璃塗上汞劑，成了今日常見的鏡
子，輕巧反射性優於銅鏡，實用價值超越許多[69]。

使用鏡子的歷史悠久，長期以來除了用來端正衣冠容貌，還
被視為辟邪的利器。畢竟鏡子取得容易，而且其反射成象的物理
特性，象徵類化能將邪煞之氣反照而出，使之不得侵入屋宅內，
因此在《繪圖魯班經》就將鏡子類歸為民宅辟邪之物，其說明：

> 此鏡鑄成如等盤樣，四圍高中間陷，不宜太深，凹中磨亮，
> 不類人與物照之皆也[70]。

使用四周高中間凹陷的鏡子，映照時人物皆成倒影，更何況不屬
於人與物的邪煞妖氣，經過反射形成顛倒的現象，象徵凶事顛轉
倒化為吉事，因此凹面鏡稱為「倒鏡」。日本也發現凹面鏡，並
考據是在日本彌生時代由中國的「燧」傳到日本。《周禮・考工

---

[69] 施慧美〈中國歷代銅鏡概述〉，頁 38~79，國立歷史博物館編編輯委
員會編《歷代銅鏡》，國立歷史博物館，1996 年。
[70] 《繪圖魯班經》（明代） 午榮編，頁 17，瑞成書局，1999 年。

記》：

> 金錫半，謂之鑒、燧之齊。鄭氏注：「鑒燧，取水火於日
> 月之器也。鑒亦鏡也。」[71]

《淮南子‧天文訓》也說明燧的用處，云：

> 陽燧見日則燃而為火。
> 《高誘註》：「日中時以當日下，以艾承之，則燃得火也。」
> 《古今注》：「陽燧以銅為之，形如鏡，向日則火生，以
> 艾承之，則得火也。」[72]

燧和鑒相仿都如同鏡子，用途是放上艾草透過日照燃燒而得到火
種。至於燧的造型，在《夢溪筆談》云：「陽燧面窪[73]。」可說
明「燧」就是凹面鏡，主要功能在製造保持火種，但凹面的燧在
日本是用來表現巫師的力量，應該本來在中國同樣有用於巫術的
情形[74]。《歷代銅鏡》書中，有一幅南宋照妖鏡就是凹面的鏡面
[75]（參附錄圖 2-34）。

　　但是，根據田野調查，臺南縣民宅所用來辟邪的鏡子並非都
是凹面鏡，凸面鏡與平面鏡亦隨處可見，與鏡子又稱為「照妖鏡」
有絕大的關係，因為凡是妖魅鬼怪經鏡子反照難以遁形。晉代葛
洪《抱朴子‧登涉篇》記載：

---

[71]　《周禮》，頁210，臺灣商務印書館，1967年。
[72]　《淮南子》（漢代）劉安，頁210，臺灣商務印書館，1967年。
[73]　《夢溪筆談》（宋代）沈括，頁 36，臺灣商務印書館，1956 年。
[74]　施翠峰《中國歷代銅鏡鑑賞》，頁 6~9，臺灣省立博物館，1990 年。
[75]　施慧美〈中國歷代銅鏡概述〉，頁 38~79，國立歷史博物館編編輯委
　　　員會《歷代銅鏡》，國立歷史博物館，1996 年。

萬物之老者，其精悉能託於人形惑人，以眩惑人目而常試
人，唯不能於鏡中易其真形耳。是以古之入山道士，皆以
明鏡徑九寸以上懸於背後，則老魅不敢近人。或有來試人
者，則當顧視鏡中。其是仙人及山中好神者，顧鏡中故如
人形。若是鳥獸邪魅，自見其形，必反却走，轉鏡對之視
之，有踵者，山神也。無踵者，老魅也[76]。

妖魅藉託人形，或是幻身老鹿、群犬，透過明鏡反照而現出原形，
即使厲害的妖怪在它離開時逃走，用鏡子對著它，可以照出它沒
有腳後跟，來判定其身分不是山神而是老妖。這段描述雖沒有說
明鏡面凹凸與否，卻肯定鏡子在山中發揮照出妖魅的能力，連身
懷法力的道士都得藉鏡子護身。

　　王度的筆記小說《古鏡記》亦描寫握有寶鏡邪魅就遠遠離開
閃躲，其中有寶鏡照出小丫頭竟是老狐狸所變成，落得非死不可
的下場[77]。如此鏡子照妖的情節，其實在熟悉的古代小說《封神
演義》、《西遊記》裏也曾出現，《封神演義》楊戩拿照妖鏡照
出梅山老怪，孫悟空在《西遊記》中曾上天庭借照妖鏡一用。歷
代文學作品與稗官野史對於鏡子能夠照妖有諸多著墨，歷經民俗
文化的傳遞，鏡子竟能證明另一空間的存在，超自然的神仙鬼怪
因而傳神的顯現，讓人必須思考與神仙鬼魅的關係，因此透過辟
邪行為謀求與之和諧平靜相處是可以理解的，鏡子自然而然成為
辟邪之物。

　　同理可證，一般民宅就懸掛鏡子保護屋厝，防止妖魅現形侵

---

[76] 《抱朴子》（晉代）葛洪，頁 94，收錄於《四庫叢刊正編》，臺灣商
　　務印書館，1967 年。
[77] 《古鏡記》（隋代）王度，頁 1~6，中華書局，1991 年。

入。蕭兵《避邪趣談》[78]提到臺灣居民則把屋脊懸鏡叫做「白虎鏡」，鏡子在屋脊上像太陽般閃閃發光，邪惡不敢輕易來犯，也像神靈的眼睛把變形了的妖怪看清楚，照出來，而《繪圖魯班經》亦記載倒鏡又稱為白虎鏡。鏡與白虎結合，是來自於臺灣民間認為四靈具有強大的辟邪能力。四靈是四種神獸，指的是青龍、白虎、朱雀、玄武，分別鎮四個方位，成為四方之神。《三輔黃圖》云：

> 蒼龍、白虎、朱雀、玄武，天之四靈，以正四方[79]。

《禮記・曲禮上第一》卷一云：

> 行前朱雀而後玄武，左青龍而右白虎。
> 《疏》云：「朱雀、玄武、青龍、白虎四方宿名也。」[80]

可知天體中二十八星宿，分成四大星區，用四靈的形象命名，而且根據漢人空間宇宙觀，以座北朝南的定位，前是南方由朱雀鎮守，後是北方由玄武鎮守，左為東方由青龍鎮守，右為西方為白虎鎮守。《淮南子・天文訓》云：

> 西方金也，…其神為太白，其獸白虎[81]。

甚至將白虎對照到五行的金，與過去銅製鏡子為金屬互有關聯。白虎所象徵的是鎮守西方的獸神，倒鏡稱白虎鏡是取白虎鎮守之

---

[78]　蕭　兵《避邪趣談》，頁 120，上海古籍出版社，2003 年。
[79]　《三輔黃圖》，頁 14，臺灣商務印書館，1967 年。
[80]　《禮記》，頁 12，臺灣商務印書館，1967 年。
[81]　《淮南子》（漢代）劉安，頁 18，臺灣商務印書館，1966 年。

義[82]。

用鏡子來辟邪，另一個線索可以由銅鏡背面的銘文與紋飾有關。漢代的銅鏡背面銘文書有：「見日之光，天下大明，服者君卿，鏡辟不羊（祥），宜於侯王，錢金滿堂。」春秋時代的螭虎紋鏡、戰國時代的四獸鏡、秦代的鬥獸紋鏡、西漢時代的七乳四神鏡、唐代的八卦紋銅鏡等，都是具有鎮邪作用的象徵圖案，其辟邪的意味明顯[83]。再則，鏡子絕大多數為圓形，「圓」是豐滿、完整、吉祥、美好、富足的象徵，表達出人們對團圓與圓滿的嚮往，祈福氛圍濃郁，亦符合辟邪物招安求福的積極精神。

鏡子當作門楣辟邪物，通常會在鏡子中發現一個紅點，或是有紅色的符文，是因為鏡子必須開光，就是以毛筆沾濕硃砂，配合咒語，敕點神靈的力量在鏡子中。這種開光的儀式牽涉巫術宗教，尤其是與道教的關係頗深，當神明開光點眼必須使用鏡子，是相同的道理。

鏡子亦是佛教的法器，是二十一種供養具之一，代表清淨明澈，鏡子還可以增添佛堂道場的莊嚴，大鏡需二十八面，小鏡需四十二面[84]。很多佛菩薩手中會持鏡子，更顯鏡子與佛教關係密切。密宗佛教中，鏡子則是灌頂用具[85]。因此，鏡子對於不同的宗教，都有重大的意義，也難怪鏡子上的圖符文字包含各宗教層面，負起辟邪任務。

---

[82] 周榮杰〈臺灣民間信仰中的厭勝物〉，頁 51~91，《高雄文獻》28：29，1987 年。

[83] 蕭兵《避邪趣談》，頁 117~124，上海古籍出版社，2003 年。

[84] 王建傳、孫麗編《佛家法器》，頁 129~130，天津人民出版社，2004 年。

[85] 全佛編輯部編《佛教的法器》，頁 99，全佛文化出版社，2000 年。

# 三、山海鎮

　　山海鎮主要取決山的巍峨與海的壯闊，來表現足以鎮煞安宅的象徵，屬於自然崇拜，是對大自然懷有敬畏崇拜的心態。至於究竟何時把山與海合成一體？目前不容易找到源頭，《繪圖魯班經》是較早的文獻資料記載，《繪圖魯班經》對山海鎮的描述：

　　　　山海鎮如不畫者，只寫山海鎮，如可畫之猶佳[86]。

文字與圖畫的山海鎮都有效，最佳是畫出山與海的形象。根據臺南縣的山海鎮田野調查結果，發現山海鎮若是以繪畫方式呈現，「山」通常有五座，而且中央的山通常是最高最雄壯，應是祭祀「五嶽」的遺風。

　　五嶽又稱五岳，分別是分別為中嶽嵩山、東嶽泰山、西嶽華山、南嶽衡山、北嶽恆山。這五嶽分布在不同的區域，山形亦不同，衡山如行、泰山如坐、華山如立、嵩山如臥、衡山如飛。五嶽中，以泰山為最尊。泰山之所以受尊榮，是因為它屹立在文化發達的齊魯平原上，瀕臨大海，顯得特別高峻，它為五岳之長，鎮守天地，因此畫在山海鎮上中央的山，就是象徵泰山[87]。

　　除了五嶽，對於大山的崇拜，遠古時代就開始，甚至被神化，《禮記‧祭法》云：

　　　　山林川谷丘陵，能出雲，能風雨，見怪物，皆曰神[88]。

山成了能出雲風雨的神，尤其在《山海經》就記載了二十六個山

---

[86]　《繪圖魯班經》（明代）午榮編，頁18，瑞成書局，1999年。
[87]　王玉德《神秘的風水》，頁25~26，書泉出版社，1994年
[88]　《禮記》，頁136，臺灣商務印書館，1967年。

區，關於四百多個山神的祭祀事宜。而且在道教體系中，五嶽皆封帝成神，東嶽泰山天齊仁聖大帝、南嶽衡山司天昭聖大帝、中嶽嵩山中天崇聖大帝、北嶽恆山安天玄聖大帝、西嶽華山金天願聖大帝[89]。

對於海的崇拜，亦出現在《山海經》的神話世界，同樣也有神格化的現象，對海神的描述：

> 東海之渚中有神，人面鳥身，珥兩黃蛇，踐兩黃蛇，名曰禺虢，皇帝生禺虢，禺虢生禺京。禺京處北海，禺虢處東海，是惟海神。
>
> 西海陼中有神，人面鳥身，珥兩青蛇，踐兩赤蛇，名曰弇茲。
>
> 南海渚中有神，人面，珥兩青蛇，踐兩赤蛇，曰不廷胡余。
> [90]

東海之神叫禺虢，南海之神叫不廷胡余，西海之神叫弇茲，北海之神叫禺京。另有一說，四海由司四方的神兼掌，東海神是勾芒，南海神是祝融，西海神是蓐收，北海神是玄冥。後來，海神化成龍形，因此有「海龍王」的出現，四海分別由東海龍王、南海龍王、西海龍王、北海龍王鎮守，並加以擬人化，一說佛教的東海龍王是敖廣，南海龍王是敖欽，西海龍王是敖順，北海龍王是敖潤；而道教的東海龍王是廣德，南海龍王是廣利，西海龍王是廣

---

[89] 《繪圖三教源流搜神大全》，頁 46~48、頁 52~59，聯經出版社，1980年。

[90] 《山海經》，頁 63、65、68，臺灣商務印書館，1967 年。

潤，北海龍王是廣澤[91]。民間信仰對海的崇敬，由海神多系統發展可見一斑。

　　山與海的合體，雖起源不明，但是對於五湖四海的崇敬歷時久遠，在《史記‧封禪書》云：

> 天子祭名山大川，五嶽視三公，四瀆視諸侯[92]。

說明帝王以隆重的祭禮祭典，對山與海表示敬意。而且山與海牽涉龐雜的自然信仰與宗教神話，充滿神奇色彩，組成在一起，為今日常見的辟邪物，足見自然崇拜的痕跡，換句話說，山海鎮是歷經長期民俗文化的汰選，在眾多自然崇拜的對象脫穎而出，顯然山高海深的形象，最為適合用來象徵鎮宅。

## 四、獅咬劍獸牌

　　臺南縣民宅會採用猛獸的圖案當作鎮宅的辟邪獸牌，其中以獅子最為常見，基本上採用正視獅子的顏面為主，左右對稱，貌甚威嚴，眼巨鼻闊，口啣寶劍，額部書有「王」字或八卦圖，頭頂、腮旁長鬣鬣然之鬚毛，竭力表現兇猛猙獰狀，民間習稱「獅咬劍」或「劍獅」[93]。

　　獅子其實是外來的獸類，梵文為 Simha，取第一音「師」為名，其走獸的特徵加上犬字傍，才有「獅」的產生，但倘若直接音譯則稱為「狻猊」[94]。《爾雅‧釋獸》云：

---

[91]　李亦園編，段芝撰《中國神話》，頁 48~56，地球出版社，1994 年。

[92]　《史記》（西漢）司馬遷，頁 527，新文豐出版社，1975 年。

[93]　呂理政《傳統信仰與現代社會》，頁 64，稻鄉出版社，1992 年。

[94]　陳炳容《金門風獅爺》，頁 20~32，金門縣政府，1996 年。

狻麑如虦貓，食虎豹。

《注曰》：

> 即獅子也，出西域，漢順帝時疏勒王來獻犎牛及獅子，《穆天子傳》曰：「狻猊日走五百里。」[95]

狻猊就是獅子，兇猛的程度強過虎與豹，為百獸之王。但是狻猊還被認為是龍生九子之一，明代楊慎《升庵外集》說明狻猊是排行第八，云：

> 形似獅，性好煙火，立於香爐[96]。

沈德符《萬曆野獲編》有另一套龍生九子的看法，狻猊變成排行第五，云：

> 好坐，為佛座騎像，亦作金猊[97]。

然而，李乾朗《臺灣古建築圖解事典》對於「獅」的解釋是：

> 具有辟邪作用的裝飾題材，原為天祿辟邪，初現於南北朝時期之墓，其背帶翅膀，後來演變作獅子[98]。

獅子口中的寶劍，時而單把劍，時而一對劍，通常是七星劍[99]，

---

[95] 《爾雅》，頁 25，臺灣商務印書館，1967 年。

[96] 《升庵外集》（明代）楊慎，頁 3597，臺灣學生書局，1971 年。

[97] 《萬曆野獲編》（明代）沈德符，頁 190，新興書局，1976 年。

[98] 李乾朗《臺灣古建築圖解事典》，頁 116，遠流出版社，2003 年。

[99] 吳瀛濤《臺灣民俗》，頁 163，眾文圖書，1992 年。指出獅所咬的劍為七星寶劍。

根據田野調查確實如此。何培夫整理臺南市安平耆老對劍的說詞，認為獅子要鎮宅，咬著劍才不傷人，劍由左插入，劍尖向右者，代表祈福；由右插入，劍尖向左者，代表辟邪；雙劍交叉者，代表戰鬥。而且清代安平駐防水師部隊，士兵將領把繪有獅頭的盾牌與武器刀劍交錯排列，具有威嚇作用，安平民眾學著將獅頭咬劍的造型，安置在門牆門楣上使宵小怯步[100]。吳望如則補充安平劍獅是清軍水師閒暇時進行賭博，將劍插入盾牌獅頭的牙縫間，若未碰觸或掉落為贏家，居民見盾牌插著刀劍起而效尤[101]。這類采風式的看法無文獻根據，而且明代即已成書的《繪圖魯班經》說明獸牌為：「有人家對近墙屋之脊用此[102]。」

獸牌顯然是來禳解辟邪，有其巫術宗教成分，不至於為了阻嚇宵小或是賭博娛樂而發展，而且防獅子咬人才咬劍，似乎牽強。安平以外的其他地區亦可見到獸牌，大陸閩、粵與雲南地區，以至於琉球、東南亞一代都有獸面辟邪的習俗[103]，不見得有水師駐守，所以獅咬劍由安平水師士兵的盾牌刀劍而來是有待商榷，但是當作安平在地民俗文化纍積，亦是一番情趣。

只能推測獸牌辟邪延續於閩粵的民俗文化，而且在清代就隨著漢人移民出現在臺灣，至於獅咬劍，應該當時就具有如此兇猛的圖像[104]，「劍」是七星劍則應該是在臺灣更為確立的式樣，畢

[100] 何培夫《臺灣的民俗辟邪物》，頁 44，臺南市政府，2001 年。
[101] 吳望如〈從辟邪物談劍獅〉，頁 52~65，《北縣文化》，74 期，2002 年。
[102] 《繪圖魯班經》（明代） 午榮編，頁 17，瑞成書局，1999 年。
[103] 莊伯和〈漫遊亞洲圖像〉，頁 13~15，《傳統藝術》，50 期，國立傳統藝術中心，2005 年。
[104] 張道一編《中國圖案大系---清代》，頁 436，山東美術出版社，1994 年。

竟臺灣乩童操五寶的風氣盛行，七星劍是五寶之首，所以獅與七星劍視同辟邪利器，稱為「劍獅」，成為臺灣民間普遍的辟邪物型態。

日本人三島格將獸牌上的老虎與獅子根據吉凶加以劃分，並互相比較兩者的外型，亦陳述臺灣北部獅牌使用的機率較大，幾乎不用虎牌，與虎牌多用於凶事有關，互為對門的二家感情不睦之時，其中一家想使對面家庭發生不幸，就會在家門上掛著虎牌，對面之家為防虎所帶來災禍，就掛上八卦牌[105]。所以虎牌缺少了辟邪物的驅邪祈福精神，甚至將邪惡之氣對人，非常少見。其實在臺南縣亦是如此，所見的獸牌幾乎都是獅子造型。

獅咬劍的獸牌通常會搭配一對蝙蝠[106]，因為「蝠」與「福」同音，象徵吉祥，而且傳說蝙蝠夜晚出動能辨識鬼魅藏身之處，會隨著鍾馗捉鬼除魔。

## 第四節 門楣辟邪物精神內涵之構成要件

門楣辟邪物的範疇廣泛，今日所見的各種形式，絕非經歷一致性的過程，各自有其演進發展途徑，所需的時間有所差異，因此起源的出發點與形成的原因無法以一道之。

經過人們的選擇而成為門楣辟邪物，為了以有形的器物表達無形的觀念，隨著人類生存空間的拓展，實體物質加上精神的或

---

[105] 三島格〈獸牌〉，頁 103~114，《民俗臺灣》中譯本，第一輯之 15，武陵出版社，1990 年。吳瀛濤《臺灣民俗》，頁 163，眾文圖書，1992 年。片岡巖《臺灣風俗誌》，頁 602，眾文圖書，1990 年。對於虎牌都有相關的闡述。

[106] 李乾朗《臺灣古建築圖解事典》，頁 116，遠流出版社，2003 年。

信仰的成分，建構出辟邪文化。其實，大多數辟邪物是涵蓋相似的成因與觀念，有規律脈絡可循。大致上，門楣辟邪物的構成的要件還是可歸納出四個：時空宇宙觀念、陽宅風水理論、巫術宗教信仰、民俗工藝技術。

　　門楣辟邪物的四大構成要件都各自擁有繁密獨立的理論系統，門楣辟邪物一方面組合構成要件理論基礎所運用的文字圖符，一方面根據構成要件的理論基礎強化使用的動機。四大構成要件看似獨立，卻彼此互相影響互相牽連，時空宇宙觀念帶入陽宅風水理論，透過巫術宗教的信仰與儀式得以發揮神秘力量，辟邪觀念大體具備，還必須藉由民俗工藝的技術製作成有形的器物方能使用。本節進行探討門楣辟邪物的四大構成要件：時空宇宙觀念、陽宅風水理論、巫術宗教信仰、民俗工藝技術。

# 一、時空宇宙觀念

　　本論文的研究區域以臺南縣為主，在探討空間宇宙觀念之前，必須體認在臺南縣此區域，會如同關華山在《臺灣傳統民宅所表現的空間觀念》所提到[107]，勢必超出臺灣的範圍，而擴展於整個漢族社群，也超出傳統民宅建築的範圍，延伸到目前常見的透天厝甚而高樓公寓。所以，探析門楣辟邪物所涵蓋的時空間宇宙觀念，是難以避免從漢文化的時空宇宙觀著手。

---

[107] 關華山〈臺灣傳統民宅所表現空間觀念〉，頁 175~215，《中央研究院民族學研究所集刊》，49 期，1980 年。空間存在我們四周的世界、宇宙，是存在的事實、客體，透過感官與身體驗認出空間範圍，則是「空間體驗」，屬於感官層次；當深入的對界定出的空間，加上認知、價值、意義、符號時，包括意識與潛意識，形成體系就稱為「空間觀念」。

## （一）時間觀念之建立

漢人文化對於時間的認知，原本來自日升日落，月圓月缺，春去冬來四季交替，在大自然變化的循環中，並藉由觀測天象，逐漸歸納出規律，訂出了年、月、日的週期制度，發展出曆法，可以預期天象之回復、節候之來臨，使人類社會活動有規則可循。

傳統的時間觀念由曆法來表現，其特點主要是與天文學和術數的結合，將時間加上吉凶之分，規範該時間點所宜所忌之事，提供人們生活參考依據，目前臺灣民間大量流通的農民曆，就擔任這種角色，內容包括新舊曆對照、置閏方法、朔望、日月食、干支、星宿、行事宜忌、沖煞方位年齡、每日吉凶時刻、每日胎神占方等，林林總總非常多種項目，無非是把時間制度化。而且術數上引用時間制度來判斷風水堪輿，將時間的觀念更為深入人們的生活之中。

所以傳統漢文化的時間觀念在於「吉凶」與「宜忌」，凡事講究擇吉避凶，做適宜的事，諸如婚喪喜慶、生養兒女、營建修繕、祭祀祈福、農漁牧獵、官事、醫事治病、經商營業等，都要擇日，選擇好的年、月、日、時辰才來進行，以求順遂，是指行事者、行事項目與行事時間在時空秩序系統中，呈現完全的和諧。如此就表達出精神層面的目的[108]。

## （二）空間觀念之建立

門楣該空間位置，藉由辟邪物設置之實質活動，賦予驅邪祈福的信仰精神認知，表現出對空間的體驗，這就是分別來自「具象空間」與「抽象空間」的空間觀念。而且由時空的大自然秩序

---

[108] 呂理政《傳統信仰與現代社會》，頁 32~42，稻鄉出版社，1992 年。

類比到宇宙，並產生宇宙圖文符號，廣泛的運用於日常生活中。

### 1.具象空間觀念

謝宗榮主張空間分為「有形空間」與「無形空間」[109]，但林會承認為老子在《道德經》指出「無」即「空間」的部分需要「有」即「實體」的圍蔽才得以存在，空間是「虛無」的，透過「實體」才能存在[110]。若以「有形」與「無形」區分空間容易混淆。「有形」是具象的，「無形」是抽象的，因此筆者歸納出門楣辟邪物所蘊藏的空間觀念，分別來自「具象空間」與「抽象空間」。

「具象空間」是人們意識到外在客體的存在，最基本的是方位的體認。方位與天文學有關，推溯到原始時代對太陽的觀察，東昇西落，出現平面的「東方」與「西方」空間方位特徵，同時基於太陽崇拜，出現「上」與「下」的垂直方向。東西與上下各自提供一個線狀的二方位空間圖式，並相互交叉使用。

接著，對應東方與西方，並因為北斗七星的觀察，出現另一組二方位空間圖示----南方與北方。於是，東西和南北這兩個線狀二方位的空間圖式，漸漸形成一個四方位的空間圖式觀念。在東西南北四個基本方位之間，人們又發現了幾個亞方位，即東南、東北、西南、西北的存在，四方就衍生為八方，而八方幾乎可以涵蓋在平面上展開的空間圖式的所有方位。

八卦牌是門楣辟邪物頗為常見的類型，基本上，八卦與八方位相結合，每一卦代表一個方位，而八卦生成的歷程與八方位空

---

[109] 謝宗榮〈厭勝物所反映的臺灣民間信仰空間觀念〉，頁 131~160，《臺北文獻》直字 124 期，1998 年。

[110] 林會承〈漢民族空間模式之建立概說〉，頁 89~117，《賀陳詞教授紀念文集》，東海大學建築系暨建築研究所，1995 年。

間建立的模式雷同。將太極理解為空間的混沌狀態，則由渾沌中生出秩序，出現最早的線狀二方位空間，再由此產生平面四方位，最後加入四個亞方位，形成了平面八方位空間。然而，八方位的具象空間觀念應用於風水術，則間接影響門楣辟邪物的使用動機。

除了體驗平面空間，人們意識天地與上下兩個垂直方位，進一步與平面空間方位組合，終於形成立體的空間圖式[111]。林會承亦指出空間是立體三向度，非獨立存在，並且依附於實體方能被感知的「虛空」狀態，能夠與實體以外的世界相通、可供人類居住使用[112]。

因此，小自建築物、建築群，大至聚落、城鎮等人文空間，再聚焦於民宅、門、門楣，都是具象的實體空間，人們生活於當中，經過營建、居住甚或辟邪的行為，將對空間的認知，逐漸建構出屬於漢文化的空間觀念。對應到黃應貴主張空間是以自然的地理形式或人為的建構環境為基本要素及中介物，還會依人的各種活動而有不斷的建構結果[113]，是不謀而合的。換句話說，民宅是具象三度空間的建築實體，在其範圍內所發生的活動與行為，包括辟邪物的使用，即是漢民族空間觀念的表現。

畢竟體驗到外在空間，人們則進入自我意識的覺醒程序，漸漸將自我加入空間圖式中。自我主體的中心概念介入，讓人們除

[111] 王貴祥《文化・空間圖式與東西方建築空間》，頁49，田園城市文化，1998年。

[112] 林會承〈漢民族空間模式之建立概說〉，頁89~117，《賀陳詞教授紀念文集》，東海大學建築系暨建築研究所，1995年。

[113] 黃應貴編《空間、力與社會》，頁1~8，中央研究院民族學研究所，1995年。

了考量村落城鎮公共區域的同時，也反觀民宅的重要性[114]。就傳統建築而言，民宅的空間觀念建立於以供奉神明祖先的神案所在為神聖中心，代表神仙祖靈所駐留之處，空間位序亦是最尊貴的地方。以此延伸出縱軸線，就在神案的前方、前上方、正上方同樣的具有神聖地位，進而將防護功能擴散到整個宅厝的居住者。所以，與神案同位列於縱軸線的大門、門楣、屋脊中央、屋埕中央與外牆牆門中央等在民宅的空間上佔有重要的成分，並通常作為辟邪物最佳的安放位置[115]。

### 2.抽象空間觀念

「抽象空間」是三向度之外，超越了感官經驗，無法查覺的空間層次，很難具體理性的描述。以臺灣而言，當人們考慮到超自然的存在，並加上民間宗教信仰的自然崇拜、庶物崇拜、亡靈崇拜[116]，可以區分出三個空間---天庭、陰間、人界。天庭是神明的活動範圍，陰間是鬼怪的活動範圍，而人界是大自然生靈萬物活動的場所，而且是神鬼可能侵入出現的中性境地[117]。

林會承特別提到人界中的民宅是人、祖靈、神祇、禽畜所共用，鬼及邪煞亦會闖入，說明人在民宅此三向度的空間中活動，然而神明鬼怪則存在「另一個空間」。針對「另一個空間」，在許多神話傳說中有所描述，包括佛教的九重三十三天與十八層地

---

[114] 王貴祥《文化・空間圖式與東西方建築空間》，頁 32~45，田園城市文化，1998 年。

[115] 呂理政《傳統信仰與現代社會》，頁71，稻鄉出版社，1992年。

[116] 董芳苑《認識臺灣民間信仰》，頁209、頁303，長青文化出版社，1986年。

[117] 關華山〈臺灣傳統民宅所表現空間觀念〉，頁 175~215，收錄於《中央研究院民族學研究所集刊》，第 49 期，1980 年。

獄，多是想像認定的模樣，雖然虛幻成分居多，但神鬼有其活動空間範圍，已形成抽象的空間觀念[118]。

董芳苑則認為天庭、人界、陰間各層，是非自然科學的，實質上沒有任何根據，只是深具文化背景的「信仰語言」[119]。一旦牽涉信仰，在文化的模式中屬於精神文化，反應出心理需求，最終的莫不以身心的安寧平靜為依歸，訴諸於神明是祈求天庭般理想生活環境，正面的、光明的、善良的，對於鬼怪的態度是迴避的、排斥的、驅逐的。人們為了講究與神鬼均衡和諧相處，將抽象的三界空間觀念，在實體的居住環境顯示一種潛在的內外空間的分辨，層次為內由神明，外由鬼煞，而人界觀念就表現在驅鬼與吉祥的裝飾題材，以及營建的禁忌儀式[120]。門楣辟邪物即是典型的驅鬼吉祥的裝飾題材的組合，將空間分畫為一個「普遍可接受的領域」與另一個「神聖的領域」，界定了不同質的空間，確保民宅內成為「神聖的領域」，民宅外只是「普遍可接受的領域」，內外分明，十分清楚[121]。

綜合之，何培夫解釋辟邪物功能時，提出：

> 為求安身立命，人們不得不建立兩種自我防衛的系統：一種是內在心靈空間的精神防衛系統，經由知識、智慧、宗

---

[118] 林會承〈臺灣傳統家屋中的儀式行為及其間所隱含的家屋理念與空間觀〉，頁 132，《賀陳詞教授七秩壽慶論文集》，詹氏書局，1990 年。

[119] 董芳苑《探討臺灣民間信仰》，頁74、頁257，常民文化出版，1996年。

[120] 呂理政《傳統信仰與現代社會》，頁 71，稻鄉出版社，1992 年。

[121] 王貴祥《文化‧空間圖式與東西方建築空間》，頁 68~69，田園城市文化，1998 年。

教與信仰等因素，達成防衛目的，十分抽象。另一種是外
在環境空間的實質防衛系統，透過實體建設，由內而外、
由小而大、由點而面、由境而區域，形成層層防衛與保護，
非常具體。…辟邪物則將無形、有形的防衛結合，發揮威
力，大門貼門神、牆門塑獅頭、門楣懸八卦、屋頂置烘爐、
入口設照壁與刀劍屏，村落四隅佈置五營元帥、路沖安置
石敢當，地方大廟更肩負區域防責任，環環相扣，擴大防
衛範圍[122]。

此處所言，外在環境空間的實質防衛系統源自於「具象空間」，
內在心靈空間的精神防衛系統源自於「抽象空間」，門楣的辟邪
物兼有具象空間與抽象空間的觀念。除此之外，空間可以類比應
用到其他事物層面：包括人與自然的關係，人對自身內部的關
係，人與人的關係，空間就被視為宇宙觀或一種象徵，以致於天、
人、社會互相感應，來實現漢民族所謂整體的均衡與和諧，就是
天人合一理想境界[123]。

## （三）時間空間類比宇宙產生符號

漢民族建立空間觀念的過程中，同時在架構對於宇宙的認
知，用來解析大自然時空的規則秩序。宇宙觀不但是宇宙構成及
其生化成壞的理論，還可建構人與宇宙的關係，即人在宇宙中的

---

[122] 何培夫《臺灣的民俗辟邪物》，頁 11，臺南市政府，2001 年。
[123] 李亦園《宇宙觀、信仰與民間文化》，頁 4，稻鄉出版社，1999 年。
　　整體均衡和諧的宇宙觀運作三層次：人與自然的關係，是自然系統
　　（天）的和諧；人對自身內部的關係，是有機體系統（人）的和諧；
　　人與人的關係，是人際關係（社會）和諧。

角色和地位、人與宇宙的關係,講究人面對宇宙的態度。呂理政
《天、人、社會---試論中國傳統的宇宙認知模式》提出:

> 天與自然,被假定性的化約為時間與空間的秩序系統。一
> 組有秩序的宇宙解釋系統的建構及其流演,大體上是以時
> 空系統為核心,為了追求廣大悉備,而進行一連串擴充的
> 過程。在擴充的過程中,也許有許多現在我們已經不能確
> 知的原因,開始有意無意的引進「符號」,這些符號,在
> 早期大致都是大自然可觀察的現象或實體,逐漸也引進若
> 干比較抽象的符號,或者有些實體符號也逐漸轉化成抽象
> 符號。一旦形成了符號系統,不但大大擴充了宇宙秩序系
> 統,而且符號也提供了演算及操作的可能,於是開展了以
> 宇宙觀操作人事的契機[124]。

說明兩個重點,其一是自然(天)即時空,時空即宇宙,在時空
秩序下,宇宙觀從中再進行擴充,發展出陰陽說與五行說,兩者
結合以形成宇宙解釋系統。其二是時空類比自然萬物,促使「符
號」的產生,一般而言,民間結合空間觀念轉化類比為宇宙觀,
所操作的宇宙符號大致上均在象徵意義上被視為代表宇宙全
體,而且是具有威力的「宇宙符號」,分為三類:五行系統、八
卦系統、干支系統[125]。這三類系統各自形成一套類比理論,卻又
彼此交互使用,操作於占卜、擇日、風水上,而且影響辟邪文化

---

[124] 呂理政《天、人、社會---試論中國傳統的宇宙認知模式》,頁 55~69,
中研院民族所,1990 年。
[125] 呂理政《天、人、社會---試論中國傳統的宇宙認知模式》,頁 55~69,
中研院民族所,1990 年。

頗深。（參附錄圖 2-35）

　　透過宇宙符號的操作於人事行為，達到天人感應與天人合一，而門楣辟邪物就是操作宇宙符號的體現。無論是安置門楣辟邪物的動機與過程，或直接表現在門楣辟邪物表象的文字圖符題材，宇宙符號任意被選擇再進行組合，這種過程促使門楣辟邪物產生以圖文為主的型態不在少數。

## 二、陽宅風水理論

　　調查臺南縣門楣辟邪物的過程，凡是能訪談到屋主，探究其安置門楣辟邪物的原因，大部分的回答是：「老師講的，說前面有厝角對到。」「老師」指的是風水堪輿老師，「厝角對到」是風水觀念認知下的術語。短短兩句話，透露出門楣辟邪物與風水有因果關係。風水又稱為堪輿、青烏、青囊等，各有其淵源。「風水」最早出現在晉朝郭璞《葬經》，云：

> 氣乘風則散，界水則止，古人聚之使不散，行之使有止，故謂之風水。風水之法，得水為上，藏風次之[126]。

「風」是空氣流動，「水」是水流，乘生氣是要尋找有生機的地氣，而有水則聚氣，沒有水風一吹氣就散了，所以有水可以聚氣之地為佳，避風之地次之，也就是郭璞將「風」與「水」視為環境的選擇標準。

　　風水觀念的起源於黃土高原的窰洞、半窰洞的選址和布局，當時居住環境就是選擇有山有水，避風避水，藏風聚氣的地點，

---

[126] 《葬經》（晉代）郭璞，頁 14~15，東方文化出版社，1977 年。

並且利於取水、漁獵與避災害，符合好「風水」的觀念。然而，為了尋求好風水的居住地，歷史上盤庚、公劉、古公亶父、周公為了遷徙都城到適合的位置，以占卜的方式決定[127]。日後結合占卜與星相的理論，形成眾多門派的風水術，作為興築住宅、宮室、寺觀、陵墓、村落、城市的規則與標準，同時相對產生許多禁忌，民宅門楣辟邪物通常就是迴避風水禁忌而設。

　　風水術經過歷代的累積，關於風水的著述與理論繁雜，實踐上有一定的合理性和規則性，風水理論可分成三大類：「形法」用來定點、「理法」用來定向、「日法」用來定時。

## （一）形法

　　形法主要以「辨形」和「察氣」的手法，辨形是注重龍、砂、穴、水和向，進行「覓龍、察砂、觀水、點穴、擇向」的條件篩選，俗稱地理五訣；察氣是考察山川形勢，尋求地、門、衢、嶠、空缺的五機之氣，再應對上迎氣、納氣、聚氣、藏氣的方法，用來判定宅外形與宅內形之吉凶[128]。形法理論的風水術主要活動地點在江西，楊筠松為代表人物。楊筠松俗稱楊救貧，風水堪輿界尊稱為楊公祖師。田野調查個案時，曾在安置八卦牌的儀式與山海鎮的疏文上都曾提及楊公祖師，可證明辟邪物安置因素與過程絕對與風水堪輿密不可分。

---

[127] 王玉德《神秘的風水》，頁75~80，書泉出版社，1994年。

[128] 吳炳輝《臺灣傳統民宅的人文風貌》，頁 58~62，稻田出版社，2003年。

## （二）理法

理法講理氣、方位、卦義，是在於天人合一的基本概念下，匯集宇宙圖式河圖、洛書、八卦與九宮。相互對照，太極就是本體，兩儀就是陰陽，在堪輿風水叫「左青龍」、「右白虎」，四象就是陰陽老少（老陰老陽少陰少陽），在風水叫做「左青龍、右白虎、前朱雀、後玄武」。八卦就是乾兌離震巽坎艮坤，風水上是東西南北、東南西北、西南東北的八個方位，並融入九宮洛書，河圖十進位，再推廣到十二宮十二地支、十二方位，二十四節氣、二十四方位、二十四山、六十甲子、六十方向、六十四卦方向、一百二十分金、三百六十度、三百八十四爻方向的衍生和確定，再配合陰陽五行金、木、水、火、土的類比系統，而且把天上星宿、宅主命相和宅子的時空構成聯繫，形成如網的規則結構，呈現在操作風水術時所用的羅盤上，可以多達二十五種。理法主要以福建為活動區域，宋代王伋、陳摶為代表人物。

## （三）日法

日法即是謹慎擇定時間上年、月、日、時辰之規則。決定陽宅風水之形與向，事後關於屋宅營建、修繕或遷徙，風水術上的操作模式必須選擇良辰吉日，指的是擬構的時空秩序系統中適合行事的好日子。將好日子詳細記載的農民曆為例，用五行、六十干支、七曜、九星、二十八宿、二十四節氣來定義每一天的吉凶，不但規定當天適合擇吉行事的內容，其中包括豎造（也就是建築物起造修繕），相對的要避開象徵凶煞的時間點。

除了透過時間的吉凶配合風水優劣，還要考量屋主生辰八字的命相。《八宅明鏡》代表理氣派的理論，結合「文王八卦」和

「洛書」將住宅方位組合分成西四宅與東四宅，將屋主的生辰依照三元法和八卦方位結合的規則，分為西四命和東四命，然後命與宅相配對定吉凶，由吉凶來定陽宅方位的位置與佈局，這種以「大遊年」變爻的方式來推導「陽宅」與「命主」的配屬吉凶，是典型時間秩序運用於風水術。

風水日法與門楣辟邪物的關係，則表現在安置的時間。風水老師診斷出風水犯了禁忌決定安置辟邪物，是要選擇吉日吉時才安置，本論文田調個案一個所選的時間是早上六點安八卦，一個則選早上十一點安山海鎮，兩者都是根據屋子座向和屋主的生辰而定。

形法、向法與日法都講究「氣」的觀念，宇宙中氣分「陰」與「陽」，當陰陽二氣力量和諧平衡時，就是李豐楙所說「常」的「正氣」狀態，當失衡失序的「非常」狀態，稱為「煞氣」。煞氣表現在時間上是年煞、月煞、日煞、時煞，表現在空間是天煞、地煞、方位煞，表現在構成元素是金煞、木煞、水煞、火煞、土煞。而煞又稱為「沖」，代表破壞與陰邪不正，會令人焦慮不安，風水上對於沖煞的意識強烈，主張積極的迴避各種沖煞，並產生制衡沖煞的神秘法術、儀式或辟邪物[129]。呂理政也說明設置空間辟邪物所防制的對象之一是風水煞，屋宅沖射的煞氣包括路沖、宅沖與柱沖。

風水術應用在陽宅與陰宅兩大部分，陽宅是活人居住的空間，陰宅是死人的墓穴[130]。陽宅風水直接影響人生在世的生活，

---

[129] 李豐楙〈煞：一個非常的宇宙現象〉，頁 36~41，《歷史月刊》，132 期，1999 年。

[130] 王玉德《神秘的風水》，頁 4~5，書泉出版社，1994 年。

《黃帝宅經》就對陽宅的重要加以論述：

> 夫宅者，乃陰陽之樞紐，人倫之軌模。非夫博物明賢，無
> 能悟斯道也。凡人所居，無不在宅。雖只大小不等，陰陽
> 有殊；縱然客居一室之中，亦有善惡。大者大說，小者小
> 論。犯者有災，鎮而禍止，猶藥病之效也。故宅者人之本，
> 人以宅為家。居若安即家代昌吉，若不安即門族衰微[131]。

而且，陽宅本身已有風水的意義，《釋名》：

> 宅，擇也，言擇吉處而營之地[132]。

陽宅風水最大的目的是將人的生活環境調整到妥善安適的狀
態，因此人們趨之若鶩於風水相宅的認可，達到此生立即的平安
福祿，以求身、心、靈的和諧。陽宅風水對於屋宅內外都要注視，
尤其界定內外的「門」是住宅最重要的附件，風水術很重視門，
《陽宅撮要》中說明大門之重要，云：

> 門有五種，大門、中門、總門、便門、房門，是也。大門
> 者，合宅之外大門也，最為緊要，宜開本宅之上吉方[133]。

「門」是公認頭等要素，門的方位、形狀、尺寸、裝飾都影響風
水，其中方位最重要，要從旺方引氣，確定大門[134]。陽宅的大門
是辟邪物出現頗為頻繁的位置，其實不難理會它傳遞著被視為風

---

[131] 《黃帝宅經》，頁 1~2，收錄於《叢書集成初編》，中華書局，1991 年。
[132] 《釋名》，頁 84，收錄於《叢書集成初編》，中華書局，1985 年。
[133] 《陽宅撮要》，頁 8，收錄於《叢書集成初編》，中華書局，1991 年。
[134] 艾定增《中國建築---風水與建築》，頁 22，天龍出版社，2003 年。

水術重點的訊息。

　　陽宅風水關係著居住者的觀念，自清朝以來就盛行於臺灣民間，門派眾多，當斷定陽宅風水有了缺陷而會使用辟邪物，其實際的操作方式有所迥異，大多會採用帶有咒語、手勢等宗教巫術儀式，但依據各門各派別風水理論大不同，就影響門楣辟邪物的使用習慣，目前常見的風水堪輿派別整理如下：三合派、九星派、三元派、玄空挨星派、奇門遁甲派。

## 三、巫術宗教文化

　　除了風水因素，訪談到安置門楣辟邪物的另一個原因：「神明派的。」或「菩薩指示的。」對於神明與菩薩的認知牽涉到臺灣民間宗教信仰。臺灣的宗教多元化，道教與佛教影響層面較為廣泛，並聯繫民間地方性衍生出的信仰，包括靈魂崇拜、自然崇拜、庶物崇拜等，既無統一的經書儀式、創始者與中心組織系統的倫理說教，無法達到構成宗教要素，則通稱為「民間信仰」[135]。民間信仰在臺灣展現的方式是廣興廟宇觀寺，執行各種宗教儀式，來幫助人們達成所願所想，或多或少有巫術的成分。

　　巫術是借助虛構的「超自然力量」來控制人、事、物、環境，來自原始時代的生活經驗與心理感受，並且依賴神話證實其效果，借助巫具、降神儀式、咒語祝禱來達成，其功能為以下說明：

> 巫術，作為一種自然法則體系，即關於決定世上各種事件
> 發生順序的規律的一種陳述，可稱之為「理論巫術」，而
> 巫術作為人們達到目的所必須遵守的戒律，則可稱之為

[135] 李桂玲《臺港澳宗教概況》，頁62~66，東方出版社，2003年。

「應用巫術」[136]。

應用巫術是藉由交感律的實際操作，又稱為「交感巫術」，通常分成兩大類：

## （一）依構成巫術的理論和法則

分為「模仿巫術」與「接觸巫術」。模仿巫術採取是「相似律」，也就是手法上按照「同類相生」與「同類相治」的原理，前者是用相類似的東西產生引起真的事，後者是用相似的假事物制止真事發生；接觸巫術採用「接觸律」，經由接觸而互相感染，對某人某事所接觸的東西施行法術就能達到作用。

## （二）依功能的觀點

巫術在人類生活有生產功能、保護功能和破壞功能，所以分為「生產巫術」、「保護巫術」和「破壞巫術」，生產和保護巫術一來保證作物豐收生產過程順利，二來免除災害而受到保護，稱為「白巫術」；破壞巫術則專門用於謀害破壞別人生活與活動，稱為「黑巫術」[137]。

巫術和宗教息息相關，巫術產生於宗教之前，當巫術失敗了，轉而向超自然力量祈求，才產生宗教，產生巫術→宗教→科學三階段進化。巫術和宗教都是起源於情緒緊張的種種情境，提供發洩的機會，但因為沒有實際的出口，所以經由儀式和信仰，通往超自然的領域。只是巫術與宗教的差別，在於巫術所具備的是技術是狹窄有限的咒語、儀式和施術者狀態，常形成一個平凡

---

[136] 弗雷澤《金枝：巫術與宗教之研究》，頁 22，桂冠出版社，1991 年。
[137] 呂大吉《宗教學通論》，頁 341~363，博遠出版社，2003 年。

的儀式、咒祝、巫覡三位一體，宗教則局面大目標多，技術非如此簡單，要從其功能及信仰和儀式的價值看出[138]。

辟邪物和巫術有所關聯，巫術是借助虛構的「超自然力量」以圖對他人、他物或環境產生影響的一種原始方術。辟邪物相同的以「超自然力量」控制他物或環境，主要被用來排解恐懼與困惑，增強生活的信念。辟邪物是巫具的延伸與泛化，它常常脫離三位一體而單獨啟用，表現為巫術的分化及其民間風俗中的物化趨向。

辟邪物和宗教宗教建築在有靈觀和有神觀等信仰之上，並有具體的崇拜對象、程式化的儀典、相對固定的壇廟、神秘的祝咒和經文，以及招神驅邪的種種法器和符籙等。其中，宗教的法物和符咒流布到民間後，便成了俗用辟邪物，它們因有通神之性而先天地被賦予了辟邪的功用，而且辟邪物的使用過程經由宗教儀式來啟動，更添神力[139]。

因此，辟邪物、巫術與宗教三者之間，互通下相輔相成，環環相扣很難抽離獨立。對門楣辟邪物而言，道教所佔的影響最大，但廣泛來說，應該是涵蓋臺灣民間信仰，無論辟邪物的題材來自道教民間信仰，安置的儀式亦多以道教科儀為基礎來進行法術，突顯辟邪物與宗教、巫術之關係。

其次，與辟邪物有關的宗教是佛教，題材上的卍、法輪等即以佛教為取向，然而藏傳佛教密宗含有巫術成分，部分梵文咒語都成了門楣辟邪物的題材。雖然基督教教義並沒有使用辟邪物的

[138] 馬凌諾斯基《巫術、科學與宗教》，頁 65~66，協志工業叢書出版公司，1980 年。

[139] 陶思炎《中國鎮物》，頁 8~15，東大出版社，1998 年。

習性，但基督教的神聖之物---十字架，卻可見掛在門楣上，傳達避邪祈福的想法中，亦證明了辟邪物跨越宗教的界線，凡人莫不都是求生活平安喜樂。

## 三、民俗工藝技術

民俗藝術領域的學者，重視辟邪物的研究，高燦榮重點在傳統民宅尤其是屋頂上的辟邪物，莊伯和則重視石敢當、獸牌與風獅爺，劉文三、席德進、施翠峰、謝宗榮都對辟邪物有所著墨，顯然辟邪物有其藝術化表現，展現出民俗之美，畢竟辟邪物在精神內涵要件建立後，必須由實際的材料與工藝來體現而出，尤其結合圖案文字的平面門楣辟邪物，藝術裝飾成分居多，更是離不開工藝的技術，以求「形而上」與「形而下」兼具，江韶瑩在〈臺灣工藝的發展與變遷〉一文中提到：

> 工藝是為了支持生活而追求「美」與「實用」的結果；與藝術創作有所不同的是：工藝是有其使用目的、設定條件和客觀且具體存在的造型設計活動。審美是其中的一部分的價值，更重要的是在日常生活的實際應用之中才能體驗到的特殊細緻而愉悅的感受，及內在的文化價值[140]。

門楣辟邪物採用的傳統工藝最為普遍的是木材工藝，江韶瑩將八卦牌與獸牌等門楣辟邪物基本類型，類歸為木作神像雕刻的一部分[141]，畢竟門楣辟邪物與宗教信仰關係頗深，雕刻神像的工法運

---

[140] 江韶瑩〈臺灣工藝的發展與變遷（上）〉，頁 22，《臺灣美術》，04：12，1991 年。

[141] 江韶瑩〈臺灣工藝的發展與變遷（上）〉，頁 27~28，《臺灣美術》，04：

用於雕刻門楣辟邪物應能相通。門楣辟邪物的木作經過刀工並且修光、打磨再加以漆飾，創造出一件件既美觀又實用的木雕辟邪之物。除此木雕之外，臺灣許多傳統工藝的技法，諸如玻璃工藝、石雕工藝、交趾陶工藝與彩繪等技術，都會應用到門楣辟邪物。

　　清朝以前，臺灣無法自給自足，許多手工技藝專業人才，例如木匠、土水師父、彩繪師父、雕刻師父等必須從大陸而來，也就是所謂「唐山師父」，將技藝傳到臺灣，甚至在臺定居開業，當時傳統聚落中辟邪物製作的工事，端看這些師父的技術手法，若出自同一人之手，必有其個人風格，一旦製作數量累加，就容易形成區域特色，遺留下臺灣辟邪民俗的根源[142]。但是這些辟邪工藝品特色是沒有工匠落款，除了依附建築物的工藝作品尚能考據時間，是很難追溯出處，儘管如此，清代臺灣民間工藝，是從中國南方移民生活模式必需品的延續。隨著時代變遷，因為新材料的加入，製造方法與技術的變化，使得辟邪物的型態更加多變，不再侷限傳統的工藝手法，辟邪物由實用物器昇華出藝術美感與民俗生命力。

---

12，1991 年。

[142] 盧明德〈安平古聚落所見獸牌及其造形之研究〉，頁 267~268，《實踐學報》12 期，1993 年。

# 第三章

# 臺南縣民宅門楣辟邪物題材
# 與組合分析

　　門楣辟邪物絕大多數呈現平面的造型，其題材的選擇經過分析，能夠以單純的基本單位來探究其意義，呂理政稱為「圖文母題」，並主張辟邪物的圖文母題有向內祈福與向外厭勝之分，基本上多採用文字、圖像，因為文字或圖像都是同一源頭可以互相替代，意思是文字可以代替圖像，圖像可以代替文字[1]。

　　實地的田野調查，除了平面的圖文，臺南縣門楣辟邪物的題材還包括立體的器物類型，因此探究門楣辟邪物的題材基本單位，以了解民俗精神文化時，必須涵蓋三個面向：圖案符號、文字、器物。三者之間主要以平面圖案符號居多，能夠替換成文字的情形，侷限在八卦系統或日月、山海、星宿等自然現象，而替換成器物者只有七星劍一類，模式幾乎固定。

　　文字的部分，除了圖案符號相通的八卦系統或自然現象，常見祈福性質的成對詞句，帶有宗教觀念的語詞亦不在少數。至於當作門楣辟邪物的器物，本身就有其獨立使用的特性，原始出發點絕不是因門楣辟邪物而創，通常該器物符合民間信仰的辟邪意義才被擇用，多是取自宗教法器轉化而來。

　　將民宅門楣辟邪物的題材分解，以下三節分別針對臺南門楣辟邪物的題材－－圖案符號特色、文字特色、器物特色之內容加以分析，並將在第四節討論門楣辟邪物的圖案符號與文字的安排組織，在第五節說明一體成形的辟邪物之間的組合情形。

---

[1]　呂理政《傳統信仰與現代社會》，頁 61~62，稻鄉出版社，1992 年。

# 第一節　門楣辟邪物之圖案符號特色分析

## 一、八卦系統

　　八卦系統包括太極、兩儀、四象、八卦、洛書。八個原卦乾「☰」、兌「☱」、離「☲」、震「☳」、巽「☴」、坎「☵」、艮「☶」、坤「☷」組合，無論是先天八卦或是後天八卦，自然的圍出中心「太極」的區域，在這塊區域中理論上應該是兩儀與四象的圖形，但是實際表現形式就多樣化了，一般會在八卦中間放上「鏡」，或是直接書寫「太極」或「日月太極」等文字（因源自相同觀念，在文字題材省略不論），還有搭配獅咬劍的圖案，已經跳脫八卦既定的形式。而洛書則依照「載九履一，左三右七，二四為肩，六八為足，五居中央」的規則排列，五居中央通常省略，其餘在八卦的外圍。另外一提，與洛書相關的河圖，卻不是門楣辟邪物所選擇的題材。

## 二、動物

　　經過調查，門楣辟邪物上的動物圖案，多以獸類的獅子和麒麟為主題，再搭配太極八卦、王、七星等圖案文字。獅咬劍的獸牌，俗稱劍獅，以獅張嘴咬住七星劍，劍或單把或一對，其淵源則詳見本論文第二章第三節門楣辟邪物基本類型探源。

　　麒麟有別於劍獅的兇猛形象，屬於仁獸，因祈福納祥的象徵而成為門楣辟邪物的題材。關於麒麟的外形描述資料典籍不少，列舉東漢許慎《說文解字》：

麒，仁獸也，麇身、牛尾、一角；麟，牝麒也[2]。

段玉裁注稱：「麒麟，狀如麇，一角，戴肉，設武備而不為害，所以為仁也。」

《爾雅·釋獸》：「麟，麇身、牛尾、一角[3]。」

《宋書》〈符瑞志〉記載關於麒麟的事蹟計十五則，傳神解釋麒麟外型，云：

麒麟者，仁獸也。牡曰麒，牝曰麟。不刳胎剖卵則至。麇身而牛尾，狼項而一角，黃色而馬足。含仁而戴義，音中鍾呂，步中規矩，不踐生蟲，不折生草，不食不義，不飲洿池，不入坑阱，不行羅網。明王動靜有儀則見。牡鳴曰逝聖，牝鳴曰歸和，春鳴曰扶幼，夏鳴曰養綏[4]。

以上對於麒麟的外形描述大抵是鹿身、牛尾、馬足的獨角獸，麒為雄，麟為雌，然而為何麒麟會雄雌合成了單一個體的形體造型？

在《鳳麟龜龍考釋》一書中說明麒麟二字合用，或單用麟字，完全是習慣的要求，可以互分互混，如同鳳凰二字，而且古代神話遺傳下，麒麟是蝕日的月亮，因為月亮在一個月形中，有月面明暗陰陽二儀之分，麒麟就如同月亮的二單位，並考據音韻麒麟giri、gillen 與諸多民族「月」的發音相仿，推比出麒麟因月亮神

---

[2]　《說文解字》（東漢）許慎，頁85，臺灣商務印書館，1967年。

[3]　《爾雅》，頁25，臺灣商務印書館，1967年。

[4]　《宋書》（梁）沈約，頁406，新文豐出版社，1975年。

話而可合用或單獨使用麟字[5]。

　　麒麟與月亮的關係見仁見智，但麒麟是神話世界的虛構，現實世界並沒有如此形象的動物，儘管麒麟可能來自神話，總是被引徵為仁獸，前述《說文解字》注與《宋書》〈符瑞志〉清楚說明麒麟頭上獨角有肉，具武備卻無攻擊殺傷力，且腳蹄不踐踏生靈花草，作風展現仁義慈善風範，因此關於麒麟屬於仁獸的記載不絕於書，對於麒麟現身的描述與意義，代表祥瑞徵兆，就在《禮記‧禮運》記載：

> 麟鳳龜龍，謂之四靈。
> 山出器車，河出馬圖，鳳皇麒麟，皆在郊棷。龜龍在宮沼，其餘鳥獸之卵胎皆可俯而闚也。則是無故，先王能脩禮以達義，體信以達順，故此順之實也[6]。

《禮記》說明麟體信厚，鳳知治亂，龜兆吉凶，龍能變化，只要按常理出現，自然會產生禮義達順的天下。顯示麒麟受到推崇，甚為「四靈」之首。除此之外，麒麟身負送子之職，晉代王嘉在《拾遺記》中記載：

> 夫子未生時，有麟吐玉書於闕里人家[7]。

是指孔子的母親懷有孔子時，看到麒麟到山東曲阜闕里人家吐出玉書，就明白是祥瑞徵兆，因此將繡紱繫在麒麟的角上，麒麟就在闕里過夜，隔天才離開，不久聖人孔子就降生。因此麒麟送子

---

[5]　杜而未《鳳麟龜龍考釋》，頁 51~149，臺灣商務印書館，1966 年。
[6]　《禮記》，頁 71、頁 73，臺灣商務印書館，1967 年。
[7]　《拾遺記》（晉）王嘉，頁 62~63，新文豐出版社，1987 年。

的圖案，表示祥瑞降臨，聖賢誕生。

　　綜合之，麒麟所代表的寓意仁慈祥瑞，深受民俗文化的愛用，當作裝飾圖案取材之一。時至今日麒麟的形象超乎之前的敘述，演化出更為繁複的動物組合：龍頭、獨角、鹿身、獅尾、馬蹄、鱗身，並有火焰紋，目前門楣辟邪物上的麒麟圖案就接近如此型態，而且多是回首麒麟的模樣。根據田野調查的個案，因生性仁厚的麒麟腳不著地，就腳踩吉祥之物，所踩的吉祥物是取雜寶中任四項[8]，並沒有固定的規則，就田調資料整理出以下四組：

葫蘆、通寶（銅錢）、劍、芭蕉葉；葫蘆、犀角杯、七星劍、芭蕉葉；
葫蘆、書卷、七星劍、芭蕉葉；葫蘆、書卷、蓮花、芭蕉葉。

　　這類麒麟踩寶的造型，稱為「四寶麒麟」，又因為四寶諧音「賜寶」，寓意麒麟賜寶，但亦有麒麟踩北斗七星、祥雲或彩帶的圖案，整體而言，麒麟有兆瑞、通靈、顯貴的神性，搭配寶物更顯珍貴吉祥。除了採用麒麟圖像，另有直接書寫文字「麒麟在此」，同樣有辟邪鎮宅的功用。

## 三、自然現象

　　自然現象用於門楣辟邪物的題材，大致上有日月、山海、星

---

[8]　李蒼彥《中國吉祥圖案》頁 45，南天書局 1988 年。列舉出珠、錢、磬、祥雲、方勝、犀角杯、書畫、紅葉、艾葉、蕉葉、鼎、靈芝、元寶等。
　　李祖定《中國傳統吉祥圖案》，頁 66，大孚書局，1995 年。列舉寶珠代表熱烈光明、金錢象徵富有、磬象徵吉慶、方勝比喻接連不斷、犀角象徵勝利、書本象徵智慧、艾葉象徵辟邪、菱鏡表示美好等。

宿、五星、七星、祥雲等，在《中國辟邪文化大觀》書中，則歸納是為了辟天災人禍之邪，包括天體辟邪、氣象辟邪、江河湖海辟邪等觀念[9]。

　　大自然蘊育人類生活的環境，基於對自然現象變化的敬畏與懵懂，包括天體的日月雲星，以及地表的山川萬物，人類認為它們具有靈性，就視為有生命力的神靈加以崇拜，並結合神話傳說，融入臺灣民間信仰的體系之中，尤其是道教大量結合自然崇拜，引為神祇予以神格化，立下姓氏、服飾、職掌等規定。因此當門楣辟邪物要取用題材時，考慮到自然崇拜的對象在所難免。

## （一）山海

　　門楣辟邪物最典型的自然現象圖案就是「山海鎮」的山與海，其圖案造型大致有固定形式，整體看山海鎮的山海，山在上，或三座或五座甚或山巒重重，海在下，或千波萬浪或滔滔不絕，就是要象徵山的巍峨與海的壯闊足以鎮宅安家，而且《繪圖魯班經》說明山海鎮最佳的使用方式是圖畫[10]，田野調查的山海鎮的確大部分以繪畫手法表現，圖案為主，文字為輔，至於其淵源則詳見本論文第二章第三節門楣辟邪物基本類型探源。

## （二）日月

　　天體現象的日月、星辰圖案常出現在門楣辟邪物上，天體基礎的結構包括日、月與金木水火土五大行星，即「七曜」，以及

---

[9]　鄭曉江《中國辟邪文化大觀》，頁 20~54，花城出版社，1994 年。
[10]　《繪圖魯班經》（明代）午榮編，頁 18，瑞成出版社，1999 年。

三垣二十八星宿體系，再加上諸多變星[11]。其實天體實際中存在著這些日月星辰，然而自古以來則藉由觀測日月星辰天文以供農事與占卜之用，進而產生關於日月、星辰的神話傳說，並發展了祭祀活動。

日與月的崇拜流傳已久，從諸多遠古時代的神話可見一般，傳說太陽中有三足鳥或十金鳥，月亮中有嫦娥奔月等故事，頗具想像空間，逐漸累積架構出日月蘊涵神秘力量的民俗文化。日為太陽，月為太陰，道教將「日」視為男性之神，稱為太陽星君；將「月」視為女性之神，稱為太陰娘娘。門楣辟邪物上的日與月，無論是圖案或文字多是成對出現，鮮少單獨使用，日屬陽，月屬陰，兩者皆具才符合陰陽和諧的條件。以圖案而言，日的造型為圓形，月的造型圓形或眉型皆有，並有祥雲圍繞。

## （三）五星七星

門楣辟邪物取用星辰為圖案題材主要有五星、七星與二十八星宿，就在山海鎮上可以發現五星與七星會成對出現。五星有兩種解釋，一是金、木、水、火、土五大行星，另一種是東斗五星來對應北斗七星。在《雲笈七籤》卷二十四日月星辰部〈總說星〉云：

> 五星者，是日月之靈根，天胎之五藏，天地賴以綜氣，日月繫之而明[12]。

---

[11] 劉韶軍《神秘的星象》，頁 14、頁 148~149，書泉出版社，1994 年。
  三垣是指紫微、太微、天市三個星區。
[12] 《雲笈七籤》（宋代）張君房，頁 137，華夏出版社，1996 年。

是說明金木水火土五星與日月關係密切，日月五星合為七曜，《雲笈七籤》中的五星分別為東方歲星真皇君、南方熒惑真皇君、西方太白真皇君、北方辰星真皇君、中央鎮星真皇君。然而在《太上洞真五星秘授經》則詳述另一組五星之職掌，記載如下：

> 東方木德真君，主發生萬物，變慘為舒。如世人運氣逢遇，
> 多有福慶，宜弘善迎之。
> 南方火德真君，主長養萬物，燭幽洞微。如世人運氣逢遇，
> 多有災厄疾病之尤，宜弘善以迎之。
> 西方金德真君，主就斂萬物，告成功肅。如世人運氣逢遇，
> 多有災怪刑獄之咎，宜弘善而迎之。
> 北方水德真君主，通利萬物，含真娠靈。如世人運氣逢遇，
> 多有災滯劫掠之苦，宜弘善而迎之。
> 中央土德真君，主四時廣育萬類，成功不怨。如世人運　氣
> 逢遇，多有憂塞刑律之厄，宜弘善以迎之[13]。

雖說版本略有迥異，基本上金木水火土五星之神皆可以助人逢凶化吉，而且與陰陽五行學說連結，易於被引用為門楣辟邪物的題材。

　　至於東斗五星則來自於道教有五斗星君的觀念，五斗星君分別為北斗七星、南斗六星、東斗五星、西斗四星、中斗三星。五斗星各有所擅長之處及其重要性，在《中斗保命延年妙經》一文中提到：

---

[13] 《太上洞真五星秘授經》，頁 870，收錄於《道藏》第 1 冊，文物出版社、上海書店、天津古籍出版社聯合出版，1988 年。

> 東斗主算、西斗紀名、北斗落死、南斗上生、中斗大魁，
> 巍然至尊，天人受度，曠劫長存，三途五苦，八難三途，
> 承茲正教，昇入金門。[14]

說明五斗與人生息息相關，因此在民俗信仰中時常沿用。然而門楣辟邪物的圖案大多僅運用到五星與七星，對應到五斗星是北斗與東斗。其中東斗包括蒼靈延生真君、陵光護命真君、關天天衛集福真君、大明和陽保和真君、尾極總監星君五位星君[15]。

北斗七星則是門楣辟邪物相當常見的圖案題材，北斗其實有九星，七顯二隱，較為隱暗不明的二顆星是輔星與弼星，其餘明顯的七顆則稱為「北斗七星」，在《太上玄靈北斗本命延生妙經》對於北斗七星的說明如下：

> 北斗第一天樞宮，陽明貪狼太星君，子生人屬之；
> 北斗第二天璇宮，陰精巨門元星君，丑亥生人屬之；
> 北斗第三天璣宮，真人祿存真星君，寅戌生人屬之；
> 北斗第四天權宮，玄冥文曲紐星君，卯酉生人屬之；
> 北斗第五天衡宮，丹元廉貞綱星君，辰申生人屬之；
> 北斗第六闓陽宮，北極武曲紀星君，巳未生人屬之；
> 北斗第七瑤光宮，天衝破軍關星君，午生人屬之；
> 北斗洞明宮外輔星君，北斗急光宮內弼星君[16]。

---

[14] 蘇海涵編《中斗保命延年妙經》，頁 2495~2496，收錄於《莊林續道藏》第 9 集，成文出版社，1975 年。

[15] 蘇海涵編《太上東斗主算妙經》，頁 2364~2365，收錄於《莊林續道藏》第 9 集，成文出版社，1975 年。

[16] 蘇海涵編《太上玄靈北斗本命延生妙經》，頁 2449~2452，收錄於《莊

由以上說明可以整理出三套北斗七星之名：一為天樞、天璇、天璣、天權、天衡、闓陽、瑤光；二為貪狼、巨門、祿存、文曲、廉貞、武曲、破軍；三為陽明、陰精、真人、玄冥、丹元、北極、天關。這三套七星名稱廣泛的被運用於生活當中，風水堪輿時用的羅盤或門公尺上就運用到北斗七星的名號，而且就在道教的神仙系統中，北斗七星代表七星君，能夠救災解厄[17]，而且還能依各人自己的生辰，找到自己的主命星，因此臺灣以道教為主軸的民間信仰，非常推崇北斗七星，在辟邪物上就時常取用北斗七星的圖案，與其它不同的題材相互搭配，其造型和實際天體中北斗七星的分布情形是有差別的，但仍以四星為斗杓三星為斗柄的原則，作為四三排列。

## （四）二十八星宿

二十八星宿的觀念見於門楣辟邪物上，並非完全都一起用上，而是選擇性的取用組合，在臺南縣就是有水晶、鏡子與星宿牌結合，星宿牌由八個紅點構成，根據安置的堪輿老師的說法，分別取二十八星宿的龍虎狼狗日月猴豹八個星，再根據五行觀念以紅線連結，將之稱為「八卦星宿」。另外亦有與七星劍、日月組合的星宿匾牌，都是以二十八星宿為前提的辟邪圖案。

歷代天文學的演進，到了唐代確認了星宿的區分法，所謂的星宿是觀測日月與五星的運行，將黃道、赤道附近的星象，劃分成二十八部分，每一部分叫做一宿，共為二十八星宿，配合日、

---

林續道藏》第 9 集，成文出版社，1975 年。

[17]　蘇海涵編《太上玄靈北斗本命延生妙經》，頁 2437~2442，收錄於《莊林續道藏》第 9 集，成文出版社，1975 年。

月相同運動的方向，自西向東排列依次為角、亢、氐、房、心、
尾、箕、斗、牛、女、虛、危、室、壁、奎、婁、胃、昴、畢、
觜、參、井、鬼、柳、星、張、翼、軫。然後將二十八星宿，依
四方位每七宿一組，各代表動物青龍、白虎、朱雀、玄武，稱為
「四象」。《尚書考靈曜》云：

> 二十八宿，天元氣，萬物之精也。故東方角、亢、氐、房、
> 心、尾、箕七宿，其形如龍，曰「左青龍」。南方井、鬼、
> 柳、星、張、翼、軫七宿，其形如鶉鳥，曰「前朱雀」。
> 西方奎、婁、胃、昴、畢、觜、參七宿，其形如虎，曰「右
> 白虎」。北方斗、牛、女、虛、危、室、壁七宿，其形如
> 龜蛇，曰「後玄武」。[18]

道教則將二十八星宿納入星神系統，是取自東漢光武帝劉秀平定
王莽之亂曾有二十八個勇將幫助，明帝感念二十八將之貢獻，就
把二十八將圖像繪於在洛陽南宮雲臺，《後漢書》記載：

> 永平中，顯宗追感前世功臣，乃圖畫二十八將於南宮雲臺
> [19]。

就稱之為「雲臺二十八將」，後來道教引用並對應到天體的二十
八星宿，成了二十八星宿將。除此之外，《武備志》甚至把二十
八星宿圖像化製成軍旗[20]，增顯威武，但人物名號與《玉匣記》
所載又有所出入。然而道教典籍《雲笈七籤》卷二十四〈二十八

---

[18] 《尚書考靈曜》（清代）黃奭輯，頁121，藝文印書館，1972年。
[19] 《後漢書》（南朝宋）范曄，頁295，藝文印書館，1958年。
[20] 《武備志》（明）茅元儀，頁3940，華世出版社，1994年。

宿〉卻有另一套二十八星宿神將，另有其名稱、穿著與配飾，搭配天干地支與八卦，並分為陰神與陽神[21]。

　　然而術數之學搭配二十八星宿將、七曜與動物名稱，構成一套擇斷時日的規則，用來衡量日常生活婚喪喜慶、建築興工或開市營業的吉凶標準，在《玉匣記》[22]一書之說明整理為表格如下：

表 3-1：二十八星宿與生肖、五行、神將之對照表

| 東方七宿 | | 北方七宿 | | 西方七宿 | | 南方七宿 | |
|---|---|---|---|---|---|---|---|
| 角木狡 | 鄧禹 | 斗木獬 | 朱祐 | 奎木狼 | 馬武 | 井木犴 | 姚期 |
| 亢金龍 | 吳漢 | 牛金牛 | 祭尊 | 婁金狗 | 劉隆 | 鬼金羊 | 王霸 |
| 氐土貉 | 賈復 | 女土蝠 | 井丹 | 胃土雉 | 烏成 | 柳土獐 | 任光 |
| 房日兔 | 耿弇 | 虛日鼠 | 蓋延 | 昴日雞 | 王良 | 星日馬 | 李忠 |
| 心月狐 | 冠恂 | 危月燕 | 堅鐔 | 畢月烏 | 陳俊 | 張月鹿 | 萬修 |
| 尾火虎 | 岑彭 | 室火豬 | 耿純 | 觜火猴 | 傅俊 | 翼火蛇 | 邳同 |
| 箕水豹 | 馮異 | 壁水貐 | 臧宮 | 參水猿 | 杜茂 | 軫水蚓 | 劉直 |

　　由此可見二十八星宿的概念已融入日常生活之中，然而根據田野調查，發現門楣辟邪物圖案題材上所用之二十八宿，通常是指前述的角木狡鄧禹等二十八組之名號，畢竟風水堪輿界多是採用此類二十八組星宿組合，當作理論基礎，實際隨陽宅風水的需求，造就出數組不同的星宿圖案，似乎欲以二十八星宿神將的威力捍衛家宅。（參附錄圖 3-1）

---

[21]　《雲笈七籤》（宋代）張君房，頁 137，華夏出版社，1996 年。

[22]　《玉匣記》，頁 340~343，收錄於《正統道藏》第 60 冊，新文豐出版社，1977 年。

## 四、七星劍

「劍」是道教齋醮科儀中重要的法器之一,稱為法劍,其重
要性與功用在張澤洪《道教齋醮符咒儀式》提到:

> 足濟水火,體法乾坤,堅剛勵百煉之鋒,雪刃涵七星之象,
> 指天而妖星殞晦,召雷而紫電飛騰;法劍膺少陽之正氣,
> 凝粹陰之真精,能摧三極之妖魔,可肅八圍之奸魅[23]。

劍象徵結合大自然的精華,能夠召遣神將斬妖除魔,玄天上帝、
張天師與呂洞賓等仙人就皆以劍為法器。在道教典籍《洞玄靈寶
道學科儀》中就規定製劍的方法,其說明:

> 凡是道學,當知作大劍法。齋戒百日,乃使鍛人用七月庚
> 申 日、八月辛酉日,用好鋌若快鐵,作精利劍,環圓二
> 寸六分,柄長一尺一寸七分,劍刃長二尺四寸七分,合長
> 三尺九寸[24]。

並在劍身兩面刻上分明均調的北斗七星圖案,即為七星劍。七星
劍除了金屬鋼鍛外,還有以桃木雕刻而成桃木七星劍,桃木本來
就有驅邪避惡的意義,更顯其辟邪之威力。七星劍在臺灣民間亦
是乩童所操用的「五寶」之首,七星劍成為門楣辟邪物的題材,
由此足見門楣辟邪物融入道教與法術的成分。

在臺南縣,門楣辟邪物所使用的七星劍,有四種類型:一是
實體的七星劍懸掛在門楣上,二是平面七星劍的圖案,三是獅咬
七星劍,四是刀劍門上的七星劍武器。門楣辟邪物上平面七星劍

---

[23] 張澤洪《道教齋醮符咒儀式》,頁86,巴蜀書社,1999年。
[24] 《正統道藏》41冊,頁722,新文豐出版社,1977年。

的圖案，無論是直接彩繪在鏡面上，或是七星劍與星宿的組合，通常是一對左右分列的七星劍，應該是因為道教科儀做法時七星劍成對使用，單手將二劍一併合起來稱為「合劍」，兩手各握一劍，稱為「雙劍」[25]，且有一雄一雌之分，因此門楣辟邪物的七星劍圖案多是兩把成對出現。

## 五、𩖸

　　𩖸由上而下看似三個獨立的文字，應該視為一體的符文，可在道教的科儀本或符書上看到，亦可在門楣的鏡子上看到，顯然深具辟邪意味。至於「𩖸」的來源說法之一是《太平廣記》卷七五引唐張讀《宣室志·馮漸制鬼》：

> 河東馮漸，名家子，以明經入仕，性與俗背，後棄官隱居伊水上。有道士李君以道術聞，尤善視鬼，朝士皆慕其能，李君後退歸汝，適遇漸於伊洛間，知漸有奇術，甚重之。大曆中，有博陵崔公者，與李君為僚，甚善，李君寓書於崔曰：「當今制鬼，無過漸耳。」是時朝士咸知漸有神術數，往往道其名。別後長安中人率以漸字題其門者，蓋用此也。[26]

顯然馮漸制鬼的能力受到李君推崇，卻讓「漸耳」因人名誤植而來，「漸」指的是馮漸，「耳」則是句尾語助詞，孰知後人書寫「漸耳」在門上，用來當作制服鬼怪的象徵。

　　另有說法是「漸耳」合為一字「𩖸」，當作鬼死後之鬼。鬼

---

[25] 張澤洪《道教齋醮符咒儀式》，頁 86，巴蜀書社，1999 年。
[26] 《太平廣記》（宋）李昉，頁 313，新興書局，1969 年。

有億年計的六道轉生的過程，但生病或被處死，就變成聻，聻的世界恐怖可怕，連鬼都懼怕而迴避[27]。所以「聻」字書在門上辟邪，自然鬼不敢靠近，也就成為門楣辟邪物所引用的題材。《酉陽雜俎》續集卷四就記載：

> 時俗於門上畫虎頭，書『聻』字，謂陰府鬼神之名可以消瘧癘[28]。

在蒲松齡《聊齋志異》〈章阿端〉：

> 人死為鬼，鬼死為聻。鬼之畏聻，猶人畏鬼也[29]。

《全圖詳註聊齋志異》引註《五音集韻》則說明：

> 人死為鬼，人見懼之；鬼死作聻，鬼見怕之。若篆書此字貼於門上，一切鬼祟，遠離千里。聻音積[30]。

《玉歷寶鈔》中也記載：「各類的生靈，死後為「聻」（音見）鬼[31]。」

　　至於加上「雨」，則是道教符文的符頭，如同霝，「靈」被道教範疇引用，成了得以驅動神力的符文，代表至高無上的尊崇力量，很難直呼其名。然而，在〈禪宗語錄中之『聻』〉一文中

---

[27] 林禮明《圖說中國鬼文化》，頁 189，翌耕圖書公司，1995 年。

[28] 《酉陽雜俎》（唐代）段成式，頁 203，中華書局，1985 年。

[29] 《聊齋志異》（清代）蒲松齡，卷八，頁 4，利大出版社，1985 年。

[30] 《全圖詳註聊齋志異》（清代）蒲松齡，中集，頁 5，廣文書局，1991年。

[31] 《玉歷寶鈔》，頁 91，真佛宗密宗學會，年代不詳。

說明「聻」，讀作 ni，指物貌或令人深思，可以一字單獨使用[32]，而將驅鬼、除鬼、斬鬼的意義，取「聻」字來運用。

## 六、符

　　似文字似圖畫的「符」，在門楣辟邪物的題材上顯而易見。符在西漢時期是軍隊調度傳令的憑證，作為君與臣徵信之用，在《漢書・孝文紀》云：

　　　初與郡國守相為銅虎符、竹使符[33]。

執符即代表王令，卻套入鬼神超自然信仰，採用符來象徵神令預言天命，藉由符可以溝通鬼神世界，有別於徵信的軍符。而且在《睡虎地秦墓竹簡・日書》乙本二十一出邦門篇記錄「禹符」、「投符地，禹步三」、「敢告□符」[34]等詞句，顯然戰國時代就有符的存在。然而符的起源可推溯到黃帝時代，《藝文類聚》九十九卷〈祥瑞部下〉記載：

　　　《黃帝出軍決》曰：「帝伐蚩尤，乃睡，夢西王母遣道人，
　　　披玄狐之裘，以符授之曰：『太一在前，天一備後，河出
　　　符信，戰即剋矣。』黃帝寤，思其符，不能悉憶，以告風
　　　后、力牧。風后、力牧曰：『此兵應也，戰必自勝。』力
　　　牧與黃帝俱到盛水之側，立壇，祭以大牢，有玄龜銜符，

---

[32] 楊聯陞〈禪宗語錄中之『聻』〉，頁 299~304，《清華學報》，14：01，1982 年。

[33] 《漢書》（漢代）班固，頁 46，新文豐出版社，1967 年。

[34] 睡虎地秦墓竹簡整理小組編《睡虎地秦墓竹簡・日書》，頁 240，文物出版社，1990 年。

　　從水中出，置壇中而去。黃帝再拜稽首，受符視之，乃所
　　夢得符也。廣三寸，表一尺，於是黃帝備之以征，即日禽
　　蚩尤。」[35]

黃帝時代出現的符屬於夢授符，後來巫術之需，巫師引用符來解
除墓門或溝通鬼神，並且逐漸有人造符產生。直到漢代道教興
起，五斗米道和太平道就是以符為人治病來吸引信徒，鞏固道教
基礎組織，各式各樣的符書因應而生，通稱為「符籙」，在道教
的發展歷程中，諸多門派例如天師道等都以符籙術為重心，施符
召神、劾鬼、降妖、鎮魔、治病、除災，當然還包括鎮宅。至於
道教對符文來源的解釋，《三洞神符記》說是天上雲氣自然結成，
云：

　　符本於結空，太真仰寫天文，分置方位，區別圖像符書之
　　異。符者，通取雲物星辰之勢[36]。

《雲笈七籤》卷七〈符字〉說明：

　　以道之精氣，布之簡墨，會物之精氣，以却邪偽輔助正真
　　[37]。

其實符的派別眾多繁雜，不僅局限於雲氣之象，其形式大致上有
四類：

---

[35]　《藝文類聚》(唐代)歐陽詢，頁1717~1718，中文出版社，1980年。
[36]　《三洞神符記》，頁143~145，收錄於《道藏》第2冊，文物出版社、
　　　上海書店、天津古籍出版社聯合出版，1988年。
[37]　《雲笈七籤》(宋代)張君房，頁82，收錄於《道藏精華》第7集，自
　　　由出版社，1962年。

（一）複文：多數由二個以上小字組合而成，少數由橫豎曲
　　　扭的筆劃組合成形。

（二）雲篆：模仿天空雲氣變幻形狀或古篆籀體而造作的符
　　　籙。

（三）靈符、寶符：繁複的圈點線條構成，屈曲圖形並夾帶
　　　漢字，如日、月、星、敕令等字樣，這類符籙數量最
　　　多、使用最廣，門楣辟邪物上就常可見。

（四）符圖：由天神形象與符文結為一體的符籙[38]。

因各門派所崇祀的神明或祖師殊異，所呈現的符形式各有特
點，猶如暗號成為各門派實施法術的媒介，並表明各門派的區
別。即使如此，分解在臺灣所用的符之結構，可歸納出三個基本
部分，由上而下順序為：符頭、符膽、符腳。符頭主要作用是呼
請神明，在戴文鋒的博士論文中將符頭分成五大系統：

（一）三清符號系統：有「ｖｖｖ」符號，象徵道教三清。

（二）圖形符號系統：包括八卦、太極、北斗七星等圖符。

（三）勅令系統：符仔頭書有奉、勅、奉勅、勅令、勅下、
　　　欽奉、奉勅令等字。

（四）雷令系統：符仔頭書有雷令，或以「雨」字為首。

（五）咒語系統：以「唵」或「佛」字為開頭。[39]

符膽是請神明進入符內鎮守；符腳則是結束符膽，也有決鬥
之用[40]。在門楣辟邪物上出現的符文，不盡然符頭至符腳完全整

---

[38] 卿希泰《中國道教》，頁 306~307，知識出版社，1994 年。

[39] 戴文鋒《日治晚期的民俗議題與臺灣民俗學——以《民俗臺灣》為分
　　　析場域》，頁 119~120，中正大學歷史研究所博士論文，1999 年。

[40] 潛龍居士《符咒妙法全書》，頁 10~15，泉源出版社，1991 年。

體皆俱，偶有只出現符頭的情形。

雖然符若書於金銀紙即有護宅功效，但將符置於門楣辟邪物例如鏡子與山海鎮上，似乎更能延續威力，畢竟符文作為門楣辟邪物題材能夠役使三界鬼神，符能夠呼請神明進駐入內，一併啟動門楣辟邪物的辟邪力量，相輔相成形成家宅強而有利的防護。

## 七、八仙

家中有吉慶喜事，一般民宅門楣會掛上八仙綵，經過一段時日就取下，然而實際田野調查，發現有「八仙牌」的形式，同樣以八仙為題材，製成圖畫裝框，安置上不再更替移動，訪談屋主安置時間多是入厝時，但也有因為了迴避風水禁忌與招財賺大錢，才由堪輿老師指示而安置，因此可將八仙牌列為門楣辟邪物。

八仙牌上的八仙造型，八仙慶壽最為普遍，在關廟鄉則有一民宅是八仙過海的情境。八仙慶壽是八仙乘著坐騎手中各持器物（見表3-2），其圖案安排為對稱的左四人右四人，象徵壽星的南極仙翁駕乘白鶴居中，是為「仙頭」，與八仙同赴瑤池蟠桃會為西王母祝壽。而八仙的器物與坐騎，俗稱「暗八仙」，在佳里鎮佳里興有一組暗八仙當作門楣辟邪物，只有八仙所持的器物，居中的神像是太上老君，八仙曾經拜見太上老君求得一調〈千秋歲〉，作為西王母的壽禮，而且李鐵柺則因太上老君而成仙，八仙與太上老君的關係匪淺，就表現在門楣辟邪物的題材上[41]。

八仙的組合版本頗多，典型的八仙組合在明吳元泰《八仙出處東遊記》才確認，有鐵柺李、漢鍾離、張果老、何仙姑、藍采

---

[41] 《八仙出處東遊記》（明代）吳元泰，收錄於《古本小說集成》，上海古籍出版社，年代不詳。

和、呂洞賓、韓湘子、曹國舅等八位仙人，並在道教的神仙族譜中佔有一席之地。八仙分別代表不同的身分涵義，所持器物亦有特殊象徵，充分表達出吉慶歡樂的氣氛。八仙的器物與坐騎及其涵義整理如下表。

表 3-2：八仙與坐騎、器物（暗八仙）及其涵義

| 人名 | 坐騎 | 器物 | 器物（暗八仙）涵義 | 身分涵義 |
|------|------|------|------|------|
| 鐵柺李 | 虎 | 葫蘆 | 煉丹制藥，普救眾生 | 賤 |
| 漢鍾離 | 麒麟 | 芭蕉扇 | 玲瓏寶扇，能起死回生 | 貴 |
| 張果老 | 驢 | 漁鼓 | 星相卦蔔，靈驗生命 | 老 |
| 何仙姑 | 鹿 | 荷花 | 出泥不染，可修身禪靜 | 女 |
| 藍采和 | 象 | 花籃 | 神花異果，能廣通神明 | 貧 |
| 呂洞賓 | 馬 | 劍 | 天盾劍法，威鎮群魔之能 | 男 |
| 韓湘子 | 羊 | 笛子 | 妙音縈繞，萬物生靈之能 | 幼 |
| 曹國舅 | 雲霞獸 | 陰陽板 | 仙板神鳴，萬籟萬聲 | 富 |

筆者整理，資料來源：李祖定《中國傳統吉祥圖案》[42]。
　　　　　　　　　王瀞苡《神靈活現：驚艷八仙彩》[43]。

## 八、法輪

「輪」原是古印度轉輪聖王征服世界的武器，其力量威力無窮並無堅不摧，依據印度的傳說，佛陀傳佛法，就如同轉輪聖王治天下時轉寶輪降伏眾魔，能摧破眾生之惡，濟度一切眾生，因此以車輪為比喻，稱之為法輪。佛教引用為轉法輪，象徵佛陀之法，佛教經典常有「轉法輪」的敘述，因此法輪實際上已經成為具有象徵佛教的圖騰。

法輪意指佛法，又稱梵輪或寶輪，是佛教八吉祥之一。分為

---

[42] 李祖定《中國傳統吉祥圖案》，頁 74，大孚書局，1995 年。
[43] 王瀞苡《神靈活現：驚艷八仙彩》，頁 141~154，博揚文化，2000 年。

金、銀、銅、鐵，形狀如車輪一般，中心向外由轂、輻、輞、鋒組成。輪輻數目有四、五、六、八、十二乃至百輻千輻之分，根據田調紀錄，在玉井鄉、楠西鄉與南化鄉等地當作門楣辟邪物的法輪，皆是八條輪輻，也是法輪最普遍的造型，八輪輻於佛教教義中代表八正道—正見、正思維、正語、正業、正命、正方便、正念、正定，是達到佛教最高理想境地（涅槃）的八種方法和途徑[44]。

法輪包含三種涵義：摧破眾惡、輾轉不息、圓滿無缺[45]。法輪一現，世間的不正不善皆會消除，換句話說，佛教法輪能夠持續不停的驅除邪惡帶來圓融，頗為符合辟邪物的定義，其形象就順理成章成了辟邪物的題材了[46]。田調所蒐集的這些法輪其中心輪轂，則以「卍」字表現，八輻由此擴散而出，接在形成一個輪狀圓圈的輪輞上，輪輞外則是輪鋒，代表可以摧毀邪惡的利器，多是呈圓形。

# 九、卍

卍可讀做「萬」，是武則天在大周長壽二年制定讀音，在《翻譯名義集》卷六中就說明：

> 主上權制此文，著於天樞，音之為萬，謂吉祥萬德所集也

---

[44] 藍吉富編《中國佛教百科全書》第二冊，頁521，中華佛教百科文獻基金會，1994年。

[45] 全佛編輯部編《佛教的法器》，頁266，全佛文化出版社，2000年。

[46] 王健傳、孫麗《佛家法器》，頁157~159，天津人民出版社，2004年。輪輻數目四輻代表四諦、五輻代表五道、六輻代表六道、十二輻代表十二因緣、百輻千輻代表萬法具足的功德輪。

[47] 。

表徵意義是吉祥、聖潔、功德圓滿，視為單一個漢字，但《翻譯名義集》引《華嚴經音義》認為並非如此，對於卍另有解釋為：

> 梵云室利鞢蹉，此云吉祥海雲，如來胸臆有大人相[48] 。

卍之所以被佛教大量使用，就是因為古印度的轉輪聖王，具有三十二種身體特徵的大人相，如來即是釋迦牟尼佛，也有三十二大人相，卍就是三十二相之一[49]，根據《翻譯名義集》所說，是出現於佛胸前的吉祥之相，在《長阿含經》中則說卍是佛的第十六種大人相，也說明佛胸有萬字[50]，而《大佛頂首楞嚴經》卷一亦云：

---

[47] 《翻譯名義集》（宋）普潤大師釋法雲，頁 169，臺灣商務出版社，1976 年。

[48] 《翻譯名義集》（宋）普潤大師釋法雲，頁 169，臺灣商務出版社，1976 年。

[49] 藍吉富編《中國佛教百科全書》第四冊，頁 461~466，中華佛教百科文獻基金會，1994 年。三十二相包括一足安平，二足千輻輪，三手指纖長，四手足柔軟，五手足縵網，六足跟圓滿，七足趺高好，八腨如鹿王，九手長過膝，十馬陰藏，十一身縱廣，十二毛孔青色，十三身毛上靡，十四身金光，十五常光一丈，十六皮膚細滑，十七七處平滿，十八兩腋滿，十九身如師子，二十身端正，二十一肩圓滿，二十二口四十齒，二十三齒白齊密，二十四四牙白淨，二十五頰車如師子，二十六咽中津液得上味，二十七廣長舌，二十八梵音清遠，二十九眼色紺青，三十睫如牛王，三十一眉間白毫，三十二頂成肉髻。

[50] 《長阿含經》卷一大本經，頁 5，收錄於《大藏經》第一冊阿含部上，日本大正一切經刊行會編，中華佛教文化館影印大藏經委員會，1955 年。

即時如來，從胸卍字涌出寶光。其光晃昱，有百千色，十
方微塵，普佛世界，一時周遍[51]。

卍於佛胸是一般典型的說法，然而《大般若經》卷三八一卻記載
佛之八十隨好的第八十身體特徵，是胸前與手足有吉祥喜旋德
相，文同綺畫色類朱丹[52]。可見卍並非侷限於佛胸，還帶有蘊含
毛髮或指紋旋轉意義，因此又稱吉祥喜旋[53]，然而其形式除了
卍，另有相似的卐，僅僅是左旋右旋之分，雖曾有左右旋正名之
爭辯，但其實二者性質相同，至少在民俗文化的領域中，皆是表
徵佛的智慧與慈悲無限旋轉運作，自此佛教建築或器物上常用來
作為裝飾圖案，屬於寓意幸運吉祥的符號，延伸而出的意義上成
了佛教的一種象徵標誌。

即使中國早在六、七千年前的新石器時代遺址中，陶器上就
有卍字形的圖案出現，而且在古代波斯、希臘等原始民族中，卍
象徵太陽、電光、流水等現象[54]，顯然並非因佛教而起，佛教卻
引為象徵，更讓如此符號增添神秘色彩。反觀臺南縣辟邪物個
案，無論卍或卐都能當作門楣辟邪物的題材，或繪於鏡面上，或
直接製成牌匾，或置於法輪的中心，是符號而不是文字，與佛教
關係緊密，其出發點是堅信由佛的力量帶來吉祥，能讓家宅平安。

[51] 《大佛頂首楞嚴經》（唐）天竺沙門般剌密帝譯，烏萇國沙門彌伽釋
迦譯語，頁 35，和裕出版社，1998 年。
[52] 《大般若經》第七冊，頁 3941，眾生文化出版社，1993 年。
[53] 藍吉富編《中國佛教百科全書》第四冊，頁 1864~1869，中華佛教百
科文獻基金會，1994 年。
[54] 陳兆復《古代岩畫》，頁 169~170，文物出版社，2002 年。

# 十、時輪金剛

「時輪」的意義是時間之輪，因為眾生在過去、現在、未來的時間中輪迴，所以「時輪金剛」象徵宇宙中時間之流及無限空間之秘密。其實，時輪金剛亦為藏傳佛教的本尊之一，其造型四頭十二臂二十四手，佛身藍色，紅色右面表情欲望，白色左面模樣蕭靜，黃色後面情狀靜修[55]。

另有「時輪金剛密法」是藏傳佛教中密宗修持方法，其獨特的理論具有消劫化難的功德，是釋迦牟尼佛親自傳承傳給了香巴拉國王的無上大法，也是藏密金剛乘無上瑜伽部法門中之大法。分為外、內、別三類，「外」指天文、星象數學；「內」指人體構造和經絡氣脈運行；「別」指實際修持法[56]。

可見密宗佛教多方面引用「時輪金剛」，而藏傳佛教時輪宗的一種圖案，即「十相自在」，藏音朗久旺丹，標誌著密乘本尊及其壇場合一體，象徵時輪宗的最高教義。十相自在圖案由 10 個具有神聖力量的符號組成，這 10 個符號包括 3 個圖形和 7 個梵文字母，並將這 10 個符號不同顏色填寫，其顏色分別為綠、紅、白、黃、五彩、白、藍，分別象徵風、火、水、土、五欲、身、無身、命、溫暖。壽命自在、心自在、願自在、資具自在、業自在、受生自在、解自在、神力自在、法自在、智自在[57]。

---

[55] 張治江、成剛、汪澤源主編《佛教文化》，頁 205~206，麗文文化出版社，1995 年。

[56] 藍吉富編《中國佛教百科全書》第 6 冊，頁 3550，中華佛教百科文獻基金會，1994 年。

[57] 藍吉富編《中國佛教百科全書》第 9 冊，頁 6058，中華佛教百科文獻基金會，1994 年。

是由梵文咒語排列變化組成的吉祥圖案，包括空間的上、下、東、南、西、北、四方、四隅，與時間的年、月、日、時，以時空宇宙組合來象徵世界一切自在。時輪金剛可以防止時空凶曜、羅喉、地魔、仙人、毒龍、山神土地、人世魔、鬼怪、遊方神祇等之損害，可息滅種種違緣而不復生，其左方是防護一切凶煞、障礙、驅除不祥迴遮咒輪。

## 十一、九宮八卦咒輪

九宮八卦屬於西藏佛教密宗的辟邪七寶之一，是開山始祖蓮花生大師在唐朝欲將印度佛教傳入西藏時，融匯西藏原始宗教苯教的祈禳巫術，吸收印度濕婆教原始萬物崇拜的密乘咒文，結合漢文化的五行、八卦、十二生肖等，聚集藏、梵、漢的精華而創成的九宮八卦咒輪，作為破除凶煞的辟邪之物[58]。其實在西藏的原始苯教原來就具有占星、厭勝、祈福、祭祀的行儀，當然包括對於鎮宅的觀念，就藉由厭勝咒輪及祈福符來追求生活平順，到了西元三世紀起西藏向外吸收印度與漢土的文化[59]，促使新興起的藏傳佛教，以苯教為基礎，運用圖案更為複雜的辟邪咒輪，九宮八卦咒輪則於焉產生。因此，信奉密宗的佛教徒堅信九宮八卦牌的威力如《西藏神域‧辟邪瑰寶》所言：

> 將此咒牌懸掛於門上或屋內車上並可隨身攜帶，可防範因
> 人、事、物、風水、地理所生的任何凶煞，阻擋一切奇災

---

[58] 張宏實《西藏神域‧辟邪瑰寶》，頁118，淑馨出版社，1995年。

[59] 談錫永〈咒輪厭勝及祈福符〉，頁118~125，《故宮文物月刊》02：05，國立故宮博物院，1984年8月。

異禍，趨吉避凶，轉禍為福，百無禁忌。於宅內外安居者，
不論求財、婚姻、子嗣、名位等皆能增善緣而生生不息，
減惡緣而無災禍，息疾病而添壽。迴遮一切太歲、歲破、
劫煞、災煞、歲煞、伏兵、大禍等諸年月日時煞星。阻擋
路沖、門、床、灶、廁等不吉方位所生的凶煞。另宅內合
家大小平安，加官進爵，招財進寶，福壽綿長，安和樂利，
百事皆宜，吉祥如意[60]。

目前田調所得的個案中，分析九宮八卦牌的圖案，除了在中央的
主體—九宮八卦咒輪，尚加入一些密宗信仰的佛像與圖案，各自
有其涵義，分析如下。

（一）上方中央分別為文殊菩薩、觀音菩薩、金剛手菩薩，是佛
　　　教密乘主掌智慧、慈悲、力量的智、仁、勇三尊菩薩。

（二）右上方為時輪金剛，令東、南、西、北、東南、西南、西
　　　北、東北、上、下等十方與年、月、日、時等時辰所組合
　　　的時空宇宙世界一切自在。

（三）左上方是防護一切凶煞、障礙、驅不祥的迴遮咒輪。

（四）中央圖案總括一切時間、方位、風水、地理，最圈外有四
　　　手凶神，表情怒目、獠牙、捲舌，就是俗稱太歲星君的羅
　　　睺，掌理日月星宿與年月日時。由外而內再分成三圈：

　　　1.外圍十二生肖，即十二地支，配合天干演化六十甲子，表
　　　　示時間之輪的轉動。

　　　2.中圈是後天八卦，為離、坤、兌、乾、坎、艮、震、巽，
　　　　代表火、地、澤、天、水、山、雷、風等八種事物，表示

---

[60] 張宏實《西藏神域・辟邪瑰寶》，頁120，淑馨出版社，1995年。

　　空間上的境遇吉凶變幻。

　　3.內圈為龜背九宮配合九種顏色各有所象徵，表示時間上的
　　　生死循環。

（五）右下方的咒輪是一切音聲的韻母及緣起咒，作為增長善緣、
　　　福德，吸收日月天地間的精華。

（六）左下方的咒輪是依陰陽五行成九宮的遮止咒輪，可迴遮一
　　　切違緣[61]。

　　九宮八卦的圖案象徵著宇宙萬有、生命本源及其運行規律，
依此來避禍祈福，所以深入藏族文化，甚至視為神來崇拜，並將
九宮八卦製成護身符，還必須經過開光儀式[62]，顯然與漢文化相
去不多。

# 十二、十字架

　　十字架在宗教的領域中，屬於基督教的圖騰，基督教的教義
是心中有主，相信主會阻擋一切邪穢，應該無需辟邪物的保護，
但是因其神聖性意涵被掛在門楣上以屏除邪惡帶來喜樂，其實就
是帶有驅邪祈福辟邪物，因而類歸為辟邪物之圖案符號題材，在
臺南縣基督教盛行的左鎮鄉、龍崎鄉皆有十字架掛於門楣。

　　十字架源於拉丁文 Crux，意思是「叉子」，是古代羅馬帝國
的殘酷刑具，取二根木材交叉垂直成十字形木架，受刑者就分別
將兩手釘在橫木二端，雙足合起重疊釘在直木下方，再將木架豎
立，直到受刑人斷氣為止。而耶穌曾為了替世人贖罪，被釘在十
字架而死，所以體認耶穌之偉大情操，即視十字架為信仰的標

---

誌。除了實體的十字架，基督教的信徒會用手在身體上畫十字，表示祈求、讚美和感謝上帝，傳達對信仰忠貞不渝，鼓勵自己戰勝誘惑和克服驚恐[63]。

# 第二節　門楣辟邪物之文字特色分析

　　文化長期的累積，文字是傳遞風俗民情的管道之一，即使門楣辟邪物以「物」為表徵，仍然會經由文字詞句來透露祈福、避凶、制煞的意念，大部分用來搭配圖案符號，而字牌則是較為直接由文句表達出辟邪意念。尤其應用於山海鎮的文字詞句多則達十多種，並且常有對句型態的文辭。根據田野調查，臺南縣門楣辟邪物上的文字題材整理如下：

## 一、山海鎮對句

　　《繪圖魯班經》一書中，山海鎮的圖案旁有兩行字：「我家如山海，他作我無方」字義是該家屋宅體有如高山大海般的強勢力量穩固，外面的邪煞再怎麼作祟都對我毫無妨礙。根據田野調查，整理關於山海鎮的對句有以下形式：

　　　　吾家如山海，他作吾不妨

　　　　我家如山海，他作我無方

　　　　我家如山海，他作吾無妨

　　　　我家如山水，他作我無妨

　　　　我家如山海，他做我無妨

---

[63] 任繼愈編《基督教小辭典》，頁 604，上海辭典出版，2001 年。

我家如山海，你作我不妨

我家如山海，他作我不妨

吾家山海鎮，對吾能生財

我家如山海，對我正生財

吾家如山海，五路招進財

我家如山海，對我正生財

吾家如山海，他對吾無憂

日月鎮山海，山海鎮我家

山海坐鎮居安，對我萬年生財

勅令山海鎮萬煞，勅令龍神振財源

由此可見人們充分發揮創意又不離山海鎮的原始意念，不但要取山海象徵鎮煞的性質，還希望對我生財，反映出招納財富之嚮往。山海鎮除了典型的「我家如山海，他作我無方」對句，並有直接書寫上「山海鎮」三個字，簡單明瞭，所有的對句幾乎是圍繞著鎮煞、制沖、祈福的主旨，辟邪基本精神表露無遺。

## 二、道教祈福性詞句

門楣辟邪物的文字型態中，瀰漫著濃厚祈福性質的觀念，根據田野調查的結果，運用於門楣辟邪物上的祈福性質詞句有：對我生財、鎮宅光明、招財進寶、福祿壽喜、五路財神，四方貴人、天官賜福、福星拱照、吉星高照、紫氣東來等，舉凡能帶來人生幸福的感覺，皆能直接取材為辟邪文句，其實深入分析探討，會發現門楣辟邪物所運用的祈福語句，除了字面上可以清楚明白表達欲招福納財，或期許家宅光明，其觀念大部分來自於宗教崇拜，主要以道教為主，無非單純的期盼神明降臨賜予福氣平安。

這類祈福性質的文句，取自道教領域者整理如下：

## （一）天官賜福

天官是道教信奉的三官之一，三官分別是天官、地官和水官。在《繪圖三教源流搜神大全》卷一〈三元大帝〉曾記載：

> 上元一品賜福天官紫微帝君，正月十五日誕生。
> 中元二品赦罪地官青靈帝君，七月十五日誕生。
> 下元三品解厄水官暘谷帝君，十月十五日誕生。[64]

說明「天官賜福、地官赦罪、水官解厄」的觀念，而且民俗節慶以此訂出上元節、中元節、下元節。其實三官說法頗多，最初來自對天、地、水的自然崇拜，或源於五行中金、土、水三氣，或對應到堯、舜、禹三帝，或是龍王三個女兒所生的三個兒子[65]，然而與道教的關係源自於張陵創教，其子張脩為道教徒請禱治病時，就上三官手書，《三國志・張魯傳》注引《典略》云：

> 請禱之法，書病人姓名，說服罪之意，作三通，其一上之天，著上山；其一埋之地；其一沉之水，謂之三官手書[66]。

為了治病將請禱的說明，一通焚於山頂以奏天，一通埋於地下以奏地，一通沉於水底用來申告水官，由此可知三官最初曾具有醫療功效。後來三官列於道教神明系統中，分別掌管人間祈福、拔罪和禳災，稱為三官大帝或三元大帝。《元始天尊說三官寶號經》

---

[64] 《繪圖三教源流搜神大全》，頁 43~44，聯經出版社，1980 年。
[65] 馬書田《中國道教諸神》，頁 70~72，國家出版社，2001 年。
[66] 《三國志》（晉代）陳壽，頁 288，藝文印書館，1958 年。

就說明三位天帝之名及其職掌為：

> 剛維三界，統御萬靈，三元教籍，善惡攸分。…消災釋罪，
> 降福延生，功德無邊。…上元一品賜福天官，紫微大帝；
> 中元二品赦罪地官，清虛大帝；下元三品解厄水官，洞陰
> 大帝[67]。

三官就管轄天上地下、三界十方之萬類種種，其中天官賜福頗能
符合人們生活的訴求，因此字牌或鏡子書上「天官賜福」，掛於
門楣上期盼福氣能降臨，為全家男女老小帶來一切平安幸福。

## （二）福祿壽喜

民間信仰中把對福、祿、壽、喜的祈願對象神格化，屬於地
方性與集群性風俗的神靈，成為生活中不可或缺的俗神崇拜。
福、祿、壽通常一起併用，但各有淵源，一般而言福星即歲星，
原指木星，轉為幻想的人格神，一說是賜福的天官，一說是楊成；
祿星屬於吉星，主司祿位功名，又可代表魁星或文昌星；壽星因
《爾雅‧釋天》云：「壽星，角亢也[68]。」及《史記‧封禪書》
注：「壽星蓋南極老人星也，見則天下理安，故祠之以祈福[69]。」
所以是二十八星宿的角亢二星，也是南極仙翁。

然而福星、祿星、壽星受道教延攬入星神系統之中，合稱為
三星，在《金籙齋玄靈轉經早朝行道儀》就提到祈請的神靈必須

---

[67] 《元始天尊說三官寶號經》，頁 36，收錄於《道藏》第 2 冊，文物出
版社、上海書店、天津古籍出版社聯合出版，1988 年。
[68] 《爾雅》，頁 5，臺灣商務印書館，1967 年。
[69] 《史記》（漢代）司馬遷，頁 543，藝文出版社，1958 年。

包括南極老人壽德星君、上清福德星君、上清祿德星君[70]，福祿壽三星神的觀念已具備，在道教領域不斷的同時取用。因此，民俗文化就認定「福星神代表福氣，祿星神代表官祿，壽星神代表長壽」，造型也依據各自的特色設定，在臺灣一般常見即是將福祿壽三仙的塑像置於廟宇屋脊，或者當作民俗文物裝飾圖案，就遑論門楣辟邪物上常見的福星高照、福星拱照、吉星高照等詞句，皆是由此而來。

　　喜神則較為特殊，並無所屬的星宿，亦無特定的形象，雖有「遊喜神方」去感受喜神存在的習俗，喜神，即使和合二仙可以象徵喜神，然而民間俗信喜神通常是到處遊走不定抽象性的俗神[71]。在臺灣術數之學則按干支推算日時，按八卦定方位，以確定喜神某日某時在某位，設祭供奉求喜。《欽定協紀辨方書》卷七義例五〈喜神〉中所記載喜神方位，例如喜神於甲己日居艮方，是在寅時，乙庚日則居乾方，是在戌時；丙辛日居坤方，是在申時…等，文中並說明喜神的意義，必須考量其他神煞，云：

　　　　按喜神之義，爰原得之其日之方與其時並取利用，並須與
　　　　其他神煞參論[72]。

福、祿、壽、喜被視為神明崇拜，確實反應出人生在世對「好」的嚮往，於是乎門楣辟邪物除了鎮煞題材外，如此充滿希望的

---

[70] 《金籙齋玄靈轉經早朝行道儀》，頁 103，收錄於《道藏》第 9 冊，文物出版社、上海書店、天津古籍出版社聯合出版，1988 年。

[71] 馬書田《中國民間諸神》，頁 51~53，國家出版社，2001 年。

[72] 《欽定協紀辨方書》（清代）清高宗敕編，頁 23，臺灣商務印書館，1967 年。

福、祿、壽、喜自然成為題材上討喜的選擇。

## （三）五路財神

門楣辟邪物的文字題材關於招財進寶不在少數，顯示財富是大多數人夢寐以求的福分，民俗上能招財並非單一崇拜對象，福德正神或虎爺都能象徵帶來財富，而且在道教神明系統中財神崇拜就有文財神和武財神之區分，文財神多是歷史上精於做生意的人物如比干、范蠡，而財帛星君則是對應於星宿的神明，臉白髮長手拿寶盒，「招財進寶」四字由此而來，與前述合為「福祿壽喜財」，就是所謂的五福臨門。

至於武財神一說是關公，因其講信用、重義氣的形象受生意人崇祀，另一說是指趙公明，《繪圖三教源流搜神大全》就記載趙公明能：

> 驅雷役電，喚雨呼風，除瘟剪瘧，保病禳災，……至如訟冤伸抑，公能使之解釋，公平買賣求財，公能使之獲利和合[73]。

趙公明本來屬於瘟神之一，在《封神演義》第四十七卻記載趙公明食用天師的仙丹，可化形酷似天師，於是姜子牙奉元始天尊之命，封他為正一龍虎玄壇真君，永鎮玄壇護顧丹室，而趙公明所統率的隨從部下，亦受封為招寶天尊蕭升，納珍天尊曹寶，招財使者陳九公，利市仙官姚少司，合為「五路財神」，分別是東路招財，西路進寶，南路利市，北路納珍，中路玄壇，統管人世間

---

[73] 《繪圖三教源流搜神大全》，頁 692，聯經出版社，1980 年。

一切金銀財寶[74]。關於五路財神另有一說，在《鑄鼎餘聞》卷四則云：

> 五路神俗稱為財神。其實即五祀門行中雷之行神，出門五
> 路皆得財也[75]。

清顧鐵卿《清嘉錄》卷三云：

> 五日，為路頭神誕辰。金鑼爆竹，牲醴畢陳，以爭先為利
> 市，必早起迎之，謂之接路頭。
> 今之路頭，是五祀中之行神。所謂五路，當時東西南北中
> 耳[76]。

五祀即祭戶神、竈神、土神、門神、行神，五路財神在此處卻成了五祀中的行神，分為東西南北中五路，取其義是出門五路皆可得財。又稱「路頭神」，欲迎接人人歡迎的財神，就在大年初五「接路頭」，因此臺灣民間有大年初五開工開市接財神的風俗。此五路財神與前述趙公明的五路財神是不同說法，顯然財神的觀念雖雜卻廣泛的影響民俗文化，出現在門楣辟邪物上，其題材已超越鎮煞制沖的主旨，強烈透露廣納財源的意味。

## （四）紫氣東來

　　「紫氣東來」表示紫氣自東邊而來，比喻祥瑞的徵兆降臨，

---

[74] 《封神演義》（明代）許仲琳，頁 184~185，三民出版社，1991 年。
[75] 《鑄鼎餘聞》（清代）姚福均，頁 392~393，臺灣學生書局，1989 年。
[76] 《清嘉錄》（清代）顧祿，頁 9~10，收錄於《國立北京大學中國民俗學會民俗叢書》東方文化出版社，1974 年。

帶有美好的希望。紫氣東來與道教的關係匪淺，典故起因於道教思想創始人－－老子，諸多傳記小說都曾記載這段緣由。以《東遊記》來說，記載函谷關度關令尹喜觀察東方紫氣的一段篇文，內容說：

> 仰觀乾象，見東方有紫氣西邁，知有聖人當度關，……昭王二十三年七月十二甲子老君果乘白輿駕青牛徐甲為御欲度關[77]。

是說老子七十多歲時，天下戰事紛亂，決心辭官西遊度晚年，關令尹喜善觀天象，在函谷關突然看到東方紫氣漫天，得知有賢人將至，便出關相迎，果然看老子騎著青牛，從東方悠悠走來，尹喜請老子留下來做篇文章再走，就是日後專門講道和德的文章，編輯成書，書名就叫《老子》，又叫《道德經》。老子寫完文章後，騎著青牛繼續向西走，後來不知去向。從此在道教的神仙體系中，老子成了至高無上的天神「太清道德天尊」，又尊稱為太上老君。所以臺灣民間常有門聯的門楣橫批書「紫氣東來」，用於門楣辟邪物上亦頗為適切。

## （五）元亨利貞

　　易經六十四卦的首支卦象是「乾」卦，六爻皆是陽爻，卦辭與爻辭寫著：

> 元，亨，利，貞。
> 初九：潛龍勿用。

---

[77] 《八仙出處東遊記》（明）吳元泰，收錄於《古本小說集成》，上海古籍出版社，年代不詳。

　　九二：見龍在田，利見大人。

　　九三：君子終日乾乾，夕惕若，厲，无咎。

　　九四：或躍在淵，无咎。

　　九五：飛龍在天，利見大人。

　　上九：亢龍有悔。

　　用九：見群龍无首，吉。

《彖》則解釋說明：

> 大哉乾元，萬物資始，乃統天。雲行雨施，品物流形。大
> 明始終，六位時成，時乘六龍以禦天。乾道變化，各正性
> 命，保合大和，乃利貞。首出庶物，萬國咸寧[78]。

乾卦象徵天，能夠生養萬物，其六爻以龍為象徵，因為龍能潛水，
行地，飛天，取其龍活動時善變之象，傳達假像喻意，表明變化
的目的。「元亨利貞」被稱為乾之四德，四字各有意義，「元」
是開始的意思，「亨」是通暢，「利」是有益，「貞」是占卜的
意思，「利貞」組合起來是所占事有利。「元亨利貞」整體來說，
天之陽氣能滋生萬物，是開創萬物的開始，並且使萬物亨通舒
暢，讓一切都在和諧狀態下各得其利，美好持久地存在。

　　用於占卜時，乾卦「元亨利貞」是大吉大利，吉祥的占卜卦
象。然而門楣辟邪物的山海鎮上，多書有「元亨利貞」四字，是
向天期許人宅亨通和諧，諸事順利，就如同《彖》所言：

---

[78] 《周易》，頁 1，臺灣商務印書館，1967 年。

> 天行健，君子以自強不息[79]。

其意義天運行剛勁強健，君子因此不停息地發憤圖強，同理的對
應到家宅內的人、事、物，欲生生不息毫無阻礙。而且風水堪輿
學取六十四卦定陽宅方位，迴避風水禁忌的辟邪物亦引用首卦來
當做題材，足以說明易經與風水堪輿的關係；另有在「元亨利貞」
各字上頭書「雨」，成為符文的形式，則顯示易經與道教文化相
互聯繫。

## 四、二十四節氣、天干地支

　　漢文化的宇宙觀聯繫時間與空間，門楣辟邪物屬於明確的空
間辟邪物，同時包含時間觀念，門楣八卦鏡上有二十四節氣足以
證明時間與辟邪有所關聯。二十四節氣原先是用來天文定位，主
要在紀錄太陽運行動向，太陽從黃經零度起，沿黃經每運行 15
度，所經歷的時日稱為一個節氣，太陽每年運行 360 度，共經歷
24 個節氣，這二十四節氣是中國傳統農業社會重要的指時體系，
能夠依循時節安居樂業應該迫切需要，避免時間的沖煞差池成為
重要課題，因此將二十四節氣列為辟邪題材不無道理。
　　在《逸周書》卷六〈時訓解〉已出現二十四節氣的大致型態
[80]，到了《呂氏春秋》則確立出部分節氣名稱，如孟春、仲春、
孟夏、仲夏、季夏、孟秋、仲秋、孟冬、仲冬等名詞[81]。然而真
正明確二十四節氣名稱系統是在《淮南子》一書，卷三〈天文訓〉

---

[79]　《周易》，頁 1，臺灣商務印書館，1967 年。
[80]　《逸周書》（晉代）孔晁注，頁 152~160，中華書局，1981 年。
[81]　《呂氏春秋》（秦代）呂不韋，頁 2~3，臺灣商務印書館，1967 年。

中的記載，根據北斗星斗柄的指向來定二十四節氣，即「斗轉星移」的原則訂定十五日為一節，生成二十四時之變，整理內容二十四節氣分別為：

> 立春、雨水、驚蟄、春分、清明、穀雨、立夏、小滿、
> 芒種、夏至、小暑、大暑、立秋、處暑、白露、秋分、
> 寒露、霜降、立冬、小雪、大雪、冬至、小寒、大寒[82]。

後來西元前 104 年漢朝鄧平等制定的《太初曆》則正式把二十四節氣訂於曆法，可知二十四節氣深切影響民生作息，畢竟二十四節氣劃分春夏秋冬，指出氣候明顯的變化，雨水多寡和霜期長短，透過節氣名稱大都可以直接反應物候、農時或季節的起迄與中點，然而當二十四節氣運用於八卦鏡上，通常搭配先天八卦，從坤卦的位置逆時鐘方向始自立春迄至大寒依序循環一圈。

　　門楣辟邪物關於時間的題材，另有天干地支，天干是：甲、乙、丙、丁、戊、已、庚、辛、壬、癸也叫十天干；地支是：子、丑、寅、卯、辰、巳、午、未、申、酉、戌、亥，也稱十二地支，干支有陰陽之分如下所示。

| 天干 | 地支 |
|---|---|
| 甲、丙、戊、庚、壬為陽干 | 子、寅、辰、午、申、戌為陽支 |
| 乙、丁、已、辛、癸為陰干 | 丑、卯、巳、未、酉、亥為陰支 |

干支搭配用來紀錄年、月、日、時，是過去記錄時間的規則，天干在前，地支在後，天干由甲起，地支由子起，陽干配陽支，陰

---

[82] 《淮南子》，頁 19~21，臺灣商務印書館，1967 年。

干配陰支，共有六十個排序，稱為「六十甲子」[83]。除了計時用，干支之間產生相生或相剋的關係，還能搭配五行，構成宇宙符號的規則。

然而干支運用到風水堪輿術，和八卦結合卻成了二十四山，代表二十四個方位，每個方位占十五度，可知「坎納子，艮納丑寅，震納卯，巽納辰巳，離納午，坤納未申，兌納酉，乾納戌亥」，用在判定陽宅吉凶，亦成了辟邪物的題材之一。

# 五、五行

五行即金、木、水、火、土五者，在傳統的宇宙觀念，被認為構成萬物的五種基本原素，原先流行於東方濱海的燕齊兩地之間，騶衍把五行的相關思想加以系統化和固定。一般稱為「五德終始說」，確定五行已不是五種具體物質，而是五種元素，五種屬性，或五種氣。五行最早的記載在《尚書·洪範》：

> 五行，一曰水，二曰火，三曰木，四曰金，五曰土。水曰潤下，火曰炎上，木曰曲直，金曰從革，土爰稼穡。潤下作鹹，炎上作苦，曲直作酸，從革作辛，稼穡作甘。[84]

說明五行之特性，五行觀念的應用，就放在五者的相互關係，彼此相生相剋，其情形如下。

相生關係：金生水，水生木，木生火，火生土，土生金

---

[83] 陳久金、楊怡《中國古代的天文與曆法》，頁 80~81，臺灣商務印書館，1993 年。

[84] 《尚書》，頁 46，臺灣商務印書館，1967 年。

相剋關係：金剋木，木剋土，土剋水，水剋火，火剋金

直到董仲舒將陰陽與五行合併成「陰陽五行說」，在《春秋繁露》云：

天地之氣，合而為一，分為陰陽，判為四時，列為五行[85]。

陰陽與金、木、水、火、土結合，解釋宇宙萬物的生成消長的理論，並將萬有現象及事物的屬性加以分類，所以可以類比出一套系統，並與其他如天干、地支、方位等宇宙符號相結合，所以五行廣泛應用到日常生活當中。當然，辟邪物的題材不但出現金木水火土五行，而且決定安置辟邪物的過程中，或多或少都包含五行的觀念。

## 六、一善

目前在臺南縣所發現的「一善」，是書寫於鏡子上並懸掛於門楣，顯然用來禳解屋宅的沖煞。倘若「一善」製成字牌，其功用與用法在《繪圖魯班經》中記載：

擇四月初八日，用佛馬淨水化紙畢，辰時釘。釘時需要人看，待旁人有識此者，借其言曰：「一善！」能消百惡，若旁人不說，則先使親友來說。釘此一善需要在現眼處[86]。

在《宣室志》卷九亦記載「一善」能用來辟邪，云：

中宗朝，唐公休璟為相。嘗有一門僧，言多中，好為厭勝

---

[85] 《春秋繁露》（漢代）董仲舒，頁 57，臺灣商務印書館，1967 年。
[86] 《繪圖魯班經》（明代）午榮編，頁 18，瑞成出版社，1999 年。

之術，休璟甚敬之。……休璟有表弟盧軫帥荊門，有術者
告之：「君將有災戾，當求一善禳厭者焉，庶可瘳矣！」
軫素知其僧，用致書休璟轉求之。僧即書之付璟曰：「事
在其中爾！」[87]

如此篇文顯示「一善」具有辟邪功能，而且字牌「一善」，能用
來禳解消百惡，摒除諸多非善之物，可見「善」的意義之重大，
而人之初性本善，「善」是做人的基礎，在《周易》坤卦就說：

積善之家，必有餘慶；積不善之家，必有餘殃[88]。

善有善報，現世未報是時候未到，一旦行善積德能造福庇佑後代
子孫，若不行正坐端做好事，因果循環則會有災殃惡報，因此「善」
成了家運欲昌隆興盛的關鍵，書「一善」於門楣辟邪物上似乎告
誡子孫行善最樂，並以「善」念來退除邪惡。

　建立「善」的觀念，宗教是絕大的因素。宗教主要宗旨莫過
於勸人為善，道教與佛教的教義中，皆有達成行「善」的人生目
標。佛教提倡十善，即不殺生、不偷盜、不邪淫、不妄語、不兩
舌、不惡口、不綺語、離貪欲、離瞋恚、離邪見[89]，由身、口、
意三業分出以上十善，每一善可再各化出十善，進而化為百善，
甚至化為千善，自然而然諸惡莫作與眾善奉行。

　道教區分善惡亦相當分明，由一善為出發點，逐漸累加「善」
與佛教有異曲同工之妙，道藏洞真部《玄都律文》云：

[87]　《宣室志》，（唐代）張讀，頁 79~80，中華書局，1985 年。
[88]　《周易》，頁 3~4，臺灣商務印書館，1967 年。
[89]　聖嚴《戒律學綱要》，頁 103~105，佛光文化事業，1997 年。

人有一善，心定體安；人有十善，氣力強壯；人有二十善，身無疾病；人有三十善，所求者得。四十善、五十善以至九十善、二百善、三百善直至千善，各有善應。最高的善應是「後世出神仙真人」。為善者自天祐之，為惡者天必殃之[90]。

## 七、九天應元雷聲普化天尊與五雷

雷帶有強嚇聲光，令人震懾，在原始時代即產生對「雷」的自然崇拜，《山海經》〈海內東經〉就有獸形的雷神記載：

雷澤中有雷神，龍身而人頭，鼓其腹，在吳西[91]。

《山海經》中的雷神是龍身人頭，自此以後雷神的形象加諸豐富想像，或獸或人，直到明清雷神的形象大致確立，就在《集說詮真》形容雷神：

今俗所塑之雷神，狀若力士，裸胸袒背，背插兩翅，額具三目，臉赤如猴，下額長而銳，足如鷹鸇，而爪更厲，左手執楔，右手持槌，做欲擊狀。自頂自傍，環懸連鼓五個，左足盤躡一鼓[92]。

不但雷神的形象有所變化，雷神的來源亦相當分歧，然而出現在門楣辟邪物上的是書寫「九天應元雷聲普化天尊」或「五雷」，

---

[90] 《玄都律文》，頁 456，收錄於《道藏》第 3 冊，文物出版社、上海書店、天津古籍出版社聯合出版，1988 年。

[91] 《山海經》，頁 60，臺灣商務印書館，1967 年。

[92] 《集說詮真》（清代）黃伯祿，頁 777~778，臺灣學生書局，1989 年。

則是與道教相關。道教的雷信仰衍生成雷部系統，非單個對象，最高層級是「雷祖」，即九天應元雷聲普化天尊，統領雷部眾雷神，其部下眾多，有三種說法，一說是雷祖在行雷的雷城，左有玉樞五雷使院，右有玉府五雷使院，共有雷鼓三十六面，由三十六神司之，《歷代神仙通鑑》關於三十六神的描述：

> 真王之前有雷鼓三十六面，三十六神司之。凡行雷之時，真王親擊本部雷鼓一下，即時雷公雷師興發雷聲也[93]。

另說是《封神演義》中敘述姜子牙封聞仲為九天應元雷聲普化天尊，部下是催雲助雨護法二十四天君；還有說法是雷聲普化天尊總司的五雷。九天應元雷聲普化天尊與雷部眾神不僅主管雷霆，而且擴及掌管人之禍福，代天行道，懲惡揚善，司生司殺，代表正義之神。

然而雷部系統之所以繁複，應該和北宋時期，道教神霄、清微諸派崇尚施行雷法有相當關係[94]，雷法即是五雷正法。凡行五雷大法，申發表章，祈晴請雨，止風禱雪，驅役神鬼，掃除妖氣，行符治病，差使符吏，辟邪物就是借助雷部兵將的力量抵抗外來侵略，因此成為文字題材的採用。

## 八、六甲六丁

門楣辟邪物中山海鎮書有「六甲神兵，六丁神將」，六甲、六丁屬於道教的軍隊系統，是驅鬼役疫的神將天兵，畢竟要保衛家宅，要能制服鬼煞，則必須有神兵神將的防守。《無上九霄雷

[93] 《歷代神仙通鑑》（清代）徐道，頁259，臺灣學生書局，1989年。
[94] 卿希泰《中國道教》第3冊，頁315，知識出版社，1994年。

霆玉經》：「六丁玉女，六甲將軍[95]。」

　　說明六丁是女性陰神，六甲是男性陽神，採用天干「甲」搭配地支，「六甲」分別是甲子、甲戌、甲申、甲午、甲辰、甲寅，都屬於陽性，陽陰互生，因此由六甲引出「六丁」，分別是丁卯、丁丑、丁亥、丁酉、丁未、丁巳。即地支的單數者配「甲」，地支的雙數者配「丁」。

　　地支：子、寅、辰、午、申、戌，搭配天干「甲」成為六甲神將；

　　地支：丑、卯、巳、未、酉、亥，搭配天干「丁」成為六丁天兵。

　　因為名號取自干支，應為值日神演化組合，是真武手下大將，但玉帝能調遣，與二十八宿四處平息邪穢亂事[96]。關於神將天兵六甲六丁，其身分名號說法不一，而且職掌與外形描述分歧，舉例來說，《真武本傳妙經》[97]、《三才圖會》、《祕傳萬法歸宗》、〈靈寶六丁秘法〉等篇文中的六甲六丁如表所示。

[95]　《無上九霄雷霆玉經》，頁 749，收錄於《道藏》第 1 冊，文物出版社、上海書店、天津古籍出版社聯合出版，1988 年。

[96]　馬書田《中國道教諸神》，頁 332~333，國家出版社，2001 年。

[97]　《真武本傳妙經》頁 99，收錄於《道藏》第 17 冊，文物出版社、上海書店、天津古籍出版社聯合出版，1988 年。

表 3-3：六甲六丁神將名號一覽表

| 書名 | | 真武本傳妙經 | 三才圖會 | 祕傳萬法歸宗 | 祕傳萬法歸宗 | 靈寶六丁秘法 |
|---|---|---|---|---|---|---|
| 六甲 | 甲子 | 將軍王文卿 | 神將名王文卿 | 神梁丘仲 | 字清宮名元德 | 未紀錄 |
| | 甲戌 | 將軍江子展 | 神將名展子泛 | 神扶水距 | 字株齊名虛逸 | |
| | 甲申 | 將軍扈文長 | 神將名扈文長 | 神庭西獄 | 字仲權名節略 | |
| | 甲午 | 將軍衛上卿 | 神將名魏玉卿 | 神司天獄 | 字文卿名潯仁 | |
| | 甲辰 | 將軍孟非卿 | 神將名孟非卿 | 神擴泉卯禍 | 字讓昌名迢元 | |
| | 甲寅 | 將軍明文章 | 神將名明文章 | 神陵彭問 | 字子扇名化召 | |
| 六丁 | 丁卯 | 將軍司馬卿 | 神將名司　馬 | 玉女開明 | 字仁高名文伯 | 玉女名文伯字仁高 |
| | 丁丑 | 將軍趙子玉 | 神將名趙子玉 | 玉女月光 | 字仁貴名文公 | 玉女名文公字仁賢 |
| | 丁亥 | 將軍張文通 | 神將名張文通 | 玉女登姑 | 字仁和名文通 | 玉女名文通字仁和 |
| | 丁酉 | 將軍臧文公 | 神將名臧文公 | 玉女登赴 | 字仁修名文卿 | 玉女名文卿字仁通 |
| | 丁未 | 將軍石叔通 | 神將名叔　通 | 玉女淨英 | 字仁恭名昇通 | 玉女名叔通字仁粲 |
| | 丁巳 | 將軍崔巨卿 | 神將名崔巨卿 | 玉女仙童[98] | 字仁惠名巨卿[99] | 玉女名庭卿字仁叔 |

資料來源：《真武本傳妙經》、《三才圖會》、《祕傳萬法歸宗》、〈靈寶六丁秘法〉

　　六丁六甲的名號確實無法統一，在《祕傳萬法歸宗》甚至還有兩套全然不同的系統。儘管如此，道教領域裡六丁六甲是能受天帝所役使，能行風雷、制鬼神的神將天兵，所以許多道教典籍或咒語出現「六甲六丁」，是為了驅動此無形的軍隊力量，道士可用符籙召請，從事祈禳驅鬼。然而在《三才圖會》有六丁六甲的圖像，為十二生肖獸面人身的「神將」（參附錄圖 3-2），《紀

---

[98] 陳青《祕傳萬法歸宗》卷四，頁 5，新南書局，1946 年。
[99] 陳青《祕傳萬法歸宗》卷一，頁 5，新南書局，1946 年。

效新書》與《武備志》則有繪六丁六甲神旗之圖，皆獸面人身，著軍服持兵器，此六甲六丁與十二生肖相結合，成了獸面人身的神將，似乎與道教系統的神將不盡相同，但仍是威武雄霸的兵將型態。（參附錄圖 3-3）

## 九、佛光普照

門楣處所掛的鏡子上關於佛教題材的文字，「佛光普照」四字頗為普遍，亦有書寫單一「佛」字，或單一「光」字。佛教重視「光」的意義，在《妙法蓮華經》卷一〈序品〉中就說明：

> 爾時佛放眉間白毫相光，照東方萬八千世界，靡不周徧，下至阿鼻地獄，上至阿迦尼吒天，於此世界，盡見彼土六趣眾生。[100]

《大智度論》中對於佛光現象也說明：

> 從足下千輻相輪中，放六百萬億光明[101]。

佛光普照讓上天下地眾生皆能感受，而且觀察佛教的神像，幾乎都有明顯的光背，「光」直接表現佛像外在造型上。佛像的光背分為頭光與身光，頭光是從眉宇間（白毫）所發出的隨一相光，象徵智慧，身光是佛像的身體所發出的光，身光與頭光一起散發全身光明，合稱為「舉身光」，一般有火焰光、古舟形光、二重

---

[100] 《妙法蓮華經》（姚秦）鳩摩羅什奉詔譯，頁 6，蓮池放生會，1983年。

[101] 《大智度論》龍樹菩薩著；鳩摩羅什譯，頁 25，世樺出版社，1994年。

內光、舟形飛天光等造型[102]。

　　佛、菩薩之光明雖皆能普照眾生,成就諸種利益,然其間不無差別。又隨其照益之不同,光之出入處也有分別。《華嚴經》卷二十七〈十地品〉云:

> 是菩薩坐大蓮華上,即時足下出百萬阿僧只光明,照十方阿鼻地獄等,滅眾生苦惱。兩膝上放若干光明,照十方一切畜生,滅除苦惱。臍放若干光明,照十方一切餓鬼,滅除苦惱。左右脅放若干光明,照十方人,安隱快樂。兩手放若干光明,照十方諸天、阿修羅宮。兩肩放若干光明,照十方聲聞眾。項放若干光明,照十方辟支佛。口放若干光明,照十方菩薩,乃至住九地者。白毫放若干光明,照十方得位菩薩,一切魔宮隱蔽不現。頂上放百萬阿僧祇三千大千世界微塵數光明,照于十方諸佛大會,繞十匝已,住于虛空,成光明網[103]。

所以佛全身能發出各種光芒,並帶有特殊意義,可謂「佛光普照」,不但成為辟邪物之文字題材,進而影響有些門楣辟邪物取用火焰光的圖像當作外框裝飾。

## 十、佛神人物名號

　　在門楣辟邪物上關於神佛人物,大致上直接書寫其名號,儘管有門楣辟邪物有太上老君、姜子牙的圖像與密宗九宮八卦牌上的菩薩圖像當作辟邪物的圖案,但大多數的佛神人物名號以文字

---

[102] 黃世維《實用佛教事典》,頁 117~119,頂淵出版社,1990 年。
[103] 《華嚴經》實叉難陀譯,頁 651~652,小報文化出版社,1993 年。

的方式呈現。

　　就佛教而言，地藏王菩薩、觀世音菩薩、南無阿彌陀佛、準提菩薩曾出現於門楣辟邪物上，其方式是直接書寫文字於鏡面上或卍字牌。地藏王菩薩、觀世音菩薩、南無阿彌陀佛、準提菩薩都是與度化眾生有關，消除邪戾之氣，除此之外，聚落路口的神龕則是豎立神像，無論是實體塑像或文字，其實基本立意都是祈求境內之平安寧順。

　　關於道教民間信仰的神明名號，例如太陽星君、太陰娘娘、太極星君等，源於自然崇拜而衍生的神格化現象，在山海鎮上常見。另外，八卦祖師的名號亦常常出現於山海鎮上，因為山海鎮上有八卦系統的圖符，八卦祖師則入主成為保護神，八卦祖師通常被認為是伏羲，很容易聯想傳說中伏羲畫八卦。

　　有些辟邪物由廟裡神明所指派，所以辟邪物上會題寫該廟宇的主神或配祀神的名號，白河鎮與後壁鄉一帶的八邊形麒麟牌，是永安宮的觀音菩薩、天上聖母、中壇太子來增添辟邪物神力；青鯤鯓的麒麟牌是七府代巡指派；火山湄洲宮觀音佛祖、福德正神、天上聖母則是白河鎮鏡子上的神佛名號。

# 十一、六字真言

　　嗡嘛呢叭咪吽是藏傳密宗蓮花部的真言，一般稱為觀音六字大明咒、六字陀羅尼咒或稱六字真言，所謂真言即密咒。當觀世音菩薩發願救渡六欲界眾生時，從身上發出六道光明，即「嗡嘛呢叭咪吽」六字心咒，藉此真言，已關閉六道再生之門「地獄、惡鬼、畜生、人、阿修羅、神天」，而打開超越痛苦的機會，再生極樂世界。六字真言在藏傳佛教各有不同的顏色及象徵意義，

常被用來製成咒輪牌或字牌，因為是音譯的語句，偶爾會出現「唵嘛呢叭嚩吽」。

六字真言整體的意思為「蓮花中的寶貝」，「嗡」：為一切音的開始，因從頭頂出來，與解脫有關，有達成或達到的意思。「嘛呢」：意謂珠寶，象徵財富成就；「叭咪」：意即蓮花，代表清淨與神聖；「吽」：因從心輪發出。唸誦六字心咒，可免生死之痛苦。藏族相信六字真言卻能令六道空虛，成就五方佛的秘密，被視為一切福德、智慧與一切幸福、利益成就的根本[104]。（參表 3-4）

表 3-4：六字真言各字象徵意義與代表顏色。

| 六字真言 | 象徵意義 | 代表顏色 |
|---|---|---|
| 嗡 | 本尊的智慧，屬禪波羅密多，能除傲慢心，堵塞死後往天界之路 | 白色 |
| 嘛 | 本尊之慈心，屬忍辱波羅密多，能除疑忌心，免輪迴至阿修羅道 | 綠色 |
| 呢 | 本尊之身、口、意、行，屬持戒波羅密多，能除我執，出離再生人間之厄 | 黃色 |
| 唄 | 本尊之平等性，屬般若波羅密多，能除癡心，免輪迴至畜牲道之難 | 藍色 |
| 咪 | 本尊之大樂，屬布施波羅密多，能除貪心，脫離沉淪餓鬼之苦 | 紅色 |
| 吽 | 本尊之慈心，屬精進波羅密多，能除瞋心，死後不墮於地獄 | 黑色 |

資料來源：《藏傳佛教藝術導覽》，頁 181~183，臺中市立文化中心，1999年。

---

[104] 葉志雲《藏傳佛教藝術導覽》，頁 181~183，臺中市立文化中心，1999年。

# 第三節　門楣辟邪物之器物特色分析

　　雖然門楣辟邪物以平面造型居多，立體造型的器物則是另一種選擇，大多數器物類型的辟邪物本身就有其實際的功能，原始出發點絕不是因門楣辟邪物而創，是可獨立使用於日常生活中的庶物器具，當該器物符合民間信仰的辟邪意義才被擇用，其中多是取自宗教法器轉化而來，以宗教信仰為基礎，衍生出辟邪的象徵意義。以下針對臺南縣實際個案中所採用的器物類型的辟邪物深入探討。

## 一、鏡與白鐵板

　　鏡子是相當普遍的辟邪物，之所以成為辟邪物的淵源請參閱第一章第四節篇文，目前一般民間所用來辟邪的鏡子，紛見各種型態，並無拘限，可見一般梳妝用並帶有支撐架的鏡子，亦可見長形穿衣鏡，亦有特定加上八邊（象徵八卦）或花邊的鏡子。其外形仍以圓形最多。而且鏡面呈凹面、凸面、平面皆有，莫不是取其能反射的特性。但是現代的材料多元，為了掛在屋外的辟邪物能不畏風吹雨淋，所以出現白鐵板取代鏡子，一來白鐵板光亮能反射的特性仿若鏡子，二來白鐵板的材質比鏡子更為堅硬，可以阻擋更為強烈的沖煞。

## 二、五寶

　　門楣辟邪物若由神明指派，乩童是神明的代言人，必須經過乩童來詮釋神意，乩童所拜的神若是屬於武將的王爺、太子爺等，其法壇叫做武壇，所屬乩童為武乩，就有操法器「五寶」的習性，稱為點兵或點將，仿古代將軍要派兵出征前的點將儀式。

五寶指的是七星劍、銅棍、鯊魚劍、月斧、刺球，即分別代表東
西南北中五方位，乩童操「五寶」表示神靈附身，必須見血，象
徵辟邪、符力與面見神明的忠誠，而且血代表潔淨，可洗滌污穢
[105]。

　　五寶是乩童的法器，具有驅邪神力的效能，然而臺灣民間會
拿五寶來安轎、鎮廟或是鎮宅之用，其實就是視為辟邪物[106]。若
以鎮宅為目的，可以組成刀劍屏或刀劍門置於門埕，如果侷限建
築型態，則直接將法器吊掛於門楣上，實際田野調查發現七星劍
最為常見，亦有使用刺球與月斧的情形。以下則分述七星劍、刺
球、月斧之用途與意涵。

## （一）七星劍

　　七星劍在臺灣民間信仰文化中倍受尊崇，在第三章第一節已
詳述，然而實體器物型態的七星劍長約二尺半至三尺，材質取金
屬或桃木製，拿來當作門楣辟邪物，通常使用一對交叉擺放，還
會搭配一個八卦牌，威力甚而加強。訪談屋主，多表示是神明派
的，再由乩童執行才掛上去。

## （二）刺球

　　刺球俗稱紅柑，呈球體狀，反插尖銳釘支，五十多支至一百
多支不等，其排列規則皆上下對稱共八圈。繫有串聯的紅綢線，
可以固定法器，還可以避免操演時釘尖過度深入皮肉中，乩童操
演時，與銅棍一樣刺背、扎臂之外，另外可以刺黏頭、背、額、

[105] 蘇啟明編《道教文物》，頁 167，國立歷史博物館，1999 年。
[106] 黃文博《臺灣民間信仰與儀式》，頁 96~97，常民文化，1997 年。

臂之上，或將刺球擲高之後用空手、裸背或是頭部去接使之釘住。安定鄉有一例即以刺球為門楣辟邪物。

## （三）月斧

造型似一般斧頭，體積較小，連棍帶刃約二尺，為「五寶」之中最難拿捏得準的巫器。安定鄉與新營市皆有個案將月斧放置到門楣，多是使用一對交叉擺放，並不多見。

## 三、釘板

在臺南縣北門鄉有連續兩戶人家的門楣掛有釘板，即數根尖銳的釘子釘在木板上，根據屋主表示是某年王爺生日做醮時，乩童用來枕在頭下的「法器」，事後屋主要來當做辟邪之用，因為相信釘板有神力附著，必能發揮保護家宅的功能。

臺灣民間的乩童做法時，分為私人性質與團體儀式，團體儀式在神誕廟會或醮事中進行，乩童必須扮演戲劇性的角色，從事睏釘床、坐釘椅、過釘橋等神力附身的證明[107]。釘床、釘椅與釘橋將釘子釘在木板上，先淨爐與安符，一方面辟邪氣，一方面招法力，乩童再接觸或通過以示法力高強，屬於不流血性質的巫術[108]。

## 四、犁頭

在傳統農業社會中，犁頭是頗為重要的農具，其形狀三角頭

[107] 李亦園《信仰與文化》，頁103，巨流圖書公司，1978年。
[108] 黃文博《臺灣民間信仰與儀式》頁102~103，常民文化，1997年。

尖尖，銳利材質，相傳神農氏發明「耒耜」之利，犁頭尖是耒耜最銳利的部分，因此犁頭形狀的緣故，民間信仰的法術引用來剋制煞氣。

將犁頭安置於水流附近，是用來剋水煞，若安置在門楣上用來剋制力道強而兇猛的煞氣，並必須配合犁頭符，辟邪的力量強大，甚至具有殺傷力。[109]

## 五、筆（毛筆）硃砂筆

八卦牌或獸牌等門楣辟邪物的主體周邊常見有一枝毛筆，就是開光筆，象徵賦予生命的宇宙筆。在開光點眼的過程，先勒筆驅動筆的神力，配合符咒，再為辟邪物勒點加持，在辟邪物點上硃砂紅點，或是書上符文，辟邪物就開啟辟邪力量，而神像的開光點眼亦是如此，藉由開光筆來「入神」。以下是勒筆咒語。

> 祖師為吾來勒筆，本師為吾來勒筆
>
> 仙人玉女為吾來勒筆，合壇官將為吾來勒筆
>
> 勒筆三師三童子，勒筆三師三童郎
>
> 此筆非凡筆，兔毛象管日月如儀
>
> 此筆點眼兩眼開光　　　　　急急如律令勒[110]

一般開光筆必須新買毛筆，最普遍的作法是沾上硃砂或朱墨，即成硃砂筆或朱筆。硃砂是朱紅色的礦物，故稱為朱砂，道教為尋求長生不老而崇尚煉丹術，硃砂是煉丹的基本藥物之一，因此道教認為硃砂具有神異的功效，調合雞血或米酒，筆沾上更賦威力。

---

[109] 94.1.3 訪談風水堪輿師吳武楠先生。

[110] 勒筆咒語由山上鄉法師鄭仙化先生提供。

　　然而新市鄉有一例，門楣上掛有一對筆，一枝是朱筆，另一枝是墨筆，俗稱「文武筆」，朱筆是文筆，墨筆是武筆，又稱鐵筆，以房子的座向為準則（立於屋中面向外），朱筆在右，墨筆在左，象徵文武雙全，並且帶有陰陽調和的涵義，《雲笈七籤》中則提到丹書墨籙，朱色主陽，墨色主陰，其篇文云：

> 《太真科》云：丹簡者乃朱漆之簡，明火主陽也；墨籙者以墨書文，明水主陰也[111]。

毛筆在為辟邪物開光點眼之後，通常與辟邪物一同掛在門楣上，平放或直放皆可，亦成為防護家宅的辟邪物。《繪圖魯班經》即說：

> 墨筆：一定好墨一枝筆，富貴榮華金階立，必佐聖朝為宰臣[112]。

毛筆能用來祈福，並且在家中的文昌位擺放毛筆，能帶動讀書考試之平順。但若門楣上的毛筆直立與建築物成垂直關係，此時筆就帶有殺傷力，因為筆端尖銳，如劍一般鋒利，直射而出必帶殺氣[113]，學甲鎮即有一例。

## 六、錢幣

　　《繪圖魯班經》有家中擺雙錢記載：

---

[111] 《雲笈七籤》（宋）張君房，頁86，收錄於《道藏精華》第七集，自由出版社，1962年。
[112] 《繪圖魯班經》（明代）午榮編，頁18，瑞成出版社，1999年。
[113] 93.1.3訪談風水堪輿師吳武楠先生。

雙錢正梁左右分，壽財福祿正豐盈；夫榮子貴妻封贈，代代兒孫挂級衣。藏正梁兩頭、一頭，不要覆放[114]。

由此說明「錢」是一種祈福前提的辟邪之物，錢當作辟邪物的原因，是因為古代錢幣造型外圓內方，體現了中國古代天圓地方的宇宙觀，成為天地合抱的象徵，代表陰陽調和[115]。所以不但實際流通的錢幣能當作辟邪之用，民間還盛行厭勝錢，亦稱壓勝錢或花錢，是流通貨幣之外的鑄成錢幣形式的吉利品、辟邪品、玩賞品，而且在厭勝錢上會鑄有銘文，不乏吉祥語或辟邪圖案，成為中國民間風俗中用來禳凶辟禍；納吉迎祥、遊戲賞玩之物[116]。確實，在臺南縣的門楣上可以發現外圓內方的「錢」造型，書寫著鎮宅之寶，或是將錢幣放在八卦鏡上，顯然都是當作辟邪物。

錢幣流通的種類中，以通寶（或元寶、重寶）為錢名的錢幣，亦是外圓內方，最早的通寶錢為唐高祖鑄造的開元通寶，接下來歷代皇帝為了表明自己的統治權，多會在錢幣鑄上自己年號的銘文，成為通寶錢最大的特徵，因為加上皇帝的年號，象徵能鎮制邪煞，所以通寶亦被擇用為辟邪之物。

目前民間盛行使用通寶來辟邪，不是單一個，而是通寶組合，稱為五帝錢或六帝錢。順治、康熙、雍正、乾隆、嘉慶是清朝最興盛的五個皇帝，當時所流通的通寶錢幣各取一枚，組成「五帝錢」。五帝錢具有鎮宅、化煞和招錢財的功效，其原因在《旺宅化煞 22 法》說明五帝錢皆是古錢，經千萬人之手摸過，沾上

---

[114] 《繪圖魯班經》（明代）午榮編，頁 18，瑞成出版社，1999 年。

[115] 陶思炎《中國鎮物》，頁 72，東大出版社，1998 年。

[116] 陶思炎《中國祥物》，頁 132，東大出版社，2003 年。

千萬人的能量，而且古錢印鑄興旺時代的皇帝之名，天子皇氣存在，如果古錢曾埋土陪葬吸收地氣，就天、地、人三氣兼備[117]。至於六帝錢，則是前述五帝錢加上「道光」時期的古錢，能夠化解不同的煞氣。

這種說法依據何在，值得思考，不過應該還是在厭勝錢的概念下，所運用於鎮宅化煞的辟邪方式，不但能隨身攜帶於身上，亦能放置於門楣上，臺南縣就有多例，不過可知的是這種用五帝錢或六帝錢當作辟邪之物的民俗，流行時間不甚長久。另外以雙層錢幣綑綁成金錢劍，將兩種辟邪物相結合，掛在門楣上用來制煞，應該效果加倍。

## 七、羅盤

堪輿風水之目的要相地確認方向，自古以來，相地的工具從土圭法，到戰國時代的司南、漢代的壬盤、宋代的風水羅盤、明清的量穴尺[118]，以至於到現代還有電子定位儀器。然而羅盤又稱羅經，包羅萬象經緯天地，是頗為普遍的相地工具，亦能掛在門楣上當作辟邪物，用來擋煞與改變宅運，是要利用羅盤納吉利的綫位[119]。

羅盤一器多用，基礎有正針、縫針、中針之分，並對應有天盤、地盤、人盤[120]，《地學形勢集》卷五〈羅經淵源〉說明：

---

[117] 白鶴鳴《旺宅化煞 22 法》，頁 89，聚賢館文化公司，1992 年。

[118] 王玉德《神秘的風水》，頁 196~210，書泉出版社，1994 年。

[119] 白鶴鳴《旺宅化煞 22 法》，頁 17~18，聚賢館文化公司，1992 年。

[120] 史箴〈辨正方位，指南針的發明與磁偏角的發明〉，頁 145，收錄於《風水理論研究》，地景出版社，1995 年。

羅經，盤為體，針為用。體法用璿璣，用法玉衡，璿璣隨
天轉運，以玉衡記其方位、度數，山水隨地轉運，以羅經
定其方位、度數，下有方位，上有天星也[121]。

藉由三盤與三針，審視羅盤所包含的項目，由中央的天池，向外
一層一層，大致上有八卦、河圖、洛書、九星、二十四星名、二
十四山、二十四節氣、穿山七十二龍、一百二十分金、天干地支、
五行、二十八星宿等，種類繁多重複，用法依風水各門派師傳而
有所不同的應用，針對風水提出解釋[122]。

## 八、風鈴

《旺宅化煞22法》中提到流年五黃飛到大門、房門，宜掛銅
風鈴，則可將五黃之煞氣消除[123]。說明風鈴掛在門楣上，可以阻
擋五黃煞氣，還有一說是利用風鈴發出的美妙聲音，寓意「好
韻」，會改變家宅環境空間氣場，以招來「好運」。臺南縣有多
處是將風鈴當作門楣辟邪物之用。風鈴的應起源於占風鐸，《開
元天寶遺事》記載占風鐸，云：

岐王宮中於竹林內懸碎玉片子，每夜聞玉片子相觸之聲，
即知有風，號為占風鐸[124]。

唐睿宗的兒子岐王在所住的宮中，將碎玉石繫在一起，掛在竹林

---

[121] 新文豐編輯部編《地學形勢集》，頁578，新文豐出版社，1995年。
[122] 王玉德《神秘的風水》，頁332~341，書泉出版社，1994年。
[123] 白鶴鳴《旺宅化煞22法》，頁130，聚賢館文化公司，1992年。
[124] 《開元天寶遺事》（五代） 王裕仁，頁91，上海古籍出版出版社，
1985年。

內，風來玉石相碰發出聲音，根據聲響判斷風的方向，即「占風鐸」。其用途可以當作警示用，就如同《宋史‧禮志》云：

> （明堂）庭樹松梓檜，門不設戟，殿角皆垂鈴。[125]

風鈴除了用來發出聲響以為警訊，在佛教領域不但是常見的法器、樂器，或可掛在佛教塔寺簷角，意涵上有驚覺、歡喜、說法三義[126]，被引用來當作辟邪之物是頗為適切，就如同道教的法器七星劍掛在門楣的道理相同。

## 九、水晶

臺南縣出現水晶與白鐵板、星宿牌的組合，當作門楣辟邪物。關於晶瑩剔透的水晶，《本草綱目》第八卷金石部中記載：

> 瑩澈晶光，如水之精英，會意也。《山海經》謂之水玉，《廣雅》謂之石英[127]。

水晶又稱水精、石英，《本草綱目》附錄又解釋尚有火齊珠、玫瑰（音枚回）、火珠等別稱。而且《西遊記》描述東海龍王在居處水晶宮，與孫悟空大戰之情節[128]，其實都說明中國自古就有水晶。嚴格來說，水晶本質上是礦物，其原晶體帶有磁場，並能壓出電流，所以水晶蘊藏著巨大的能量與無限的神奇力量，民間認

---

[125] 《宋史》（元代）　脫　脫，頁 1411，新文豐出版社，1976 年。

[126] 王建傳、孫麗編著《佛家法器》，頁 68~69，天津人民出版社，2004 年。

[127] 《本草綱目》（明代）　李時珍，頁 441，人民衛生出版社，1999 年。

[128] 《西遊記》（明代）　吳承恩，頁 553，中華書局，1991 年。

為可增加人體氣場，安定神經減少焦躁，因此常被取用來祈福、護身、招財、避禍，亦能鎮宅護厝。

當作門楣辟邪物的水晶，幾乎都是透明球體狀，就是一顆水晶球，和前述火齊珠皆是相同的球珠狀，其涵義即「有求（球）必應」。透明水晶球一般稱為白水晶，代表心靈平靜，和諧純潔，有聚焦、集中、擴大記憶的功能，能淨化負能量，即風水上的煞氣，所以具有鎮宅、辟邪、擋煞改變風水的作用。但也有以粉紅色水晶掛於門楣，稱為粉晶或玫瑰晶，主要功效是促進人際關係圓融，招姻緣與生意緣[129]。

## 十、八卦鐘

在門楣上的八卦型態，除了八卦牌、八卦鏡，另有八卦鐘，即是先天八卦的卦象，中央的太極是一個時鐘，時鐘的鐘面包括兩儀四象，以及十二地支。十二地支可以對應到時辰，對應到鐘面的數字，共計兩圈，外圈子（11-1點）、丑（1-3點）、寅（3-5點）、卯（5-7點）、辰（7-9點）、巳（9-11點），內圈午（11-13點）、未（13-15點）、申（15-17點）、酉（17-19點）、戌（19-21點）、亥（21-23點）。時間在門楣上的流轉，對屋主而言應該是期盼每一分每一刻都是平安寧順吧！

## 十一、諧音性質器物

在傳統民俗文化中，諧音原則將實體的器物表達出抽象的概念，依循這種原則，一些器物被轉借成門楣上的辟邪物，而且主

---

[129] 何恭上《水晶珍藏》，頁 28、112、121，藝術圖書公司，1994 年。

要為了祈福，例如掛上一串三枝香蕉，「蕉」與臺語的「招」音相似，一而二，二而三，三而生眾，象徵招來眾多的福氣，所以屋主表示開店做生意，用三枝香蕉來招進客人；「扇」子因同「善」，寓意美好；剪刀的「剪」與臺語的「家」音相似，用來象徵家宅，這些都是因為發音的雷同相近而引用。

## 第四節　門楣辟邪物題材組織安排之特色

前述三節針對門楣辟邪物所運用之圖案符號題材、文字題材與器物題材進行探討，然而將這些題材組織安排，則成形為獨立一體的辟邪物，根據筆者實際調查，整理出在臺南縣的門楣辟邪物有三大類型：基本類型、牌匾類型、器物類型。基本類型有八卦（包括八卦牌與八卦鏡）、鏡子、獸牌、山海鎮，是門楣辟邪物普遍常見的平面造型，除此之外，其他平面造型則類歸為牌匾類型，而器物類型的門楣辟邪物則屬於立體造型。三大類型包含的辟邪物項目，如表 3-5 所示。

表 3-5：臺南縣門楣辟邪物類型一覽表

| 基本類型 | 八卦：八卦牌、八卦鏡 |
| --- | --- |
| | 鏡子：凹面鏡、凸面鏡、平面鏡 |
| | 獸牌：劍獅牌、麒麟牌 |
| | 山海鎮 |
| 牌匾類型 | 字牌、星宿牌、七星劍星宿日月牌、八仙牌、卍字牌法輪、九宮八卦咒輪牌、時輪金剛十相自在咒牌、梵文咒輪牌、日月牌 |
| 器物類型 | 五寶（刺球、七星劍、斧頭、鯊魚劍、銅棍）錢幣（通寶、五帝錢、六帝錢、金錢劍）釘板、毛筆、羅盤、八卦鐘、水晶球風鈴、十字架、諧音性質器物（香蕉、剪刀、扇子） |

資料來源：田野調查個案資料

　　基本類型與牌匾類型的門楣辟邪物，必須在平面上做表現，所以要擇用適切的圖案符號與文字加以架構，並可以藉由圖案符號與文字來定義該辟邪物的類別，例如鏡面上彩繪著關於山海鎮的圖符文字題材，還是要類歸為山海鎮，而不是鏡子之屬。至於立體器物類型辟邪物，雖無需圖符文字就能展現辟邪功效，但是或多或少還是會採用，而且通常並非為了辟邪意圖而額外添加再組織，是器物本身就具備，只是剛好符合辟邪訴求。使用圖案符號文字為題材，主要還是基本類型與牌匾類型，以下將分述門楣辟邪物基本類型與牌匾類型的圖案符號、文字之內容，再探討其組織安排的特色，並歸納出脈絡規則。

## 一、基本類型之圖符文字題材組織安排

　　基本類型包括八卦牌、八卦鏡、鏡子、獸牌、山海鎮，以下針對八卦牌、八卦鏡、鏡子、獸牌、山海鎮歸納分述其圖案符號與文字組織安排特色。

### （一）八卦

　　八卦分為八卦牌與八卦鏡，差別在於鏡子的有無。八卦牌的圖文組合頗為固定，八個卦象與中央太極是必備的，八卦象絕大部分取先天八卦，後天八卦僅有一例，兼具先天八卦與後天八卦亦僅有一例。而太極內的區域，則有三種圖文：書寫「太極」；書寫「日月太極」與洛書居中之五；以及最普遍的「兩儀四象」。八卦牌的外圍通常會搭配洛書，此時洛書居中之五，通常會因兩儀四象與太極等圖文而省略。至於添丁進財、天鎮宅等文字，純粹只是點綴，並非常態性的圖文。（參表 3-6）

　　八卦鏡是以八卦牌為主軸型態，添加「鏡子」的素材，取代八卦牌的兩儀四象之位置，位處整體中央，或八卦凹面鏡或八卦凸面鏡，中央兩儀四象之位置是平面鏡者較少。必須說明的是，整面平面鏡上直接彩繪八卦系統的圖符，整體而言還是以八卦為主，所以並不類歸為鏡子類，而是定義為八卦平面鏡。八卦鏡這類型中，幾乎都是取先天八卦為用，外圍有洛書。然而有八卦牌搭配十天干、十二地支與二十四節氣文字題材者，坊間的佛具店稱之為「季節八卦」；另有八卦的太極中央區域以獅咬劍表現的八卦鏡，其圖文上已突破僅侷限八卦系統的範疇，而是添加其他題材。（參表 3-7）

表 3-6：八卦牌個案資料一覽表

| 地點 | 八卦牌圖片 | 文字題材 | 圖符題材 | 質材 | 外形 |
|---|---|---|---|---|---|
| 安定鄉 | | 無 | 先天八卦<br>兩儀四象<br>洛書<br>（無五居中） | 木雕彩繪 | 八邊形 |
| 西港鄉 | | 無 | 先天八卦<br>兩儀四象 | 不詳裝框 | 方形 |
| 新化鎮 | | 太極 | 先天八卦<br>洛書<br>（無五居中） | 木雕彩繪 | 八邊形 |

| | | | | | |
|---|---|---|---|---|---|
| 左鎮鄉 | | 太極 | 先天八卦<br>洛書<br>（無五居中） | 木雕彩繪 | 八邊形 |
| 歸仁鄉 | | 無 | 後天八卦<br>兩儀四象 | 石雕彩繪 | 八邊形 |
| 善化鎮 | | 無 | 先天八卦<br>後天八卦<br>兩儀四象 | 大理石雕<br>彩繪 | 八邊形 |
| 新化鎮 | | 日月太極 | 先天八卦<br>洛書<br>（有五居中） | 木雕彩繪 | 八邊形 |
| 學甲鎮 | | 太極 | 先天八卦<br>洛書<br>（無五居中） | 銅鑄 | 圓形 |

| 將軍鄉 | | 無 | 先天八卦<br>兩儀四象 | 木雕彩繪 | 八邊形 |
|---|---|---|---|---|---|
| 將軍鄉 | | 無 | 先天八卦<br>兩儀四象<br>洛書<br>（無五居中） | 塑膠製<br>彩繪 | 八邊形 |
| 北門鄉 | | 太極<br>添丁進財 | 先天八卦 | 木板 | 方形 |
| 北門鄉 | | 天鎮宅 | 先天八卦 | 木雕彩繪 | 六邊形 |
| 安定鄉 | | 無 | 先天八卦<br>兩儀四象<br>洛書<br>（無五居中） | 木雕彩繪 | 八邊形 |

| 安定鄉 | | 不清楚 | 先天八卦兩儀四象 | 不詳 | 不規則形有火焰狀 |
|---|---|---|---|---|---|
| 新化鎮 | | 無 | 先天八卦兩儀四象洛書（無五居中） | 木雕彩繪 | 木雕彩繪 |
| 白河鎮 | | 太極 | 先天八卦洛書（無五居中） | 木雕彩繪 | 木雕彩繪 |

表 3-7：八卦鏡個案資料一覽表

| 地點 | 八卦鏡圖片 | 文字題材 | 圖符題材 | 鏡面型態 | 質材 | 外形 |
|---|---|---|---|---|---|---|
| 佳里鎮 | | 無 | 後天八卦 | 平面鏡 | 木製平面彩繪 | 八邊形 |
| 北門鄉 | | 無 | 先天八卦洛書（無五居中） | 凹面鏡 | 塑膠彩繪 | 八邊形 |

| 佳里鎮 | | 無 | 先天八卦洛書（無五居中） | 凸面鏡 | 塑膠彩繪 | 八邊形 |
|---|---|---|---|---|---|---|
| 新化鎮 | | 無 | 先天八卦洛書（無五居中） | 凸面鏡 | 塑膠彩繪 | 八邊形 |
| 西港鄉 | | 無 | 先天八卦洛書（無五居中） | 凹面鏡 | 木製平面彩繪 | 八邊形 |
| 永康市 | | 無 | 先天八卦洛書（無五居中） | 凸面鏡 | 木製平面彩繪 | 八邊形 |
| 佳里鎮 | | 無 | 先天八卦洛書（無五居中） | 凹面鏡 | 木製平面彩繪 | 八邊形 |

| 永康市 | | 無 | 先天八卦<br>兩儀四象<br>洛書<br>(無五居中) | 平面鏡 | 鏡面彩繪 | 八邊形 |
|---|---|---|---|---|---|---|
| 南化鄉 | | 無 | 先天八卦<br>兩儀四象<br>洛書<br>(無五居中) | 平面鏡 | 鏡面彩繪 | 八邊形 |
| 新市鄉 | | 無 | 先天八卦<br>獅咬劍<br>洛書<br>(無五居中) | 平面鏡 | 鏡面彩繪 | 八邊形 |
| 新市鄉 | | 無 | 先天八卦<br>兩儀四象<br>洛書<br>(無五居中) | 凸面鏡 | 木雕彩繪 | 八邊形 |
| 新化鎮 | | 二十四節氣<br>十天干<br>十二地支 | 先天八卦<br>洛書<br>(無五居中) | 凸面鏡 | 金屬面黏於木牌上 | 八邊形 |

| 學甲鎮 | | 無 | 先天八卦<br>洛書<br>（無五居中）<br>星星 | 凹面鏡 | 木雕<br>彩繪 | 八邊形 |
|---|---|---|---|---|---|---|
| 關廟鄉 | | 無 | 一對蝙蝠 | 平面鏡 | 木雕<br>彩繪 | 八邊形 |
| 新化鎮 | | 太極 | 先天八卦<br>兩儀四象<br>洛書<br>（無五居中） | 平面鏡 | 鏡面<br>雕刻 | 八邊形 |
| 山上鄉 | | 太極 | 先天八卦<br>兩儀四象<br>洛書<br>（無五居中） | 平面鏡 | 鏡面<br>彩繪 | 圓形 |
| 玉井鄉 | | 太極 | 先天八卦<br>兩儀四象<br>洛書<br>（無五居中） | 平面鏡 | 鏡面<br>彩繪 | 八邊形 |

## （二）獸牌

　　獸牌有兩大類：獅咬劍牌與麒麟牌。獅咬劍牌俗稱劍獅牌，

基本上文字題材表現不多，圖符題材幾乎離不開獅頭有八卦系統圖符或「王」字，鬃毛飛張，咧嘴露齒銜咬單把劍或一對劍，劍身則刻繪北斗七星圖樣。繁複者在獅頭部加上一對蝙蝠，蝙蝠則合抱一個八卦牌，因此使獅咬劍牌成不規則外形，而非制式的圓形或八邊形。（參表 3-8）

　　麒麟牌以回頭麒麟腳踏四寶為主體，而且多數還會於中軸位置有先天八卦、太極、洛書等八卦系統圖符，若是方型牌匾或鏡面材質的麒麟牌，則添加一些關於道教信仰或祈福的詞句。其他還有龍頭、老虎牌僅有個例，較為少見。

表 3-8：獸牌個案資料一覽表

| 地點 | 獸牌圖片 | 文字題材 | 圖符題材 | 材質 | 外形 |
|---|---|---|---|---|---|
| 仁德鄉 | | 太極 | 獅咬一對七星劍<br>先天八卦<br>一對蝙蝠 | 木雕彩繪 | 不規則外形 |
| 仁德鄉 | | 太極 | 獅咬單把七星劍<br>先天八卦 | 木雕彩繪 | 八邊形 |
| 永康市 | | 無 | 龍頭 | 交趾陶 | 不規則形 |

| 仁德鄉 | | 無 | 獅咬一對七星劍<br>兩儀四象<br>先天八卦<br>一對蝙蝠 | 木雕彩繪 | 八邊形 |
|---|---|---|---|---|---|
| 佳里鎮 | | 無 | 獅咬單把七星劍 | 交趾陶 | 八邊形 |
| 新市鄉 | | 太極 | 獅咬一對七星劍<br>先天八卦 | 木雕彩繪 | 圓形 |
| 新市鄉 | | 祥獅獻瑞 | 獅咬單把七星劍<br>先天八卦<br>兩儀四象<br>四隻蝙蝠 | 交趾陶 | 方形木框 |
| 安定鄉 | | 王 | 獅咬一對七星劍<br>先天八卦<br>一對蝙蝠 | 木雕彩繪 | 不規則外形 |

| | | 太極 | 獅咬單把<br>七星劍<br>先天八卦 | 木雕彩繪 | 圓形 |
|---|---|---|---|---|---|
| 佳里鎮 | | 太極 | 獅咬單把<br>七星劍<br>先天八卦 | 木雕彩繪 | 圓形 |
| 仁德鄉 | | 太極 | 獅咬單把<br>七星劍<br>先天八卦<br>一對蝙蝠 | 木雕彩繪 | 不規則外形 |
| 新化鎮 | | 無 | 獅咬一對<br>七星劍<br>先天八卦<br>兩儀四象<br>一對蝙蝠 | 木雕彩繪 | 不規則外形 |
| 新化鎮 | | 太極<br>王 | 獅咬一對<br>七星劍<br>先天八卦 | 木雕彩繪 | 圓形 |
| 仁德鄉 | | 勅令 | 獅咬單把<br>七星劍<br>先天八卦 | 木雕彩繪 | 八邊形 |

| | | | | | |
|---|---|---|---|---|---|
| 善化鎮 | | 太極王 | 獅咬單把七星劍<br>先天八卦<br>一對蝙蝠 | 木雕彩繪 | 不規則外形 |
| 善化鎮 | | 無 | 一對七星劍<br>七隻老虎 | 木雕彩繪 | 方形牌匾 |
| 善化鎮 | | 太極 | 獅咬一對七星劍<br>先天八卦<br>一對蝙蝠 | 木雕彩繪 | 不規則外形 |
| 善化鎮 | | 王 | 獅咬一對七星劍<br>先天八卦<br>兩儀四象<br>一對蝙蝠 | 木雕彩繪 | 八邊形 |
| 歸仁鄉 | | 日月太極王 | 獅咬一對劍（無七星）<br>先天八卦<br>洛書 | 木雕彩繪 | 圓形 |
| 歸仁鄉 | | 無 | 獸頭<br>兩儀四象 | 材質不詳 | 不規則外形 |

| 學甲鎮 | | 太極<br>王 | 獅咬一對<br>七星劍<br>先天八卦 | 銅鑄 | 圓形 |
|---|---|---|---|---|---|
| 關廟鄉 | | 太極<br>王 | 獅咬一對<br>七星劍<br>先天八卦<br>一對蝙蝠 | 木雕彩繪 | 不規則<br>外形 |
| 將軍鄉 | | 日月<br>太極<br>王 | 獅咬一對<br>七星劍<br>先天八卦<br>洛書 | 木雕彩繪 | 圓形 |
| 關廟鄉 | | 太極 | 獅咬一對劍<br>（無七星）<br>先天八卦<br>一對蝙蝠 | 木雕彩繪 | 不規則<br>外形 |
| 新化鎮 | | 日月太極<br>王<br>鎮宅光明<br>合家平安 | 獅咬一對<br>七星劍<br>先天八卦 | 木雕彩繪 | 方形<br>木牌 |

| 仁德鄉 | | 太極 | 麒麟<br>先天八卦<br>洛書<br>北斗七星 | 不詳 | 方形裝框 |
| 麻豆鎮 | | 太極 | 麒麟<br>先天八卦<br>一對蝙蝠<br>植物 | 木雕彩繪 | 不規則外形 |
| 佳里鎮 | | 太極 | 麒麟<br>先天八卦、<br>洛書<br>四寶（葫蘆、犀角杯、七星劍、芭蕉葉） | 木雕彩繪 | 方形牌區 |
| 白河鎮 | | 太極 | 麒麟<br>先天八卦<br>北斗七星<br>四寶（葫蘆、書卷、七星劍、芭蕉葉） | 木雕彩繪 | 方形牌區 |
| 關廟鄉 | | 太極 | 麒麟<br>先天八卦<br>洛書<br>北斗七星 | 不詳 | 方形裝框 |

| | | | | | |
|---|---|---|---|---|---|
| 關廟鄉 | | 對照生財元亨利貞金木水火土 | 麒麟八卦七星五星四寶（葫蘆、書卷、蓮花、芭蕉葉） | 鏡面彩繪 | 方形裝框 |
| 關廟鄉 | | 無 | 麒麟先天八卦日月四寶（不清楚） | 木雕 | 八邊形牌匾 |
| 善化鎮 | | 太極鎮宅光明合家平安五雷 | 麒麟先天八卦四寶（葫蘆、銅錢、七星劍、芭蕉葉） | 木雕彩繪 | 方形牌匾 |
| 永康市 | | 太極 | 麒麟先天八卦四寶（葫蘆、書卷、蓮花、芭蕉葉） | 鏡面彩繪 | 方形裝框 |
| 將軍鄉 | | 太極 | 麒麟先天八卦、洛書四寶（葫蘆、犀角杯、七星劍、芭蕉葉） | 木雕彩繪 | 方形牌匾 |

| 將軍鄉 | | 七府代巡安鎮合家平安 | 麒麟姜子牙 | 木雕彩繪 | 方形牌匾 |
| 將軍鄉 | | 太極星君日月鎮宅光明對照生財財源茂盛 | 日月麒麟先天八卦四寶（葫蘆、書卷、蓮花、芭蕉葉） | 鏡面彩繪 | 方形裝框 |
| 後壁鄉 | | 永安宮觀音菩薩天上聖母中壇太子日月太極鎮守大吉 | 日月麒麟先天八卦四寶（葫蘆、書卷、銅錢、棋盤） | 木雕彩繪 | 八邊形牌匾 |

## （三）鏡子

　　自古以來，鏡子一向是辟邪的取材，探究淵源用來辟邪的鏡，應該是以凹面鏡為準，但根據田野調查，可以發現凸面鏡與平面鏡皆可運用為辟邪物。需要釐清的是，有時為了仰重其反射特色，鏡子成為工藝製作取用的材料，用來彩繪八卦牌、山海鎮、獸牌等圖符文字，如此情形則歸納到八卦牌、山海鎮、獸牌各類型之中。此處所定義之「鏡子」，即以鏡為主體，圖符與文字則增添其辟邪色彩。（參表3-9）

　　根據田野調查，可見素淨的鏡面之外，鏡面點上紅色硃砂點，或直接書寫符文相當普遍。分析鏡面的圖符與文字，取用祈

福性質的詞句如對我生財、一善、福星拱照、鎮宅光明等不在少數，然而還是以宗教信仰為取向居多，偏向道教民間信仰者有七星劍、星宿、符文、八卦系統等；偏向佛教有佛光普照、卍、法輪等；偏向藏傳佛教密宗有梵文咒輪、六字真言。而且它們之間偶會混用，就有佛光普照搭配道教符頭∨∨∨或北斗七星的情形，或密宗六字真言與道教符頭∨∨∨合用，似乎打破宗教的界線，成就臺灣民俗文化活潑的一面。

表 3-9：鏡子個案資料一覽表

| 地點 | 鏡子圖片 | 文字題材 | 圖符題材 | 鏡面型態 | 外形 |
|---|---|---|---|---|---|
| 仁德鄉 | | 無 | 無 | 平面鏡 | 輪狀 |
| 仁德鄉 | | 勅令山海鎮 | 符文 | 平面鏡 | 橢圓形 |
| 仁德鄉 | | 一善 | 梵文 | 平面鏡 | 圓形 |
| 新市鄉 | | 祝大家闔家平安 | 無 | 平面鏡 | 方形 |

| | | 無 | 無 | 平面鏡 | 圓形中心有硃砂紅點 |
|---|---|---|---|---|---|
| 新市鄉 | | 對我生財 | 無 | 凹面鏡 | 圓形有花邊 |
| 新市鄉 | | 無 | 七星劍星宿 | 凸面鏡 | 圓形 |
| 新市鄉 | | 無 | 符文 | 平面鏡 | 圓形 |
| 安定鄉 | | 無 | 無 | 凹面鏡 | 圓形有花邊 |
| 佳里鎮 | | 無 | 無 | 凹面鏡凸面鏡 | 圓形有花邊 |
| 佳里鎮 | | 無 | 無 | 凹面鏡 | 圓形有花邊 |

| 新化鎮 | | 佛 | 卐 | 平面鏡 | 方形 |
|---|---|---|---|---|---|
| 善化鎮 | | 佛 | 無 | 平面鏡 | 圓形 |
| 善化鎮 | | 佛光普照 | 七星 | 平面鏡 | 方形 |
| 歸仁鄉 | | 佛光普照 | 符頭 | 平面鏡 | 方形 |
| 歸仁鄉 | | 太極<br>太陽星君<br>太陰娘娘<br>日月 | 先天八卦<br>洛書<br>符文 | 平面鏡 | 方形 |
| 歸仁鄉 | | 大悲心<br>陀羅尼<br>眼無礙 | 法輪<br>卍梵文 | 平面鏡 | 方形 |

| 南化鄉 | | 光 | 無 | 平面鏡 | 八邊形 |
|---|---|---|---|---|---|
| 歸仁鄉 | | 無 | 無 | 平面鏡 | 八邊形 |
| 歸仁鄉 | | 無 | 兩儀四象火焰 | 平面鏡 | 八邊形 |
| 歸仁鄉 | | 無 | 洛書（無五居中） | 平面鏡 | 圓形 |
| 歸仁鄉 | | 無 | 無 | 平面鏡 | 方形 |
| 山上鄉 | | 準提寶鏡梵文 | 無 | 平面鏡 | 圓形 |

| 北門鄉 | | 無 | 兩儀四象 | 平面鏡 | 圓形 |
|---|---|---|---|---|---|
| 佳里鎮 | | 見我生財 | 無 | 平面鏡 | 方形 |
| 新化鎮 | | 日月光明唵嘛呢叭嘸吽 | 符頭 | 平面鏡 | 圓形 |
| 新化鎮 | | 梵文 | 不詳 | 平面鏡 | 方形 |
| 新化鎮 | | 梵文 | 不詳 | 平面鏡 | 方形 |
| 新化鎮 | | 福星拱照對我生財合家平安 | 無 | 平面鏡 | 圓形 |

| | | | | | |
|---|---|---|---|---|---|
| 大內鄉 | | 無 | 無 | 凹面鏡 | 圓形鏡八邊形框 |
| 大內鄉 | | 太極<br>太陽拱照<br>日月 | 先天八卦<br>洛書<br>（無五居中）<br>符頭<br>日月 | 平面鏡 | 方形 |
| 大內鄉 | | 鎮宅光明<br>吉祥富貴 | 先天八卦<br>洛書<br>（無五居中） | 凹面鏡 | 圓形 |
| 山上鄉 | | 福星拱照<br>合家平安 | 無 | 平面鏡 | 方形 |
| 白河鎮 | | 天官賜福<br>六甲天兵<br>六丁天將<br>火山湄洲宮<br>觀音佛祖<br>福德正神<br>天上聖母<br>鎮宅大吉<br>太極 | 先天八卦<br>洛書<br>（無五居中）<br>日月 | 平面鏡 | 方形 |

| 東山鎮 | | 天官賜福<br>六甲天兵<br>六丁天將<br>太極 | 先天八卦<br>洛書<br>（無五居中）<br>日月<br>一對七星劍 | 平面鏡 | 方形 |
|---|---|---|---|---|---|
| 東山鄉 | | 四大天王<br>唵嘛呢叭<br>嘓吽 | 卍<br>符尾 | 平面鏡 | 方形 |

## （四）山海鎮

　　山海鎮基本圖案取山與海，文字對句是「我家如山海，他做我不妨」。實際上，山海鎮可簡單明確，僅書寫「山海鎮」三字的牌匾，亦可繁複多重訴求，加總約二十種左右的圖符與文字題材同時加以運用。（參表 3-10）

　　以山海鎮的圖案符號而言，大致有山海、日月、先天八卦、太極、兩儀四象、洛書、五星七星、雲朵、符文等，變化不大，其模式通常海在下方，山有三座或五座，中央者最為高聳，八卦系統圖符在整個山海鎮之中軸上方，日月、五星七星分列八卦左右。

　　文字題材就有豐富的表現，明顯偏向道教民間信仰觀念，雖有取材於佛教卻少之又少。對稱的詞句中，「我家如山海，他做我不妨」則有些修改調整，主題不離山海威力鎮守家宅，並且出現招財求富概念的詞句，尤其在符文勅令的型態裡特別頻繁，再則鎮押萬煞、六甲神兵六丁神將等強制性帶有武力色彩的詞句出現，充分表達阻擋邪魅勢力入侵，所以在山海鎮中祈福求財與鎮煞驅邪意念同時存在，邏輯上邪魅沖煞驅除後福財自然來到。

　　而常態性出現字句有日月、太極、太陽（星君）太陰（娘娘）、鎮宅光明、元亨利貞等，幾乎都是圍繞著在山海鎮的八卦排列。有一類非鏡面彩繪的方形山海鎮牌匾，採用季節八卦，八卦的兩儀四象之位置上，會放上凹面鏡或凸面鏡，這種山海鎮就會出現十天干、十二地支、二十四節氣的文字題材。

表 3-10：山海鎮個案資料一覽表

| 地點 | 山海鎮圖片 | 文字題材 | 圖符題材 | 材質外形 |
|---|---|---|---|---|
| 仁德鄉 | | 吾家如山海，<br>他作吾不妨日月<br>太極 | 山海<br>日月<br>先天八卦<br>洛書<br>七星五星<br>符文 | 紙製裝框<br>方形 |
| 仁德鄉 | | 山海坐鎮居安，<br>對我萬年生財<br>日月<br>鎮宅光明<br>元亨利貞<br>十天干十二地支<br>二十四節氣 | 山海<br>日月<br>先天八卦<br>洛書<br>七星五星 | 木製彩繪牌匾<br>凹面鏡<br>方形 |
| 安定鄉 | | 山海坐鎮居安，<br>對我萬年生財<br>日月<br>鎮宅光明<br>元亨利貞<br>十天干十二地支<br>二十四節氣 | 山海<br>日月<br>先天八卦<br>洛書<br>七星五星 | 木製彩繪牌匾<br>凸面鏡<br>方形 |

| 新市鄉 | | 吾家如山海，<br>五路招進財<br>日月<br>勅令百無禁忌，<br>勅令合家平安<br>鎮宅光明 | 山海<br>日月<br>先天八卦<br>兩儀四象<br>五星七星 | 平面鏡<br>彩繪<br>裝框<br>方形 |
|---|---|---|---|---|
| 新化鎮 | | 不清楚 | 山海<br>日月<br>先天八卦<br>兩儀四象 | 木製彩<br>繪牌匾<br>圓形 |
| 永康市 | | 吾家山海鎮，<br>對吾能生財<br>太極 | 山海<br>日月<br>先天八卦 | 木雕彩<br>繪牌匾<br>圓形 |
| 新化鎮 | | 山海鎮<br>我家如山海，<br>他作我無方 | 山海 | 繪畫裝<br>框<br>方形 |
| 新化鎮 | | 山海鎮<br>我家如山海，<br>他作吾無妨<br>日月 | 山海<br>日月<br>星星<br>（七顆） | 平面鏡<br>彩繪<br>裝框<br>方形 |

| 善化鎮 | | 山海鎮<br>我家如山海，<br>他作我無方 | 山海 | 繪畫裝<br>框<br>方形 |
|---|---|---|---|---|
| 善化鎮 | | 山海鎮<br>我家如山海，<br>他作我無方 | 山海 | 繪畫裝<br>框<br>方形 |
| 歸仁鄉 | | 我家如山海，<br>對我正生財<br>山海鎮合家平安<br>日月<br>太陽太陰<br>元亨利貞<br>勅令天官賜福，<br>勅令招財進寶<br>勅令五路財神到此，<br>勅令四方貴人到此<br>鎮宅光明 | 山海<br>日月<br>先天八卦<br>兩儀四象<br>洛書<br>七星五星<br>符頭<br>符尾 | 平面鏡<br>彩繪框<br>裝方形 |
| 歸仁鄉 | | 我家如山海，<br>他做我無妨<br>太極<br>山海鎮<br>唵嘛呢叭嘛吽 | 山海<br>日月<br>先天八卦<br>雲朵 | 木製彩<br>繪牌匾<br>扇形 |

| | | | | |
|---|---|---|---|---|
| 歸仁鄉 | | 我家如山海，<br>對我正生財<br>山海鎮合家平安<br>日月<br>太陽太陰<br>元亨利貞<br>勅令鎮押萬煞，<br>勅令降納千样<br>勅令五路財神到此，<br>勅令四方貴人到此<br>鎮宅光明 | 山海<br>日月<br>先天八卦<br>兩儀四象<br>洛書<br>七星五星<br>符頭<br>符尾 | 平面鏡<br>彩繪<br>裝框<br>方形 |
| 麻豆鎮 | | 山海鎮<br>橫財、興旺、益利 | 山海<br>雲朵 | 黏貼卡典希德<br>裝框<br>方形 |
| 佳里鎮 | | 我家如山海，<br>對我正生財<br>山海鎮合家平安<br>日月<br>太陽太陰<br>元亨利貞<br>勅令鎮押萬煞，<br>勅令降納千样<br>勅令天官賜福，<br>勅令招財進寶<br>勅令五路財神到此，<br>勅令四方貴人到此<br>鎮宅光明<br>六甲神兵，<br>六丁神將 | 山海<br>日月<br>先天八卦<br>兩儀四象<br>洛書<br>七星五星<br>符頭<br>符尾 | 平面鏡<br>彩繪<br>裝框<br>方形 |

| 佳里鎮 | | 我家如山海，<br>他作我不妨<br>太極 | 山海<br>日月<br>先天八卦<br>雲朵 | 平面彩繪裝方形 | 鏡繪框形 |
| 安定鄉 | | 我家如山海，<br>對我正生財<br>山海鎮合家平安<br>日月<br>太陽星君、<br>太陰娘娘<br>元亨利貞<br>勅令天官賜福，<br>勅令招財進寶<br>勅令五路財神到此，<br>勅令四方貴人到此<br>鎮宅光明 | 山海<br>日月<br>先天八卦<br>兩儀四象<br>洛書<br>七星五星<br>符頭<br>符尾 | 平面彩繪裝方形 | 鏡繪框形 |
| 佳里鎮 | | 山海鎮 | 山海 | 平面彩繪裝方形 | 鏡繪框形 |
| 佳里鎮 | | 我家如山海，<br>他作我不妨<br>太極 | 山海<br>先天八卦 | 平面彩繪裝方形 | 鏡繪框形 |
| 下營鄉 | | 山海鎮<br>吾家如山海，<br>他對吾無憂 | 山海<br>龍虎<br>松樹 | 木製彩繪牌長方形 | 區 |

| | | | | |
|---|---|---|---|---|
| 學甲鎮 | | 我家如山水，<br>他作我無妨<br>日月<br>太極 | 山海<br>先天八卦<br>七星五星<br>符尾 | 平面鏡<br>彩繪<br>圓形鏡<br>加上花<br>邊外框 |
| 佳里鎮 | | 天地<br>日月 | 山海<br>日月<br>先天八卦<br>兩儀四象<br>人頭<br>符文 | 平面鏡<br>彩繪<br>裝框<br>方形 |
| 安定鄉 | | 我家如山海，<br>對我正生財<br>山海鎮合家平安<br>日月<br>太陽、太陰<br>太極星君<br>元亨利貞<br>勅令鎮押萬煞，<br>勅令掃除千災<br>勅令天官賜福，<br>勅令招財進寶<br>勅令五路財神到此，<br>勅令四方貴人到此<br>鎮宅光明 | 山海<br>日月<br>先天八卦<br>洛書<br>七星五星<br>符頭<br>符尾 | 平面鏡<br>彩繪<br>裝框<br>方形 |
| 後壁鄉 | | 日月<br>四海神光<br>合家位平安 | 山海<br>日月<br>七星 | 平面鏡<br>彩繪<br>圓形 |

| 安定鄉 | | 我家如山海，<br>你作我不妨<br>日月<br>太極星君<br>元亨利貞<br>勅令招財童子，<br>勅令進寶童郎<br>鎮宅光明 | 山海<br>日月<br>先天八卦<br>洛書<br>七星五星<br>符頭<br>符尾 | 平面鏡<br>彩繪<br>裝框<br>方形 |
|---|---|---|---|---|
| 關廟鄉 | | 我家如山海，<br>他作我無妨<br>山海鎮<br>日月 | 日月<br>先天八卦<br>兩儀四象<br>符文 | 不詳<br>方形 |
| 仁德鄉 | | 勅令山海鎮萬煞，<br>勅令龍神振財源<br>日月<br>八卦祖師<br>太陽星君、<br>太陰娘娘<br>元亨利貞<br>勅令財源廣進，<br>勅令生意利市<br>鎮宅光明 | 山海<br>日月<br>先天八卦<br>洛書<br>七星五星<br>符頭<br>符尾 | 平面鏡<br>彩繪<br>裝框<br>方形 |
| 仁德鄉 | | 山海鎮 | 山海<br>雲朵 | 繪畫裝框<br>方形 |

| 仁德鄉 | | 我家如山海，<br>他做我無妨<br>太極<br>山海鎮 | 山海<br>日月<br>先天八卦<br>雲朵 | 木雕彩<br>繪牌匾<br>扇形 |
|---|---|---|---|---|
| 歸仁鄉 | | 日月鎮山海、<br>山海鎮我家 | 山海<br>日月<br>先天八卦<br>兩儀四象<br>雲朵 | 木製彩<br>繪裝框<br>方形 |
| 永康市 | | 山海鎮 | 無 | 木製牌<br>匾<br>不規則<br>形 |
| 仁德鄉 | | 山海坐鎮居安，<br>對我萬年生財<br>日月<br>八卦祖師<br>太極星君<br>元亨利貞<br>招來百福八卦安居<br>千古泰<br>掃除千災五刑鎮宅<br>萬季春<br>招財進寶，<br>福祿壽喜<br>五路財神，<br>四方貴人<br>鎮宅光明 | 山海<br>日月<br>先天八卦<br>洛書<br>七星五星<br>符頭<br>符膽<br>符尾 | 平面鏡<br>彩繪<br>裝框<br>方形 |

| 六甲鄉 | | 山海鎮<br>我家有山水，<br>你作我無妨 | 山海 | 平面鏡<br>彩繪<br>裝框<br>方形 |
|---|---|---|---|---|
| 新化鎮 | | 山海鎮宅居安，<br>對我生財富貴<br>日月<br>元亨利貞<br>鎮宅光明 | 山海<br>日月<br>先天八卦<br>兩儀四象<br>符文 | 平面鏡<br>彩繪<br>裝框<br>方形 |
| 山上鄉 | | 吾家如山海，<br>對吾能生財<br>日月<br>太極星君<br>元亨利貞<br>鎮宅光明<br>掃除千災，<br>招來百福 | 山海<br>日月<br>先天八卦<br>洛書<br>七星五星<br>符頭<br>符尾 | 平面鏡<br>彩繪<br>裝框<br>方形 |
| 楠西鄉 | | 無 | 山水 | 繪畫裝框<br>方形 |
| 楠西鄉 | | 山海鎮<br>對我生財，<br>福星拱照 | 山海<br>先天八卦<br>兩儀四象 | 不詳<br>方形 |

| 官田鄉 | | 無 | 山水 | 直接彩繪在門楣上 |
|---|---|---|---|---|
| 新化鎮 | | 我家如山海，<br>對我正生財<br>山海鎮合家平安<br>日月<br>太陽太陰<br>元亨利貞<br>南無阿彌陀佛，<br>南無宅王菩薩<br>勅令鎮押萬煞，<br>勅令降納千樣<br>勅令五路財神到此，<br>勅令四方貴人到此<br>鎮宅光明 | 山海<br>日月<br>先天 八卦<br>兩儀 四象<br>洛書<br>七星 五星<br>符頭<br>符尾 | 平面鏡<br>彩繪<br>裝框<br>方形 |
| 鹽水鎮 | | 海山鎮 | 山海 | 彩繪<br>長方形 |

## 二、牌匾類型之圖符文字題材組織安排

牌匾類型包括字牌、星宿牌、七星劍星宿日月牌、八仙牌、卍字牌、法輪九宮八卦咒輪牌、時輪金剛咒牌、梵文咒輪牌。這些牌匾的圖符文字都有其宗教信仰文化背景，來自道教民間信仰、佛教、藏傳密宗。除了字牌、梵文咒輪牌以文字題材為主，其他牌匾類型辟邪物幾乎是由圖案符號所組成。

（一）字牌：以四字詞句來表現，幾乎離不開招福與納財兩大主軸，簡單清楚。

表 3-11：字牌個案資料一覽表

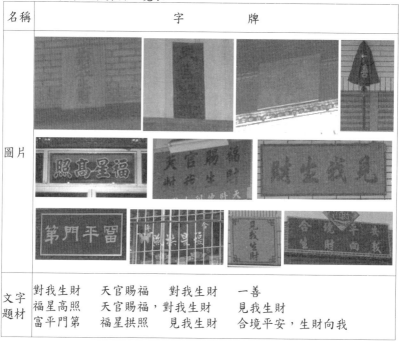

| 名稱 | 字　　牌 | | | |
|---|---|---|---|---|
| 圖片 | | | | |
| 文字題材 | 對我生財<br>福星高照<br>富平門第 | 天官賜福<br>天官賜福，對我生財<br>福星拱照 | 對我生財<br>見我生財 | 一善<br>見我生財<br>合境平安，生財向我 |

　　（二）星宿牌：點與線條串聯，八個點代表星宿，線代表貫通五行之氣，稱為「八斗星宿」。在二十八星宿中擇選代表龍、虎、狼、狗、日、月、猴、豹八個組合，圖案排列固定。[130]

---

[130] 94.4.30 訪談佛具店老闆莊協和先生。

表 3-12：星宿牌個案資料一覽表

| 名稱 | 圖　　　片 |
|------|-----------|
| 星宿牌 | 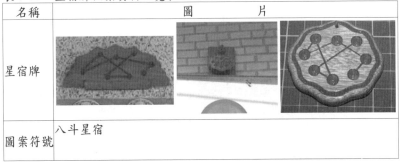 |
| 圖案符號 | 八斗星宿 |

（三）七星劍日月星宿牌：一對七星劍與日月的圖案分列左右，中間則是星宿的圖案，蒐集到的排列方式如圖所示。

表 3-13：七星劍日月星宿牌個案資料一覽表

| 名稱 | 七星劍日月星宿牌 |
|------|------------------|
| 圖片 | 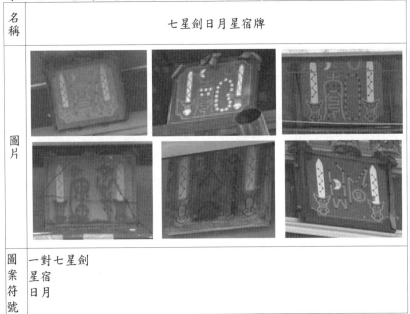 |
| 圖案符號 | 一對七星劍<br>星宿<br>日月 |

　　（四）八仙牌：圖案模式是八仙各有座騎與持物，左右分列
四人，整個八仙牌的中央則是南極仙翁駕鶴。有的八仙牌會加上
八仙的姓名名號，有的會繪上祥雲朵朵作為裝飾，有的在下端繪
上彩色流蘇的圖案，就猶如刺繡八仙綵的下擺一般，頗為傳神。
除了八仙賀壽，八仙過海亦屬於八仙牌的圖案。

表 3-14：八仙牌個案資料一覽表

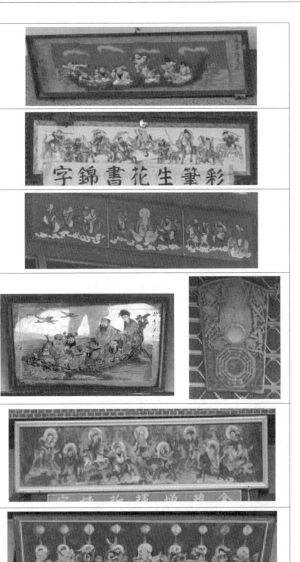

圖案符號：八仙及其座騎與持物、南極仙翁駕鶴、暗
　　　　　八仙、太上老君、流蘇
文字題材：「八仙高照，紫氣東來」、八仙姓名名號

（五）日月牌：簡單的日與月的圖案，毫無文字。

表3-15：日月牌個案資料一覽表

| 名稱 | 圖片 | 圖案符號 |
|------|------|----------|
| 日月牌 | | 日月 |

（六）卍字牌：簡單者毫無任何圖案文字，只以「卍」的形象呈現，講究者則在卍字上加上菩薩名號。

表3-16：卍字牌個案資料一覽表

| 名稱 | 圖片 | 文字題材 |
|------|------|----------|
| 卍字牌 | | 南無阿彌陀佛地藏王菩薩<br>觀世音菩薩<br>六字真言 |

（七）法輪：純粹以法輪的形象呈現，在輪軸心的位置有卍或卐的符號。

表3-17：法輪個案資料一覽表

| 名稱 | 圖片 | 文字題材 | 圖案符號 |
|------|------|----------|----------|
| 法輪 | | 梵文 | 八穀法輪、卍卐 |

　　（八）密宗咒輪牌或咒語牌：密宗咒輪牌成一個輪狀排列，咒語牌則橫列呈現，特色都是以梵文為主要內容，當然依據不同類型的咒輪牌或咒語牌，加上圖案，九宮八卦咒輪牌圖案包括智、仁、勇三尊菩薩時輪金剛、咒輪、羅睺、十二生肖、後天八卦、九宮，時輪金剛咒牌圖案是十相自在，而密宗咒輪牌或咒語牌中菩薩神像的圖案頗為普遍。（參表 3-18）

表 3-18：密宗咒輪牌或咒語牌個案資料一覽表

| 名稱 | 圖　　　　片 | 說明 |
|---|---|---|
| 九宮八卦咒輪牌 | | 圖案符號：九宮八卦 |
| 時輪金剛咒牌 | | 圖案符號：時輪金剛咒語 十相自在 |
| 梵文咒語牌 | | 文字題材：梵文咒語 |

## 三、器物類型之圖符文字題材組織安排

　　器物類型的門楣辟邪物的題材並非以圖案符號與文字為主，所以圖案符號與文字多是屬於加強辟邪意味的點綴。器物類型的門楣辟邪物所使用的題材，其中會用到圖案符號的有八卦牌與星宿牌等；會用到文字的有錢幣、羅盤、八卦鐘，大致來看，多是以該器物原本就具備的圖案符號與文字，以下列表整理器物類型的門楣辟邪物之資料，可說明圖案符號與文字運用不多。（參表 3-19）

表 3-19：門楣辟邪物器物類型個案資料一覽表

| 圖片 | | | |
|---|---|---|---|
| 名稱 | 五寶（刺球） | 七星劍 | 七星劍 |
| 地點 | 安定鄉 | 善化鎮 | 關廟鄉 |
| 備註 | | 搭配八卦牌 | 搭配八卦凸面鏡、筆 |
| 圖片 | | | |
| 名稱 | 五寶（斧頭） | 七星劍 | 七星劍 |
| 地點 | 安定鄉 | 仁德鄉 | 仁德鄉 |

| 備註 | | 搭配八卦凸面鏡 | 搭配八卦牌 |
|---|---|---|---|
| 圖片 | | | |
| 名稱 | 七星劍 | 七星劍 | 五寶 |
| 地點 | 關廟鄉 | 關廟鄉 | 北門鄉 |
| 備註 | 搭配八卦牌、筆 | 搭配八卦凸面鏡、筆 | |
| 圖片 | | | |
| 名稱 | 香蕉 | 釘板 | 錢幣 |
| 地點 | 仁德鄉 | 北門鄉 | 善化鎮 |
| 備註 | | | 文字「鎮宅之寶」 |
| 圖片 | | | |
| 名稱 | 錢幣 | 錢幣 | 六帝錢 |

| 地點 | 西港鄉 | 安定鄉 | 新化鎮 |
|---|---|---|---|
| 備註 | 搭配季節八卦凹面鏡 | 共 8 枚 | 6 枚 |
| 圖片 | | | |
| 名稱 | 金錢劍 | 羅盤 | 羅盤 |
| 地點 | 仁德鄉 | 新化鎮 | 歸仁鄉 |
| 備註 | 約 60 枚 | 下有中國節與流蘇 | |
| 圖片 | | | |
| 名稱 | 羅盤 | 羅盤 | 水晶球 |
| 地點 | 佳里鎮 | 佳里鎮 | 歸仁鄉 |
| 備註 | 下有中國節與流蘇 | | 搭配八卦凹面鏡 |
| 圖片 | | | |
| 名稱 | 水晶球 | 水晶球 | 水晶球 |

| 地點 | 新化鎮 | 歸仁鄉 | 歸仁鄉 |
|---|---|---|---|
| 備註 | 搭配白鐵板、鏡子、星宿牌 | 搭配平面鏡 | 搭配平面鏡、洛書 |
| 圖片 | | | |
| 名稱 | 水晶球 | 水晶球 | 水晶球 |
| 地點 | 歸仁鄉 | 左鎮鄉 | 關廟鄉 |
| 備註 | 搭配平面鏡、星宿牌 | 搭配白鐵板、星宿牌 | 搭配白鐵板、鏡子 |
| 圖片 | | | |
| 名稱 | 水晶球 | 風鈴 | 風鈴、錢幣 |
| 地點 | 仁德鄉 | 佳里鎮 | 佳里鎮 |
| 備註 | 搭配白鐵板、鏡子 | | |
| 圖片 | | | |

| 名稱 | 風鈴 | 風鈴 | 十字架 |
|------|------|------|--------|
| 地點 | 安定鄉 | 關廟鄉 | 左鎮鄉 |
| 備註 | | | |
| 圖片 | | | |
| 名稱 | 十字架 | 八卦鐘 | 辟邪物組合 |
| 地點 | 龍崎鄉 | 大內鄉 | 善化鎮 |
| 備註 | 文字「主賜平安」 | 先天八卦、洛書 兩儀四象、十二地支 | 扇子、鏡子、筆、剪刀、 八卦牌 |

# 第五節　門楣辟邪物組合之分析

　　門楣辟邪物的圖案符號題材、文字題材、器物題材組織安排之後，產生一體成形的辟邪物，進行安置辟邪物時，最基本的方式是只用單一個辟邪物，然而臺南縣民宅現今使用於門楣的辟邪物，還會活潑的湊組各類型的辟邪物，甚至有成套的辟邪物組合，具有規則性。畢竟有些辟邪物無法單個使用，一定要與其他辟邪物相組合，例如七星劍少見單把掛在門楣上，水晶球也不會單獨出現在門楣上，形成辟邪物有趣的現象。辟邪物的組合可以歸納出三種模式：

# 一、單一個辟邪物與筆的組合

　　辟邪物通常要經過開光點眼的辟邪儀式才具有效力，而開光點眼則需要透過毛筆（即開光筆）來執行，一旦儀式結束，那枝開光筆就一併與辟邪物掛在門楣上，而且筆除了開光，因為其形狀如同一把劍，若直立起來，有些風水堪輿師認為帶有殺傷力，可以克制強大的沖煞，所以筆也算辟邪之物。於是乎，單一個辟邪物與筆的結合，成為一種模式，其實筆很少單獨使用。根據田野調查，在臺南縣如此情形者，有：

| | | |
|---|---|---|
| 1.平面鏡＋筆 | 2.獸牌＋筆 | 3.八卦牌＋筆 |
| 4.山海鎮＋筆 | 5.八卦凹面鏡＋筆 | 6.八卦凸面鏡＋筆 |

圖 3-1：單一個辟邪物與筆的組合形式

| 平面鏡 ＋ 筆 | 獸牌 ＋ 筆 | |
|---|---|---|
| | | 八卦牌 ＋ 筆 |
| 山海鎮 ＋ 筆 | 八卦凹面鏡 ＋ 筆 | 八卦凸面鏡 ＋ 筆 |

加上筆的辟邪物都屬於基本類型辟邪物，顯然這些常見的辟邪物是必須有開光筆的助力，相對來說，其他牌匾類型辟邪物是否需要開光，是難以由開光筆的存在來證明。

## 二、成套辟邪物組合

辟邪物的選用，有時候牽涉辟邪物安置執行者的習性，各有其慣用的手法，甚至會發展出一套辟邪物組合的規律，形成模式。根據田野調查，大致上臺南縣的辟邪物組合，具有成套組合者有：

### （一）八卦牌與鏡子

以方形鏡子為底面，再取用八卦牌排列，排列方式如圖所示，八卦牌的個數有三個、八個、九個不等，整體組合頗具震撼。除了掛在門楣上，因為遷就門楣空間不大，所以彈性的會移往門的週邊或門上。根據歸仁鄉一陳姓屋主表示，這種辟邪物組合與奇門遁甲門派有相關聯，雖然無法直接訪談到使用該辟邪物組合的專業人士，但是可以找到它們的共通性---鏡子為底，相同的八卦牌按次序排列。在臺南縣多處可見這種組合，大致上是如圖所示的三種形式。

圖 3-2：八卦牌與鏡子組合形式

歸仁鄉　　　　　　　　　　山上鄉

左鎮鄉

## （二）七星劍＋八卦牌＋筆

　　在臺南縣南部的門楣上，可見一組辟邪物，包括一對七星劍、八卦牌或八卦鏡，有時候還會加上一枝筆（開光筆）。訪談屋主這種辟邪物組合的來源，其答案通常是神明所派，至於「神明」的身分，則含糊不明，多是來自私人神壇，有些是由乩童傳遞神意為七星劍與八卦牌開光，再交代屋主帶回家自行安置，有些是乩童親自到民宅透過降乩的方式直接安置，可以肯定的是受

訪的屋主所說的神壇位置不盡相同，顯然並非同一個出處，卻同樣出現「七星劍＋八卦牌」組合，儼然發展成一套模式。（參表3-19 見 P.194~195）

這類形的組合，七星劍取一對，應該是交叉擺放，但是實際上七星劍的所呈現的現況，不見得會交叉，然而幾乎都是分列於八卦牌或八卦鏡兩邊，質材上有木製與金屬製兩種，筆則或有或無。

## （三）水晶球＋鏡子（白鐵板）＋星宿牌

透明水晶球，俗稱白水晶，放在白鐵所製的支撐架的圈圈上，並搭配星宿牌，有的還會加上一面鏡子，有別於平面式類型的辟邪物。

根據使用該辟邪物組合的莊姓風水堪輿師表示，白水晶較為溫和，不像鏡子的反射有以暴制暴的意思，而水晶只會吸收不好的氣並不會反射回去，經過一段時間需消磁，加上水晶是自然物，讓人較不會以為制煞的東西，免得房子的價值降低。至於桃木樟木為材料的星宿牌，八個紅點代表二十八星宿其中八個，必須依屋宅風水的需求擇用，紅線則配合五行代表「氣」的貫通，以米酒、硃砂、虎頭骨粉依一定比例調勻再畫上，以打通行氣之路。本來搭配平面的鏡子，後來改良成白鐵板，比較不會因風吹雨打而損壞，大小七寸四見方[131]。

這套取水晶球所構成的辟邪物組合目前在臺南縣新化鎮、歸仁鄉、左鎮鄉等地都有，然而部分略做調整，有水晶球搭配有洛書的鏡子或八卦鏡，而且星宿牌就有兩種形式，小者長度約 6cm，

---

[131]93.8.29 訪談風水堪輿師莊先生。

大者長度約 20cm。（參表 3-19 見 P.196~197）

## 三、複合多重辟邪物組合

　　除了成套的辟邪物組合，在臺南縣境內，各種類型的辟邪物似乎可隨意組合，並無規則可循，為了遷就建築物的格局分布，門的型態改變且門寬加大，促使在透天厝每一層樓對外門面的門楣上，可取多個同類型的辟邪物來組合，亦有不同類型的辟邪物於同時同地聚集，充分發揮民俗文化的創意，形成仿如防護罩的辟邪物組合。針對複合多重的辟邪物組合，以下分為同類型辟邪物之組合與不同類型辟邪物之組合論述之。

### （一）同類型辟邪物之組合

　　只選擇一種辟邪物，但個數上就增加，即是同類型的辟邪物多個使用，就透天厝來說，整棟建築物同時運用相同的鏡子或山海鎮，不只在門中央放單一個辟邪物，畢竟傳統合院建築轉化成透天厝建築時，提供辟邪物單一類型多個使用的空間。

　　列舉目前的現況，同類型辟邪物之組合以鏡子而言，個數增加者，整棟透天厝有圓形、方形的平面鏡數個不等的狀況司空見慣，楠西鄉則有門楣上同時用了八個八邊形的鏡子；鏡面殊異亦會有所組合，一凹面鏡一凸面鏡組合或是平面鏡搭配凹面鏡，都出現在臺南縣境內。除了鏡子，尚有八卦鏡亦是同類型的辟邪物加以重組，或取三個八卦凹面鏡，或取一個八卦凹面鏡一個八卦凸面鏡，同時安置在一面門之門楣上；在新化鎮一民宅同列二個梵文咒輪牌。

## （二）不同類型辟邪物之組合

不同類型的辟邪物之組合，毫無標準可言，可以同一棟透天厝建築樓上樓下運用不同的辟邪物，可以一面門的門楣方寸大的空間安置各種類型的辟邪物，平面與立體造型皆有，根據田野調查，列舉出以下組合：

1. 八卦牌＋山海鎮+獸牌　2. 八卦牌＋平面鏡＋筆
3. 八卦牌＋凹面鏡　　　4. 八卦牌＋平面鏡
5. 八卦凹面鏡＋山海鎮　6. 八卦凸面鏡＋山海鎮
7. 八卦平面鏡＋山海鎮　8. 八卦凹面鏡＋平面鏡＋筆
9. 八卦凹面鏡＋平面鏡　10. 八卦凹面鏡＋凸面鏡
11. 平面鏡＋山海鎮　　　12. 平面鏡＋獸牌
13. 八仙牌＋平面鏡　　　14. 風鈴＋錢幣
15. 獸牌＋山海鎮　　　　16. 獸牌＋斧頭
17. 八卦平面鏡＋刀劍　　18. 扇子＋平面鏡＋剪刀＋筆＋八卦牌

分析這些情形，以兩種類型辟邪物的組合最多，三種類型辟邪物組合亦不少，而且多是基本類型辟邪物交互重組，其中與山海鎮、平面鏡相組合的情形頗多，而牌匾類型的辟邪物如時輪金剛咒牌、七星劍日月星宿牌、卍字牌等幾乎無需再與其他辟邪物組合，都是單一個就可以表現辟邪功效。

然而，不同類型辟邪物之組合，種類至多者，當屬在善化鎮有一組多達五種類型，「扇子＋平面鏡＋剪刀＋筆＋八卦牌」，不禁讓人聯想到「剪刀鏡符」，取其諧音，剪刀音似臺語的「家」，鏡子音似「境」，扇子音似「善」，八卦牌但求陰陽和諧，因此這組辟邪物猶如傳達著「家、境、和、善」的意味。

此處列舉不同類型之組合，雖受限田野調查無法全盤性，不

盡然詳盡呈現，至少所顯示的是臺南縣一般民宅所運用的辟邪物彼此間的關係，多多益善的累加數量與類型，打破傳統建築只在正身大廳安置單一類型單一個數辟邪物的現象，以辟邪物的組合增加防線，要把家宅保護得安然無恙，這是辟邪文化的一大變遷。

# 第四章

# 臺南縣民宅門楣辟邪物使用現況

　　臺南縣發展歷史頗早，幾乎可以說是臺灣文化開始的起點地，平埔族曾在此生活，再歷經荷治、明鄭、清領、日治與戰後等時期不同的文化刺激，以至於時至今日，民俗習慣在這塊土地上經過相當的累積，必須不斷謀合時代的需求，方能達到豐富多元的程度，呈現出最為當代所接受的型態。目前，在臺南縣使用門楣辟邪物的民俗依然保存，勢必是在一番汰舊換新之後的風貌，然而門楣辟邪物現在究竟依何種型態出現？本章將實際田野調查臺南縣民宅門楣辟邪物的結果，進行探討門楣辟邪物在此區域的使用現況，主要方向有五：門楣辟邪物工藝製作素材與方式、民宅門楣辟邪物設置動機、民宅門楣辟邪物設置儀程、門楣辟邪物與民宅建築之空間關係、門楣辟邪物分布與臺南縣境城鄉發展差異之關係。

## 第一節　南縣民宅門楣辟邪物工藝製作素材與方式

　　透過民俗工藝的製作，許多日常生活中所使用的器具物品得以體現，門楣辟邪物即其中之一。雖然門楣辟邪物體系龐雜，無法像竹編木雕等民俗藝術自成一脈系統，但過去先民還是必須採用民俗工藝技術來製作，材料以容易取得為原則，根據《驅邪納福：辟邪文物與文化圖像》[1]一書，就收集的辟邪古物看來，目前所保存門楣辟邪物其製作年代可推溯到明代，木雕是過去最頻繁的工藝手法，純然是手工雕刻製作，除了之外，也會取陶、瓷、竹等材料為用。

---

[1]　謝宗榮編《驅邪納福：辟邪文物與文化圖像》，頁 114~130，國立傳統藝術中心，2004 年。

　　時至今日，實際調查臺南縣的門楣辟邪物，各式各樣的辟邪物型態紛紛出現，尤其透過技術與材料多元化，呈現出有別於過去的樣式。其中立體造型的器物類型辟邪物本身具有其他實際日常用途，原始目的不是為了辟邪，只是引用來當作門楣辟邪物，此處不多著墨器物類型辟邪物的材料，而是主要針對平面造型的辟邪物的工藝製法，畢竟為了藝術化表達，選擇文字圖符組合，可以彈性選取材料製作，以下探討現今運用於門楣辟邪物的材料與工藝製法，並針對在尺寸大小、顏色、外形加以歸納分析。

## 一、民宅門楣辟邪物材料取向與製作方法

　　臺南縣之門楣辟邪物，種類豐富多樣化，材料取向與製作方法是重要的因素，透過工藝製作，可以將相同的圖案符號與文字題材，做不同的變化，雖然並沒有一門民俗工藝專門以辟邪物為主，但辟邪物卻沿用許多臺灣傳統工藝技術，以目前臺南縣現況，門楣辟邪物所取材料及其製作的方式，如下：

### （一）木雕彩繪

　　木材是傳統生活中用具的大宗，在臺灣工藝中頗為重要，木材工藝以工作性質分為大木作和小木作，懸掛在門楣的八卦、獸牌屬於小木作的神像雕刻部分，必須經過構圖、雕粗胚、做中胚、修光打磨（細胚）、打底、彩繪等程序[2]。傳統的木雕工匠，多是從大陸聘請而來的「唐山師父」，經由師徒的傳授，無論是構

---

[2]　江韶瑩〈臺灣工藝的發展與變遷（上）〉，頁 32~34，《臺灣美術》，04：12，1991 年。大木作是指建築木造工程，小木作泛指一般生活器具的木雕製作。

圖打板取樣，或雕刻手藝技巧代代傳承，各有師承的特色風格，並且純粹手工製作，早期的基本工具有鋸子與斜口、平口、半圓雕刻刀各一枝，雕刻粗模時，用厚鑿刀以槌敲擊，細部以精細的手法仔細刻削[3]，成品精緻細膩，可以呈現替底雕、透雕、內枝外葉等技法[4]，所以過去的辟邪物無法大量出產，很難有重複的辟邪物。

本來民間工藝以民藝為主體，但是如果考慮到商業供需而手工生產必須產量化，生產過程則漸漸以機械代替手工，木雕的辟邪物就面臨這種問題[5]。因此坊間販售的門楣辟邪物，雖然還多是以木材為材料，但不若過去能使用樟木、楠木、桃木等原木的品質，而且製作手法則加入機械的成分，銼削、砂光、焦畫、膠合、塗裝、噴塗、平面雕刻等各種加工方法交替使用[6]，使得木材質的牌匾形式得以普遍盛行，而且促使木材材質與其他材質相結合，加上鏡子或銅板，使辟邪物表現得更為多樣化。

## （二）鏡面彩繪

鏡子本身其實就是辟邪物，也是其他辟邪物取用的材料，辟邪物中基本類型的八卦、山海鎮、麒麟牌，與牌匾類型的咒輪牌、

---

[3] 曾永義《鄉土的民族藝術》，頁 166~168，行政院文化建設委員會，1988 年。

[4] 倪再沁編《福爾摩沙之美：臺灣民間工藝》，頁 68，行政院文化建設委員會，2001 年。

[5] 江韶瑩〈臺灣工藝的發展與變遷（中）〉，頁 56，《臺灣美術》，05：12，1991 年。

[6] 倪再沁編《福爾摩沙之美：臺灣民間工藝》，頁 65~66，行政院文化建設委員會，2001 年。

八仙牌等，都會藉助鏡面反射的特性，將圖符文字彩繪在平面鏡上，有別於木作雕刻的方式，成為目前辟邪物另一種慣用的材料。

　　雖說是鏡面彩繪，其實必須由玻璃工藝來入手，畢竟鏡子就是玻璃塗上水銀，所以鏡面式的辟邪物來自於傳統玻璃工藝的延伸。玻璃在臺灣開始於清光緒 10 年（西元 1884 年），陳兩成設玻璃工廠，後來昭和 4 年（西元 1929 年）日本東明製罈株式會社改稱臺灣製罈株式會社，臺灣的玻璃工藝逐漸展開。玻璃除了能夠製成生活用的瓶瓶罐罐，燒烤玻璃則是將彩色玻璃棒在高溫下熔燒作扭轉變化，藝術感十足，另有具藝術感的的玻璃裝飾—在平面玻璃繪畫，也就是辟邪物所借重的工藝技術[7]。

　　目前坊間常看到的鏡面辟邪物，大多是採取在平面玻璃上直接印刷彩釉的方法，經過處理後使釉層與玻璃牢牢結合，並塗上水銀，一體成形的直接製成具有辟邪圖案的鏡子。採用玻璃印刷的好處是圖案可以精美細膩的處理色調，而且顏色不易褪落，放在室外不會怕風吹雨淋，最重要的是能夠大量生產，並提供各種尺寸因應需求。

　　除了制式化的印刷鏡面辟邪物，還是有屋主商請佛具店或玻璃行代為加工，裁剪符合需求的鏡子，再繪上顏料，量身訂做屬於個別化的辟邪物，例如北門鄉有商家於入厝時，請佛具店製作一面長方形平面鏡，繪有八仙祝壽的圖案等同於八仙綵的用意，因為材料用鏡子，則成了獨一無二的辟邪之物。

---

[7]　倪再沁編《福爾摩沙之美：臺灣民間工藝》，頁 128~129，行政院文化建設委員會，2001 年。

## （三）石材雕琢

辟邪物在取材上，會擇用本身被視為具有辟邪能力的材料，特質上多是取自天然物，因為「石」性厚重穩固，不易損壞變形，可以用來象徵鎮宅之物，最典型的就是「石敢當」當作屋宅角落的辟邪物，然而門楣上的辟邪物，多見大理石，臺灣大理石的開採，於光緒、宣統年間在蘇澳與石棉礦同時開採，是後來在花蓮發現品質優的大理石，大理石的開採與運用更為興盛廣泛，主要用於建築建材[8]。

若以大理石材質製成平面牌匾形式的八卦，則採用民間工藝石雕的技術，運用刀與鑿，以陰刻凹雕表現，把八卦象的陰陽爻線條雕低於石牌平面，使輪廓線內的部分凹入[9]，並著漆上色。至於水晶球屬於礦物石體，也類歸為石材質，需要琢磨成球體，也是得透過石材質處理工事，方能顆顆渾圓晶瑩剔透。

## （四）交趾陶

交趾陶是一種低溫彩釉軟質陶，原本在福建廣東盛行，其成品香盒（放香料的盒子）與茶罐外銷到日本，因為日本舊稱廣東、越南一帶為交趾，透過交趾貿易航線來的陶器就稱為「交趾燒」，就是交趾陶，雖然昔日日本人所謂的交趾陶不見得與現今所見的交趾陶是相同之物，但「交趾陶」這個名稱，卻沿用於泛稱以黃、藍、赭、胭脂紅、綠色為主帶有寶石般色彩的陶製品。

---

[8]　江韶瑩〈臺灣工藝的發展與變遷（上）〉，頁 43，《臺灣美術》，04：12，1991 年。

[9]　倪再沁編《福爾摩沙之美：臺灣民間工藝》，頁 44~45，行政院文化建設委員會，2001 年。

　　交趾陶在明清時代傳入臺灣，當時主要應用在臺灣寺廟建築裝飾，以至於廟宇中有許多交趾陶塑造人物，尤其臺南縣學甲鎮慈濟宮與佳里鎮震興宮兩處尚存頗負盛名的「葉王交趾陶」，葉王是對葉麟趾先生的尊稱，葉麟趾先生曾代表臺灣參加巴黎舉行的近代生活工藝與美術為主題的萬國博覽會，綻放光芒，被譽為臺灣絕技[10]，建立了交趾陶在民俗工藝的一席地位。確實，交趾陶造形生動傳神、色彩鮮活艷麗，除了是寺廟裝飾，現在則漸行風氣，成為民間收藏的藝品，卻也成了門楣辟邪物。

　　交趾陶之所以成為門楣辟邪物，主要原因是交趾陶取用劍獅、龍頭、麒麟等題材製成藝術品，接近辟邪物的型態。而且訪談使用交趾陶為辟邪物的風水堪輿師杜先生，表示交趾陶藝術化的造型，淡化了辟邪物鎮宅制煞的法術宗教色彩，比較能夠為一般人所接受，不會認為該民宅有風水上的問題，如此一來，交趾陶所製的獸牌既是藝術品也是辟邪物了[11]。

　　交趾陶的製作工序頗為繁複，流程必須經過選土、篩土、練土、原雕、從模、土形、陰乾、素燒、多次釉燒[12]。交趾陶製獸牌，有直接獸頭加中國節即可，亦有裱框精緻化，一般而言前者居多，或許未來能開發以交趾陶創作的山海鎮或八卦牌，增加辟邪物藝術層面的魅力。

---

[10]　莊伯和、徐韶仁《臺灣傳統工藝之美》，頁 76~77，晨星出版公司，2002 年。

[11]　92.12.7 訪談風水堪輿師杜先生。

[12]　資料來自「智盧交趾陶作品之證明書」。

## （五）銅鑄

銅的材料特質堅硬，不易腐壞，偏金黃色，美觀但價錢比黃金低，自古以來就是製作生活器具的材料，在臺灣屬於金屬工藝的一部分。本來銅、鐵、錫等金屬靠人力燒融及敲打，後來被翻砂鑄造技術所取代，利用金屬加熱熔解，冷卻成形的特性，將銅溶解注入模體中，作出預定的造型[13]。透過翻砂鑄造，以銅為材料可以生產許多銅鎖、門環、銅壺等生活用具，以至於發展出宗教性與本土性工藝產品與裝飾品，例如大鐘或香爐，還包括被當作門楣辟邪物的八卦牌與劍獅獸牌。然而銅製門楣辟邪物有二種，一種是季節八卦牌製成銅板再固定於木板上；一種是整體都採銅為材質的太極八卦牌、劍獅獸牌，以及銅製風鈴。

針對一體成形的銅質材辟邪物，訪談佳里佛具工廠陳姓老闆，說明銅鑄的製作方式：

先用木頭雕刻出凹模 → 翻作成鋁合金模具（為了耐大約 1000 度的高溫）→ 翻成砂模，作為上下模 → 灌入銅漿 → 冷卻為粗胚 → 刨光使之光亮 → 烤漆使線條鮮明，增加立體感。

他還表示這些辟邪物屬於佛具販售的一部分，並非主力商品，但仍有其銷路，一般而言不會在工廠一貫作業，翻砂的部分因為太高溫則由他人代工，必須分工，以降低成本，至於八卦與劍獅獸牌的圖案流傳已久，已不知何人何時開始，尺寸上也不曾注意，純粹根據前人所製作的方式生產[14]。因此以生產者的角度，辟邪物的圖符文字與尺寸大小似乎只是延續過去經驗，應該

---

[13] 倪再沁編《福爾摩沙之美：臺灣民間工藝》，頁 108~111，行政院文化建設委員會，2001 年。

[14] 93.7.29 訪談佛具工廠陳姓老闆。

要回溯到創作該辟邪物的人物，才能了解辟邪物成形的原因吧！

## （六）繪畫裱框

《福爾摩沙之美：臺灣民間工藝》一書中說明繪畫工藝是：

> 畫首先要有適當的構圖，掌握住題材的架構、比例與精
> 神，再依內容的需要來上彩，令其生動活潑。繪畫除了可
> 以當作一種創作主體外，更多的情況是當作其他各種工藝
> 創作的裝飾技巧[15]。

確實，木材玻璃仰賴彩繪而出色，若以繪畫為主體，門楣辟邪物
就可見山海鎮與八仙牌，圖案的架構已有大致固定的模式，然而
紙張容易構圖著色，甚至可以透過製版大量印刷，要克服保存的
問題，則採用裱框的方式解決，如此繪畫裱框的工藝使山海鎮與
八仙牌能成為辟邪物的體現形式。

就圖繪式的八仙牌而言，所需的製作成本遠比傳統刺繡八仙
綵低許多，又比布面印刷式八仙綵來得精緻來得容易保存，掛在
門楣上祈福意味顯明；山海鎮的繪畫表現，在平面鏡上多是中國
山水畫的味道，卻也出現整幅山海畫是西洋風格的油畫手法，甚
至直接彩繪在門楣上，非常活潑。

## （七）其他素材

目前運用於門楣辟邪物的素材，除了前述較為常見的木材、
玻璃、交趾陶、銅等，還有許多材料可供應用，大致上分為兩類，

---

[15] 倪再沁編《福爾摩沙之美：臺灣民間工藝》，頁108~111，行政院文化
建設委員會，2001年。

一類是依據該材料本身的特質,以白鐵而言,堅硬並且不生鏽的質地,刨光之後光可鑑人,仿若鏡子能反射,尤其適合製作字牌,熔蝕出字體,加上汽車烤漆,字牌則可永保清晰明亮,因此白鐵逐漸被取用,成為辟邪物的材質之一。

另一類是材料取向無關材料的特質,純以方便為考量,一般而言是指塑膠製品,石化塑膠進入臺灣日常生活,亦影響辟邪物的工藝製作,不但能當作辟邪物裝飾的邊框或底座,還能灌漿壓模大量製作,採用的是以聚酯樹脂注模成形法,成品耐風吹雨淋且質輕不易損壞[16],因此塑膠製的八卦鏡是大街小巷中普遍的一種形式。在田調過程中,發現一幅山海鎮以卡典西德貼製,也是塑膠製品。另外,其他素材的表現上,貝殼鑲嵌的八仙牌,亦是傳統工藝的手法。

## 二、民宅門楣辟邪物造型分析

### (一)整體外形

根據田野調查,門楣辟邪物的整體外形,以幾何造型居多,可將門楣辟邪物的外形歸納出常見的模式有圓形、方形、八邊形、扇形。

1. 圓形:可見於鏡子、獸牌、山海鎮,圓形的涵義圓圓滿滿,完美無缺,向來都是討喜的造型。而且漢人講究天圓地方的宇宙模型,圓形象徵天,和方形同是辟邪物慣見的造型。

2. 方形:可見於八卦牌、山海鎮、麒麟牌,與各種牌匾。長方形是門楣辟邪物最容易發揮的形式,凡是各種圖符文字題材都能

---

[16] 王銘顯《工藝概論》,頁 121~123,新形象出版社,1987 年。

在長方形的空間進行排列組合。正方形的造型，典型的是羅盤，其他鏡子、山海鎮亦會以正方形表現。

3.八邊形：可見於八卦牌、八卦鏡、鏡子、獸牌。因尊崇八卦的關係，八邊形成為許多民俗造型的基礎，建築上八邊形的門窗、藻井即可證明，連帶其他的辟邪物亦採用八邊形的造型。

4.扇形：可見於山海鎮，扇的諧音是「善」，帶有美好的涵義。

　　門楣辟邪物之造型並無硬性制式化，以八卦牌而言，就不一定是八邊形，可以是圓形、方形，甚至有六邊形的八卦牌，鏡子也跳脫圓形或方形，出現八邊形鏡子，只是門楣辟邪物有其慣用常態的造型，而且門楣辟邪物的造型會加以組合，圓形鏡子搭配八邊形造型，或八邊形八卦搭配圓形造形。

　　門楣辟邪物呈非幾何造型者，歸納出在鏡子與獸牌有所變化。鏡子有火焰造型、法輪造型、蓮花造型，來自佛教觀念，火焰象徵佛光，法輪象徵佛法，蓮花寓意出淤泥而不染，濯清漣而不妖，是佛教八寶之一，而且古代銅鏡就有蓮花邊，雖然現今的鏡子以塑膠框表現蓮花造型，卻傳續了造型上的視覺效果與特殊意義。另外，劍獅或麒麟搭配八卦與蝙蝠，要發揮獸類的鬃毛飛揚的氣勢，所以並無邊框界線，整體而言大致還是呈方形。

## （二）尺寸大小

　　臺灣民俗文化在許多事物上，對於尺寸大小帶有吉凶的觀念，關於辟邪物的尺寸大小，在《繪圖魯班經》書中僅說明獸牌是：

　　　　上闊八寸按八卦，下六寸四分按六十四卦，高一尺二寸按

十二時，兩邊合廿四氣[17]。

這個獸牌的造型是梯形，顯然和前述的常見外形不同，而且尺寸上分別有其涵義，符合八卦、六十四卦、十二時、二十四節氣。然而尺寸吉凶的標準，端看門公尺或文公尺，基本的尺長一尺四寸一分，以生老病死苦為基礎，每一基本尺分為八格，依次有財、病、離、義、官、劫、害、本八字，又區分為四小格，分別有其吉凶意義。（參表4-1）

表4-1：門公尺上的「字」（有底色者為紅字）

| 財 | | | | 病 | | | | 離 | | | | 義 | | | |
|---|---|---|---|---|---|---|---|---|---|---|---|---|---|---|---|
| 財德 | 寶庫 | 六合 | 迎福 | 退財 | 公事 | 牢執 | 孤寡 | 長庫 | 劫財 | 官鬼 | 失脫 | 添丁 | 益利 | 貴子 | 大吉 |
| 官 | | | | 劫 | | | | 害 | | | | 本 | | | |
| 順科 | 橫財 | 進益 | 富貴 | 死別 | 退口 | 離鄉 | 財失 | 災至 | 死絕 | 病臨 | 口舌 | 財至 | 登科 | 進寶 | 興旺 |

尺寸上必須避凶取吉，按尺上的紅字，稱之為有字，所謂「高為天父，深闊合地母」，也就是尺寸要符合象徵吉的紅字「財、義、官、本」四字，，可招來福祿壽喜財，禁忌象徵凶的黑字「病、離、劫、害」四字，必須迴避諸事不順遂[18]。對照《繪圖魯班經》的獸牌尺寸，上闊八寸合「官」，吉也；下六寸四分合「義」，吉也；一尺二寸合「害」，卻是黑字，顯然此獸牌尺寸就不以門

---

[17] 午榮編《繪圖魯班經》，頁17，瑞成出版社，1999年。

[18] 江韶瑩〈臺灣工藝的發展與變遷（上）〉，頁 29，《臺灣美術》，04：12，1991年。

公尺為考量，而是依其數字的涵義來取決。

　　然而綜觀現今臺南縣的門楣辟邪物，種類形式多樣，尺寸大小也變化多端，同類型的辟邪物即使造型一模一樣，就有大小之分。以基本類型辟邪物中的八卦牌、八卦鏡而言，其八邊形長寬等距，大約 6 寸半左右，合紅字「義」，山海鎮一般用 1.55 尺 × 1.26 尺 或 1.26 尺 × 8 寸，都有合紅字。

　　一般來說，除非特別訂作，不然坊間市售的門楣辟邪物尺寸大小多已經確定，至於使用何種尺寸的辟邪物，會由神明意思或根據沖煞強弱來決定。不過也有人認為心誠則靈，無關尺寸大小，意思到了有辟邪物即可，也有人礙於怕被指為迷信，而用小一點的辟邪物較不明顯，因此辟邪物尺寸上的選擇出現少數例外，畢竟大部分的人還是相當講究辟邪物的大小。

## 第二節　臺南縣民宅門楣辟邪物設置動機

　　促使辟邪物能體現於門楣上，最基礎的條件是設置民宅門楣辟邪物的動機要成立，也就是之所以運用到門楣辟邪物的原因。門楣辟邪物從無到有的過程，所牽涉的考量點，包含屋主起始動機，以至於設置門楣辟邪物的儀式操作之執行者－－風水堪輿師、道士法師、神明等確認動機，找出安置辟邪物的因素，方能構成門楣辟邪物設置的條件。

### 一、起始動機

　　走訪臺南縣，調查民宅辟邪物時訪談屋主設置的動機，理由形形色色，屋主的起始動機一般分為二種：

## （一）在祈福求安的心態

正向積極為了理想的生活環境，尤其要面對未來新生活的當下，諸如搬家入厝、開店做生意等人生大事，則尋求風水堪輿師、道士法師、神明來審視屋宅，將居住空間調整到最佳狀態，作為安居樂業的保證。這種情形，通常會和入厝的儀式同一日安置辟邪物，舉例來說安置山海鎮的個案，就是陳姓屋主入厝當天，在安神位之後，立即進行安置辟邪物的儀式[19]。

## （二）在消災解禍的心態

當面對天災人禍破壞生活無法順遂進行，發現身體健康不適、家庭關係不睦或工作事業不順，或感應到居住環境受到威脅壓抑，影響到生理心理不安全感，甚而牽涉無法理解的超自然靈異現象時，被迫非得面對不可，依臺灣民俗習性，除了收驚、祭煞、改運等方式，另有管道是求助於風水堪輿師、道士法師、神明等，來檢查生活出現的負面因素，以降低消弭其殺傷力，達到人宅均安的和諧狀態。根據田野調查時訪談屋主，如果屋主的起始動機出自消災解禍，牽涉不堪回首的人生挫折，態度則會傾向不願多談，帶有忌諱的迴避。

起始動機之萌生，時間點頗重要，對應到門楣辟邪物構成要件的設置時間因素：「事先預防」與「事後補救」。以祈福求安的心態為出發點，就是為了事先預防，以消災解禍的心態為出發點，則是事後補救。

---

[19] 92.12.7 紀錄陳姓屋主家的山海鎮安置儀式，參附錄圖 4-12~4-19。

## 二、起始動機之確認者

起始動機一旦萌生，到後來決定設置門楣辟邪物通常不是居住者本身，而是由設置門楣辟邪物的儀式操作之執行者主導，決定使用門楣辟邪物前，必須針對屋主的起始動機，加以專業解釋，確認後才轉換成設置辟邪物的真正問題所在，才能對症下藥，提出解決之道。起始動機確認者身分常見有風水堪輿師、道士法師、神明三類。

### （一）風水堪輿師

當受訪者表示門楣辟邪物是老師安的，一般指的是風水堪輿師。依各門派理論，風水堪輿師會衡量陽宅的形勢與坐向，來研判厝體吉凶之象，提出建議協助屋主謀覓最適合的居住環境，通常還附帶解決的能力，換句話說就是風水堪輿師還必須會開光敕點、唸咒、啟符等法術，用來執行安置門楣辟邪物的儀式。有些佛具店的老闆同時具有風水堪輿師身分，所以顧客在購買辟邪物的同時，佛具店的老闆則會提供建言，甚或代客安置辟邪物。

### （二）道士法師

門楣辟邪物與臺灣民間信仰關係密切，民間信仰中道教所佔成分相當多，就不難理解道士法師會身具執行辟邪儀式的任務。臺灣民間對於道士、法師、師公等身分與名稱多有混淆，道士和法師的區分，主要是師承的不同，道士傳承自道教，法師則以巫法為專業，雖能驅邪治病等法，卻無法做道教的儀式。道士可以侵略法師的業務，而法師卻不能主持醮祭科儀[20]。基於生存的考

[20] 劉還月《臺灣民間信仰小百科---靈媒篇》，頁 36~43，臺原出版社，1994

量，臺灣的道士大多兼修法教，從事法師的業務，以道士與法師的雙重身分進行道教科儀和紅頭法術，即稱「道法二門」[21]。道士法師又名司公或師公，若從事驅邪、招福、補運、祈平安等為了活著的人求平安祈福度生之事，會以紅布纏頭或腰者，一般稱為「紅頭」司公或法官。設置門楣辟邪物即屬於紅頭法術，在臺南縣的法師與道士都能執行安置辟邪物的儀式，並沒有明確的規定界限。

## （三）神明

透過乩童、攑手轎等媒介，神明欲解決信徒的疑難雜症，即指派門楣辟邪物，代替神明的法力駐守在民家宅厝主體。臺南縣北門地區的王爺信仰氛圍裡，王爺擁有門楣辟邪物的決定權，當然安置儀式必須按照王爺的指示進行。再則個人依其崇信的神明，部分來自私人壇，亦會指派門楣辟邪物來消災解厄。

## 三、確立安置因素

當屋主的動機引發後，透過風水堪輿師、道士法師、神明的專業觀點，找出起始動機的癥結所在，發現問題，就能確立設置門楣辟邪物的真正原因，針對問題的殊異，提供解決。根據實際田調訪談，類歸出下列導致門楣辟邪物之所以確定要安置的因素。

---

年。
[21] 王見川〈臺灣道教素描〉，頁 33~34，《臺灣宗教閱覽》李世偉編，博揚文化出版社，2002 年。

## （一）導因於風水沖煞

　　民宅必須設置門楣辟邪物，最常得知的原因是犯了風水禁忌，風水禁忌分為屋外與屋內，門楣辟邪物所要應對的當屬屋外的風水禁忌，必須考量風水理論中「形」與「氣」，衡量民宅厝體所處的位置、方向及與周邊環境的關係，倘若屋宅外的形氣和諧失調引起沖煞，沖就是煞，所謂沖煞是陰陽之氣失調的非常狀態，破壞民宅居住者的生活安寧。

　　屋宅與風水沖煞的關係，在歷代風水堪輿的著作大多有所記載，逐一標明屋宅所面臨的風水禁忌及其影響結果。《八宅明鏡》指出陽宅六煞，包括衝天煞、穿心煞、暗箭煞等 35 條禁忌[22]；《陽宅撮要》卷二記載屋宅外在的風水吉凶；《繪圖魯班經》則以圖繪方式說明屋宅外的風水吉凶現象，就涵蓋形形色色沖煞的禁忌狀況。（參圖 4-1）

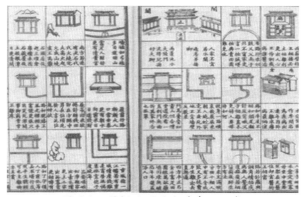

圖 4-1：圖解說明屋宅外吉凶現象
資料來源：《繪圖魯班經》（明代）午榮編，頁 14~15，瑞成書局，1999 年。

---

[22]　《八宅明鏡》（清代）箬冠道人，頁 10，瑞成書局，1990 年。

門楣辟邪物就用來反射這些沖煞,阻擋化解「非常狀態」。關於沖煞即使堪輿各門派自有其解釋,然而會影響屋宅的沖煞有些具共通原則,多是依「形」呈現之各種凶象,稱之「形煞」,大致可以加以歸納出路沖、柱沖、宅沖[23]。

### 1.路沖

原理是風水的「氣」壓縮在一條道路中,自然比起空曠處威力集中加強,倘若根據方位與時間因素,該道路的來氣屬於煞氣,再加上車流流動之衝力,屋宅當面承受勢必難以阻擋,如《繪圖魯班經》所說:「路如丁字損人丁[24]。」所以門楣辟邪物就常出現在丁字路口、交通匯流複雜處或無尾巷等處來反射路沖,因為如同箭朝屋宅射來,又稱「路箭」。另外屋宅外週遭的水流現象視為「水路」,對屋宅也有沖射影響,一併類歸為路沖。普遍來說,路沖有下列情形(參圖4-2、圖4-3):

(1)路箭煞:道路(包括巷子)煞氣直接對著屋宅,從屋前、屋後、屋側沖射猶如一箭穿心,甚而沖射屋後者稱為「暗箭煞」。至於無尾巷易聚集煞氣,巷底屋宅皆受影響。(參附錄圖4-1)

(2)反弓煞:屋宅前有圓弧狀彎路、水流或巷道,呈反弓狀有如武器可傷人。

(3)剪刀煞:屋宅前有分叉道路,形似剪刀夾住屋宅。而三叉路交通匯流複雜處也屬於此類,該處不但一般民宅私人會安置辟邪物,也是公共聚落辟邪物最頻繁的地點。

---

[23] 呂理政《傳統信仰與現代社會》,頁48~49,稻鄉出版社,1992年。

[24] 《繪圖魯班經》(明代) 午榮編,頁17,瑞成書局,1987年。

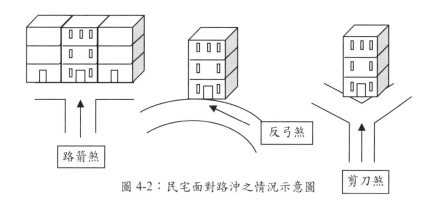

圖 4-2：民宅面對路沖之情況示意圖

2.宅沖

依照自宅本身的形勢，與鄰近或對門屋宅之間的關係。尤其住宅叢集的市鎮聚落中，屋宅與屋宅之間牆角、屋角、屋脊、簷尖等彼此相對在所難免，卻都會帶來煞氣的影響，宅沖常見有：

(1)對口煞：大門正對大門，猶如口對口易生口角紛爭。

(2)壁刀煞：屋宅前後直對其他屋宅的牆壁面，牆面如同刀直切而來，因為厝體牆面有稜有角，民間俗稱為「厝角」。

(3)天斬煞：正對兩棟屋宅之間的縫隙，就像用刀從半空斬成兩邊，故稱為「天斬煞」。而且缺口形成，易生強大風力，因此又稱「風刀煞」。也可以說天斬煞本身帶有雙壁刀煞，迎面沖來殺傷力強。

(4)屋脊煞：屋宅之前後左右面對其他屋宅屋脊的沖射，甚至懸魚的位置以獸頭表現，亦具有沖煞力。

(5)廟宇煞：屋宅忌處廟宇的前後週遭，因廟宇所在通常是陰氣煞氣深重或孤寡之地，其牆角屋簷尖銳所帶來的「氣」力道甚強。（參附錄圖 4-2）

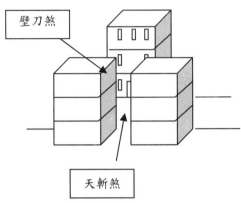

圖 4-3：民宅面對宅沖之情況示意圖

### 3.柱沖

　　屋宅前方周邊有柱形的物體阻擋，諸如大樹、電線桿、柱子、煙囪、旗桿等，或是家門前有長形狀的高樓大廈，或是牌樓、牌坊、碑柱、碑記的翹角，形成沖煞對著屋宅直射，造成殺傷力。（參附錄圖 4-3）

　　以上都屬於較為粗略易見或通則性高的屋外風水禁忌，另有蜈蚣煞、官帽煞、抬轎煞、斷頭煞、火車煞等，皆以形態象徵性為名，是指風水上的「形煞」，屬於風水理論中的「形法」，至於「理法」與「日法」，亦存有沖煞的觀念，表現在時間上的年煞、月煞、日煞、時煞，以及空間上的天煞、地煞、方位煞，對於陽宅的風水皆有影響。

　　其實沖煞種類相當繁雜不及備載，若欲謹慎確切的找出沖煞，還是必須經過專業判定。一旦沖煞存在，雖說沖煞無形，但依沖煞類型帶來實際不佳的運勢，就會出現意外血光、官司纏

身、破財、桃花、損丁、刑剋、傷病、小人等典型說法，一方面
讓屋主對照實際的生活狀況，是否果真出現凶惡徵兆，一方面未
發生者則發出警訊提醒屋主。沖煞的化解之道不乏設置各類型的
辟邪物，只要屋主願意接受，針對一般民宅無論傳統民宅或現代
透天厝，門楣辟邪物應較為簡易。而且根據風水沖煞的類型，必
須選擇適合的門楣辟邪物來破解，至於何種類型辟邪物破解何種
沖煞，眾說紛紜，很難統一，端看決定安置辟邪物執行者的觀點，
去衡量風水沖煞的型態，再搭配相關的門楣辟邪物。

　　其實辟邪物與風水沖煞的關係，就是辟邪物與聚落的空間關
係，聚落村庄的道路走向與住宅稠密度，都會影響陽宅的吉凶，
可是出於個人無法改變外在環境的無奈，轉向增強自我保護，門
楣辟邪物即成了選擇之一。

## （二）導因於無形鬼神作祟

　　《顏氏家訓・風操》認為煞為鬼魂，云：

> 死有歸煞，子孫逃竄，莫肯在家，畫瓦畫符，作諸壓勝[25]。

要確保家宅的安寧，維持空間潔淨不為邪穢入侵，除了沖煞要阻
擋在外，瓦與符都是辟邪之物，可用來壓制死後之鬼所帶來的
煞，鬼煞當然不受歡迎，就是門楣辟邪物所要防制的對象。李豐
楙在〈煞：一個非常的宇宙現象〉一文中說明煞氣發展成鬼神的
緣由。

> 這種力量的存在形式如果往泛靈論發展，就成為鬼神論的

---

[25]　《顏氏家訓》（北齊）　顏之推，頁 10，臺灣商務印書館，1967 年。

煞神、鬼煞,賦予一種名稱、性格,神格化為諸般煞星、
煞神,普遍存在於時間、空間之中[26]。

煞氣的存在,表現為具體的可感覺體驗,於日常生活中感應、互
滲,所以當屋主感應到身體健康不適、家庭關係不睦或工作事業
不順,欲尋求神秘原因時,就從氣、星象及鬼神獲致解釋,因此
煞氣成鬼神,鬼神帶煞氣,門楣辟邪物要制煞,就是要對抗「鬼」。
臺灣民間對「鬼」的定義,人死通稱為鬼,鬼的說法相當多,而
且各種宗教中都有「鬼」,道教的鬼來自亡靈,佛教的鬼來自餓
鬼道,臺灣民間信仰中鬼的種類有孤魂、野鬼、厲鬼、精怪四類
[27],阮昌銳則對鬼加以分類為善鬼與惡鬼[28]。

儘管鬼的解釋定位不同,但基本上必須與人的世界有所區隔,其
形象多是恐怖負面,尤其是惡鬼更是避之唯恐不及,然而家中已
逝的親人祖先,如果會作祟侵犯到凡人的生活,一樣必須協調出
和諧的模式,使之能有所依歸。所以辟邪物則要維持「鬼」的禁
區,將鬼阻擋在門外。

---

[26] 李豐楙〈煞:一個非常的宇宙現象〉,頁 38,《歷史月刊》,132 期,
1999 年。
[27] 董芳苑《認識臺灣民間信仰》,236~242,長青文化出版社,1986 年。
[28] 阮昌銳《中國民間宗教之研究》,頁 95~96,臺灣省立博物館,1990
年。

## （三）導因於趨同與相對的外來刺激

　　有兩種情形，屋主本身並沒有積極自發性感應安置辟邪物的意願，一種是對面的屋宅掛上門楣辟邪物，因而引發心理毛毛的感覺，畢竟門楣辟邪物就是要將沖煞反射而出，正面承受的威脅感可想而知。另一種情形，是因為鄰居有人家安置辟邪物，因而自我反省檢視生活現實狀況，產生趨同性的想法，再由鄰居親友介紹安置者，採取相似的手法安置辟邪物之機率就增高，而且現代透天厝處於同一街道巷弄者，風水條件大同小異，趨同運用辟邪物的機率更高。

　　探究趨同與相對因素，皆因外來的刺激所引起，基本上屋主的態度較為消極，設置動機因他人而起，這種情形下，容易造成辟邪物之間會有連帶關係，產生密集現象，所以當發現一個門楣辟邪物，通常能輕易在附近找到其他的門楣辟邪物，甚至形式種類完全相同。在埤仔頭就發現同一條路上，頻繁的出現數個相似的七星劍日月星宿牌，就是鄰居朋友間互相走告所引起的現象。

## （四）導因於納福迎財訴求

　　純粹對未來充滿希望期許，家宅生存條件在毫無負面阻礙下，安置門楣辟邪物主要為了增納家宅的福、祿、壽、喜、財之氣，同時能確保家宅的神聖潔淨安寧，鎮邪制煞的功效需求相對較薄弱，所以採用的門楣辟邪物的型態重心擺在「祈福求安」，風水補氣成分居多。其時間點大部分是在屋宅新落成，或喬遷之時，將八仙牌匾與「對我生財」字牌安置在門楣上，顯而易見喜慶之中，帶有納福迎財的氣氛。

## （五）執事者個人慣用習性

決定安置辟邪物的執事者，會根據個人的慣用習性，來選擇使用辟邪物。以風水堪輿師與道士法師而言，慣用習性導因於師承門派的手法，師傅下來何種辟邪物針對何種沖煞產生效果，加上秘笈般的符文咒語，不但影響執行安置辟邪物儀式的熟稔度，並且建立對辟邪物效力的信賴感。舉例來說，善化鍾姓法師就表示七星劍星宿牌匾威力超過鏡子、獸牌，他一般就習慣使用七星劍星宿牌匾。不過，也有經過驗證再自行研發的情形，鏡子被白鐵板取代就是風水堪輿師的改良，其觀念是鏡子一敲就破，白鐵板堅硬度高，可以更有力的阻擋沖煞。所以辟邪物能夠掛上門楣，有時候必須端看執事者個人喜好的習慣。

## 第三節　民宅門楣辟邪物設置儀程

當使用門楣辟邪物的動機成立，緊接著是進行門楣辟邪物安置儀式，儀式在原始宗教行為中為人們尋找參與、認識或和超自然物溝通的方法，由漫無形式到有固定的形式，即產生祭祀行為或禮儀[29]。儘管安置上門楣辟邪物的辟邪儀式並非絕對需要，但是舉行辟邪儀式所象徵的涵義是開啟辟邪物的辟邪力量，呂理政《傳統信仰與現代社會》中認辟邪物的辟邪力量來源有三個：

　　一、來自厭勝物圖文母題中的辟邪象徵，尤其是宇宙符號以
　　　　及尺寸上的宇宙數字。
　　二、來自於厭勝物類比宇宙結構的安置位置。

---

[29] 徐福全《臺灣民間祭祀禮儀》，頁3，臺灣省立新竹社會教育館，1996年。

三、來自於擇吉「開光點眼」的神聖化儀式[30]。

文中的「厭勝物」即是「辟邪物」，若未經擇吉開光點眼等特定儀式，充其量只是觀念上具有驅邪祈福的「物」，唯有聖化的儀式賦予辟邪物神聖力量，如同神明般的神聖化，成為聖物。

換句話說，為了讓神明的力量進駐到辟邪物之中，慎重其事者都還是會藉由辟邪儀式來為門楣辟邪物開光或點眼。訪談臺南縣民宅安置門楣辟邪物的儀式事宜，最常見的是由風水堪輿師、道士法師、神明主導儀式的進行，根據其慣用的手法來安置辟邪物，儀式流程會因人而異，細節不盡相同，最重要的是能驅動門楣辟邪物的辟邪力量，端看個人的道行功力，要自信十足的執行儀式，確實能讓辟邪物達到辟邪效果。

風水堪輿師與道士法師安置門楣辟邪物，流程頗為雷同，畢竟風水堪輿師安置辟邪物的手法，先診斷陽宅風水，當出現沖煞等問題，針對沖煞的殊異決定使用辟邪物的種類，擇定吉日吉時，運用開光或點眼等法術安置辟邪物；而道士法師懂得禳解科儀外，對於屋宅風水或鬼煞邪魅若能充分掌握，可以使安設辟邪物更具防護屋宅的意義，勢必相得益彰。所以廣泛的來說，風水理論有賴道教科儀予以落實，道教科儀則有賴風水理論建立基礎，兩相搭配，安置門楣辟邪物就出現雷同的模式。而另一種方式，因為信仰神明而相信辟邪物，但神明是無形的，則需透過乩童、攆手轎等媒介的協助，儀式才得以進行。

然而，要執行辟邪物安置的儀式，通常事前必須考量時間，並準備祭品香案等相關事宜，再依儀式執行者的手法來進行儀軌，直到將辟邪物掛上門楣才算大功告成，儀式事後對辟邪物則

---

[30] 呂理政《傳統信仰與現代社會》，頁 75，稻鄉出版社，1992 年。

有其注意事項,以下分述安置儀式之事宜。

## 一、門楣辟邪物的安置時間

　　基於時間擇吉觀念,門楣辟邪物欲安置的時間點,原則上事先都必須挑選,包括年、月、日與時辰,盡量趨吉避凶。關於門楣辟邪物安置的時間,《繪圖魯班經》說明獸牌與一善板的時間。

> 　　獸牌釘不可釘于獸面,取六寅日寅時吉,忌未亥生命。
> 　　一善牌則四月初八日,用佛馬淨水化紙畢,辰時釘[31]。

獸牌要取寅日---甲寅、丙寅、戊寅、庚寅、壬寅共五日,而非「六」寅日,寅就是對應到生肖的「虎」,即所謂虎寅日虎寅時,其禁忌在未亥時,對應到生肖是「羊」與「豬」。獸牌在虎寅日虎寅時(凌晨 3 時至 5 時)安置,彷彿增加其兇猛威勇的聲勢,羊豬柔弱易為猛獸吞食,因此該時辰不適合安置獸牌,《繪圖魯班經》對此的依據不知何來,照理說寅的對沖是申(猴),為何避開羊與豬,個中趣味的道理頗耐人尋味。一善牌在四月八日安置,還規定辰時(早上 7 時至 9 時),是否與佛祖誕生之日有關,就不得而知。

　　實際上,根據訪談風水堪輿師,紀錄安置辟邪物儀式,可以發現安置門楣辟邪物除了配合辟邪物的特質,主要時間擇定標準在於擇日理論,參考每日所宜取之事,農民曆與通書都有記載,並加入屋宅的條件,包括屋宅的坐向與屋宅居住者的生辰八字,避開當日所會遭遇的方位煞與時間煞,找出恰當的月份日期與時

---

[31] 《繪圖魯班經》(明代)午榮編,頁 17,瑞成書局,1999 年。

辰，再按時安置辟邪物。

　　然而如果是由神明指派的辟邪物，安置的時間全然依神明指示，根據田野調查個案，安定鄉李姓民宅欲安置山海鎮，時間是媽祖降乩指示，本來預定的時間不能配合，與觀世音菩薩神誕日撞期，媽祖還再次降乩改變時間[32]。

## 二、門楣辟邪物安置前的準備與祭品

　　安置門楣辟邪物牽涉到鬼神，則要講究祭祀，在儀式中要擺設祭品香案，通常由屋主備妥。徐福全在《臺灣民間祭祀禮儀》一書中說明祭祀的意義：

> 人們用手拿著肉（祭品）獻給鬼神的行為便稱為「祭」，
> 這種行為要長久不輟（已）叫「祀」，故殷商時代的人對
> 一年中該做的「祭」儀做完一輪迴必須再進行下一個輪
> 迴，這一輪迴的時間長度也稱為「祀」，就是一年十二個
> 月的意思。後世「祭」「祀」兩字連用變成一個詞聯，專
> 指人們對鬼神的供奉禮拜行為[33]。

雖然安置辟邪物並非常態性的祭祀活動，但還是要準備祭品香案來訴請神明進駐辟邪物，顯示誠意與信賴。《臺灣民宅門楣八卦牌守護功用的研究》就記載安置八卦牌時，屋主事前準備八卦牌、白公雞、鹽米、清水、竹葉、朱筆、三牲、茶心、紅龜紅圓、四菓、米酒、金紙、線香、爆竹、烘炉、油鼎、麻油、木炭、簌

---

[32]　93.5.30 採訪安定鄉李姓民宅安置山海鎮之過程，參附錄圖 4-12~4-19。
[33]　徐福全《臺灣民間祭祀禮儀》，頁 4，臺灣省立新竹社會教育館，1996年。

觔，另可增加剪刀、尺、鏡。而且安置辟邪物的法師還要準備龍角、法鐘、法繩、七星劍、奉旨、竹筶等法器，並頭披紅布戴眉冠，穿龍虎裙，腰纏紅布[34]。其實董芳苑所紀錄的安八卦儀式相當隆重，事前的準備工作頗為繁複，根據筆者所訪談紀錄安置的儀程，一般在臺南縣安置門楣辟邪物的儀式簡單不失禮數，事前的準備因人因物而異，「因人」是執行儀式者依其手法技巧，所要求的祭品不盡相同；「因物」是辟邪物依其特性，而有特殊的祭品（參附錄圖 4-4）。所以並不能規範辟邪物安置儀式中的事前準備，僅能歸納出會出現在儀式中的物品有：

## （一）辟邪物

辟邪物是當然主角，在儀式進行前必須備妥。決定安置辟邪物時，屋主大多會交由儀式執行者全權處理，以風水堪輿師而言，通常家中會備有慣用的辟邪物，平常亦有辟邪物製作或販售的合作對象，辟邪物的類型與尺寸一應俱全，包含量身訂製專屬的辟邪物。有的風水堪輿師會事前就為辟邪物開光，當天再加持掛上去，但大部分還是當場為辟邪物開光。

一般來說，神明指示的辟邪物，大多由屋主準備，若自行到佛具店購買，除非特別有交代，否則樣式與尺寸大小因為工廠統一製作而較為制式化，屋主可根據個人的財力或喜好彈性擇定。不過若屋主有心特別訂製，就會出現獨一無二的辟邪物，有別於一般市售的款式。

有時候辟邪物會結上紅綵，臺灣民間俗信「見紅就好」，代

---

[34] 董芳苑《臺灣民宅門楣八卦牌守護功用的研究》，頁 80~82，稻鄉出版社，1988 年。

表喜慶吉利。然而，現今透天厝的建築佈局與門的形式有所改變，不見得門楣上有適合位置掛辟邪物，不但不可被其他物體遮蔽，而且平面式辟邪物必須要有「靠山」才具足夠力量，也就是避免懸空吊掛，如果無法遷就環境，有時候辟邪物的背部加上一塊白鐵板，當作襯底，就要事先勘查現場進行訂製[35]。辟邪物掛到門楣上，支撐固定的設施亦可先準備，一方面找出門楣欲安置的位置，以門楣中心點來說，透過測量而確認；一方面在牆壁鑽洞加勾釘，讓儀式進行後順利掛上辟邪物，以免手忙腳亂。

## （二）香

藉由香的火光、輕煙、氣味上通神明使神循香而至，達到祝告天地、祈祥納福、人神交融的目的，擴充到避邪、去鬼、反魂、逐疫等功用，所以在祭祀儀式中香是不可或缺之物。要安置辟邪物，採用的是竹篾硬腳的線香，因為辟邪物的祭祀儀式，是為了祭祀一般神明訴請降福，儀式執行的風水堪輿師或道士法師，與屋宅居住者分別各執三枝。

另外，將檀香、沈香的粉末放於淨香爐中點燃，藉其香料所燃出來的冉冉氤氳，用來淨化辟邪物。因此在為辟邪物開光時，執事者會拿辟邪物在淨香爐上方繞圈圈，使辟邪物呈現潔淨的狀態再呼請神力進駐。

## （三）祭品

祭品的準備仿若舉行一場宴會，邀請的對象是呼請而來的神明，祂們降臨到家宅帶來保護，身為主人家應該誠意宴請犒謝。

---

[35] 94.1.19 訪談風水堪輿師吳武楠先生。

根據田野調查訪談屋主，是否準備祭品，大多會回答「有」，至
於準備哪些東西？眾說紛紜，有很豐盛，也有薄酒三杯，而且如
果與入厝安神位同一天安置辟邪物，祭品勢必講究。其實祭品必
須考慮到享用的對象，而有所調整，會出現在辟邪物安置儀式中
的祭品有：

### 1.牲禮

古代有以「犧牲」祭祀的禮俗，「犧牲」即祭祀時準備的禽
畜，用來供奉祭拜對象，代表隆重誠心，禽畜供品通稱為牲禮。
祭祀對象因為鬼神層級不同，產生態度差異，表現在牲禮的區
分，「全」與「熟」表示親近而崇敬，「不全」與「生」代表疏
遠而敬仰程度不高。安置辟邪物所宴請的對象主要是神明階級，
則需準備三牲，取豬肉一塊、雞或鴨一隻、魚一尾。豬肉為中牲，
其他為邊牲，左雞鴨右魚。如果是安置獸牌，通常必須準備一塊
生肉，象徵性的請獸神來享用。

### 2.菜碗

除了牲禮，菜碗亦是用來宴請鬼神的菜餚，一般用到六碗或
十二碗，佳里一民宅屋主表示安山海鎮時，被吩咐要準備十二碗
菜碗，即所謂的「山珍海味」，有鹽、薑、紅圓、豆子、白飯、
菜湯等。另有一說法是十二種素菜，如香菇、金針、豆皮、木耳、
紅豆、花生、海帶、豆干、松茸、芋頭、麵筋、素雞等，甚至可
以用餅乾糖果來代替。其實，菜碗的內容可自由準備，只是考慮
到碗的數量，六與十二象徵吉祥數字，因此一般用六碗或十二碗。

### 3.紅圓發粿

紅圓或發粿是臺灣民間祭祀或喜慶中常見的食品，紅圓可以
準備紅湯圓，或是用糯米炊熟揉軟，染成紅色粿皮，內填紅豆或

花生的餡料，搓成圓球狀，總之紅圓寓意圓圓滿滿，家運榮順；發粿又稱為發糕，白色的粿身看起來就像一朵朵盛開的花，因為發粿的「發」與發財之「發」的音一樣，象徵會發大財，民間相信發粿發得好，代表來年發財，大吉大利。所以，紅圓發粿祈福的意味大過宴請神明之目的。

### 4.四菓

臺灣民間祭拜時，水果是不可或缺的供品，供奉一般神祇用四種水果，凡是多籽的水果如芭樂番茄盡量避免，較為討喜的水果則是名稱諧音吉祥，以臺語的發音為主，香「蕉」臺語發音近似「招」，聯想成「招福」。而且水果的名稱還會加以組合，香「蕉」臺語音似「招」，「李」子臺語音似「你」，「梨」子臺語音似「來」，鳳梨臺語音似「旺來」，四種水果湊組起來成了「招、你、來、旺」，表達出希望家宅運勢興旺的寓意。若所祭拜的對象包括玉皇大帝，則增加到五菓，表示更為尊崇之誠心。

### 5.酒

酒用來祭拜神明通常用三杯，代表天、地、人三才，也有一種說法是因為祭拜三牲就搭配三杯。安置辟邪物時，一般用米酒，上香後要由屋主奉酒，彷彿為神明斟酒勸進，直到儀式禮成，焚燒金紙後，則要「醆祭」，即是將酒灑在金紙上，並繞著金紙爐成圈狀灑落，俗稱「彥錢」。其用意有二，一是表示筵席結束神明以飽食即將離席，二是金紙灑上酒，到鬼神世界就不會破損。

祭品並無硬性規定，訪談所得的安辟邪物之祭品準備，與一般年節祭拜祭品準備大同小異，端看個人誠意，甚至還能增加鮮花紅燭等喜慶之物，只是基於拜請神明為主，數量上必須斟酌注

意，所以祭品主要為了宴請神明，其實還賦予祈求祥福的意味成
分。當祭品備妥，擺在香案上，由屋內向外祭拜，以招請神明前
來，所以牲禮頭朝外，斟酒用的酒杯放在靠向屋外那一側。

## （四）金紙

民俗文化認為金銀紙錢是鬼神世界的貨幣，可以藉由燒金銀
紙錢的方式和神界或鬼靈世界取得溝通，臺灣民間俗稱「燒金」，
是送達鬼神專用貨幣給特定的神祇、祖先或鬼魂使用的一種宗教
行為。粗略分成金紙、銀紙，黏貼金箔的稱為「金紙」，用來祭
拜神明，黏貼銀箔的稱為「銀紙」，用來祭拜祖先、喪葬和亡魂
野鬼。安置辟邪物儀式中，基本上用到「金紙」，畢竟辟邪物主
要是祭拜對象是一般神明[36]。根據訪談，在臺南縣境內所用於安
置辟邪物儀式的金紙，歸納出：

### 1.壽金

祭拜一般神佛或祈求許願時所用。粘有福祿壽三神之金箔，
分大箔與小箔，安置辟邪物用到的是大壽金，長寬六乘四寸，金
箔一寸五見方，一付至三付不等，是安置辟邪物常用的金紙。

### 2.刈金

用途與形式和壽金頗為雷同，又稱三六金，有大箔金及小箔
金之分，其箔上有財子壽三神朱印，用於祭拜一般神祇。

### 3.九金

用途與形式和壽金頗為雷同，印上有財子壽三神，謝神時使
用，對於任何神明都適用，尤其是要犒賞天兵天將。辟邪物若啟

---

[36]　張懿仁《金銀紙藝術》，頁28，苗栗縣政府，1996年。

動無形的軍隊力量來保護家宅，例如六丁六甲神兵天將或雷部兵馬，就必須用到九金。

### 4.天庫錢

庫錢分為天庫與地庫，天庫是給神明，用紅紙封包，地庫是給好兄弟孤魂野鬼，用白紙封包。安置辟邪物儀式時表示敬上天，就會用到天庫錢。

### 5.天尺金

又稱天金或尺金，因為印有木尺而得名，天尺金用來祭星宿神[37]。

安置門楣辟邪物儀式中，金紙最主要的用途是於安置儀式結束焚燒給神明，當作與神明搏感情的誠意。另有情形摺七張壽金，點燃後用來繞屋宅或門楣，表示淨化環境；或者當辟邪物無法服貼掛在門楣上，就在空隙處塞入金紙，使辟邪物能緊靠不鬆落。

## （五）朱筆

無論執行儀式的身分是風水堪輿師，或是道士法師，以至於神明，都要以毛筆沾朱墨來勒點辟邪物，所以毛筆朱墨必須於儀式前備妥，以供開光點眼之用。有的會新購一隻小楷毛筆，沾上紅墨汁，為辟邪物開光點眼後，隨同辟邪物安置在門楣上；有的風水堪輿師則隨身攜帶毛筆朱墨，於儀式中使用，儀式完成後就唸咒收筆。至於毛筆所沾的朱墨，一般市售紅墨汁即可，但特別講究者，會將硃砂粉末與紅墨汁調勻再使用。另有米酒、硃砂、

---

[37] 94.2.25訪談法師陳飛雲先生，表示會用到天庫錢與天尺金。

虎頭骨粉依一定比例調勻，再以毛筆沾之使用，屬於個人的獨特秘方。

## 三、門楣辟邪物安置的儀式流程

　　關於辟邪物安置儀式，董芳苑在《臺灣民宅門楣八卦牌守護功用的研究》中綜合諸位法師所言，以屏東縣民宅安八卦為例，記錄過程經過：誦清淨咒 → 淨化法場 →拜請眾神 → 誦讀疏文 → 勅點法器 → 安奉八卦牌 → 煮油淨境。董芳苑予以說明是典型的道士安置儀式，但是道教並沒有專門科儀針對門楣辟邪物之安置，顯然這套安八卦的儀式，應該只是引用道教關於祈禳鎮宅的方法與觀念，融合運用，而且該儀式中所進行的步驟與操作的法器相當繁複，並不多見。

　　另外，在《澎湖的風水》一書中說明澎湖法師安置八卦牌的儀式，相形之下，澎湖的儀式較為精簡，步驟如下：

> 法師將八卦洗淨，勅卦、點卦，開五營鞭，三請五營軍馬
> 為吾來請神，起咒觀音，獻請神符，福州、唐宮、洗淨，
> 靜圯，祭用玉皇、玉敕、總圯，升卦，法師開三下鞭，三
> 請五營軍馬為吾來安八卦，將八卦安鎮後，續開鞭三下，
> 一打天門開，二開地戶裂，三打邪魔污穢速速進減行，再
> 鎮一辟邪或獻化辟邪令符。完畢後小法兩名念安八卦咒，
> 念完再拜紅圓。（其中，觀音、福州、唐宮為咒語名，圯
> 為一種手勢，玉皇、玉敕、總圯為其手勢的名稱。）[38]

[38] 劉敏耀《澎湖的風水》，頁238，澎湖縣立文化中心，1996年。

　　整個流程先將八卦洗淨，勅點再請神、念咒，最後念八卦咒才算完成，祭品有紅圓、發糕等吉祥品。和董芳苑《臺灣民宅門楣八卦牌守護功用的研究》中安八卦儀式相差頗大，所使用的法器、呼請的神明、祭品等都不同。

　　根據田野調查，在臺南縣境內所舉行安置辟邪物的儀式，形形色色，各門各派大不相同，細節或多或少有所差異，不若道教齋醮科儀有固定制式化的儀軌，因此要訪談家有辟邪物屋主與安置辟邪物人士之經驗，以及筆者實地參與辟邪物安置儀式之紀錄，綜合歸納出安置流程的原則步驟，因為風水堪輿師與道士法師安置流程相仿，類歸同一類，神明透過媒介而安置的儀式成一類，除此之外，其他方式安置的儀式亦加以整理。

## （一）風水堪輿師與道士法師安置辟邪物之儀程

### 1.淨化環境

　　辟邪物要保持家宅境內「潔淨」，屬於無形的，不讓鬼魅沖煞侵害，觀念上要先驅除先前就存在家中的邪穢，使整個居住環境成為神聖空間，因此家宅每個角落，是必須首先處理的步驟。

　　根據訪談，淨化家宅環境的方式有甩鹽米，或摺金紙點燃繞行，或以芙蓉葉沾符水灑於家中，或直接以燃有淨香末的香爐環繞屋內。《臺灣民宅門楣八卦牌守護功用的研究》中記載法師為了淨化，藉由咒語使家宅成為聖域，「咒」是運用神秘語言對鬼神或自然物有感應或禁令，誦念的咒語包括清淨咒、淨心咒、淨口咒、淨身咒、淨天地咒、淨香咒[39]。

---

[39] 董芳苑《臺灣民宅門楣八卦牌守護功用的研究》，頁 84~89，稻鄉出版社，1988 年。

淨化環境的方式雖多樣化，但是有些風水堪輿師與道士法師並不做淨化的動作，因為他們認為屋內已有神明廳，家中神明自會保護家宅內部，門楣辟邪物則是負責屋宅外部的防護，無需淨化屋宅環境，所以這個步驟或有或無，不見得一定要實施。

2.拜請神明

辟邪物的神聖力量，俗信來自神明進駐，因此呼請祭拜神明前來屋宅是必要的。拜請神明時，風水堪輿師或道士法師偕同屋主及其家人，手執線香站立香案旁，由風水堪輿師或道士法師主持，口中念誦諸神佛名號，誠心祝禱拜請神明前來，《臺灣民宅門楣八卦牌守護功用的研究》書中就記載所拜請眾家神明，洋洋灑灑包括：

> 無上正真道經師，三寶天尊、雷聲普化天尊、普庵祖師、龍樹菩薩、觀音菩薩、妙道真君、保生大帝、安寧元帥、池府王爺、三山國王、關聖夫子、上清天樞院邵吳二元帥、北極驅邪院天罡都統康趙二元帥、天逢輔統劉元帥、雷霆猛火鄧元帥、雷霆猛使辛元帥、大統靈武穆元帥、正乙玄壇趙元帥、哪吒太子李元帥、張蕭劉連四聖者、溫康馬趙四大將、靈通康舍人、太歲殷元帥、王孫聖王三元帥、上清奏官、本命元辰星君、天乙勤何李紀四仙姑、慈濟江黃左右二仙官、代天巡狩安寧王、左右黑白二將軍、帶旨勒封指揮大使爺、移山倒海四目神君、食鬼吞精崔盧鄭寶四大神將、劍印二童子、黑虎李大將、白犬大將軍、大岩將軍、李三大將軍、左極協諸侯、右極協應侯、輔順馬將軍、輔信李將軍、本域城隍尊神、當境土地正神。本家敬奉神聖，上下遠近神祇，門神戶慰，司命真君，井灶神君，護

法龍神，太權真宰。合壇文武官班，卅六官將降臨來[40]。

　　還必須請來閭山皇母與三奶夫人，眾神齊聚一堂共襄盛舉，為辟邪物的開光與安置儀式助一臂之力。實際田野調查，安置辟邪物的儀式並非常態性祭祀活動，發現所崇祀的神明身分，各種說法分歧難定，似乎眾家神明來得越多越好，並沒有明確的對象，也不是單一對象，其拜請的神明身分可歸納出四種：進駐辟邪物的神明、家中所供奉的神明、境內土地公、武備系統神明。

　　進駐辟邪物的神明，與辟邪物的圖案符號與文字有關係，例如大部分辟邪物典型的有八卦此宇宙符號，就需呼請八卦祖師入主辟邪物，另外儀式執行者會拜請所崇祀的「主公」，就是他們的保護神，能夠在執行儀式時提供助力，所以依據個人習性與法力，則會邀來請得動的神明；呼請家中所供奉的神明與境內土地公，表示尊敬之意，如同禮貌性打招呼，會同一併邀約；倘若辟邪物具備驅除邪煞的軍事力量，主其事的武備系統神明，包括星宿神、雷部兵將、六丁六甲等，當然都是要呼請而來。[41]

### 3.說明事由

　　向神明說明所為何事，就是以安置辟邪物為目的，通常風水堪輿師或道士法師直接口頭說明，秉告屋宅所在位置（即地址）與屋主及其家人的姓名，希望神明能了解屋主的訴求－－順利安置辟邪物（必須說明辟邪物的名稱），使一家男女老幼心想事成生活平安，賺大錢過好日，子孫做狀元。

---

[40] 董芳苑《臺灣民宅門楣八卦牌守護功用的研究》，頁 86~87，稻鄉出版社，1988 年。

[41] 94.1.19 訪談風水堪輿師吳武楠先生。

　　除了口頭秉告神明，有的風水堪輿師或道士法師會以「疏文」
說明事由，疏文是為了疏通其義，如奏疏用於因事訴請上界，以
上申結尾[42]。《臺灣民宅門楣八卦牌守護功用的研究》提供安八
卦的疏文範例[43]：

　　　　○○○○（神明）御前呈進　　　謹封
　　　　觀音　　威靈能解千災禍厄　　今據
　　　　佛祖　　赫耀降賜百福千祥
　大千世界南瞻部洲中華民國臺灣省屏東縣枋寮鄉水底寮○號
　吉宅居住奉道立疏禳災解惡補運延生鎮宅求安植福信士○○○本
　命星○年○月○日○時生行庚○歲暨家人一同誠心叩拜
　聖座具呈意旨信士○○○近來星辰不順運途多乖莫非干犯天
　災地曜凶神惡鬼亡神劫煞以致曆宅沖犯人丁不安事業不順合家無
　奈設壇祈求列位尊神降臨本宅即日今時虔誠獻供三牲酒禮金銀財
　寶敕賜正法奉安八卦鎮宅陞煞速賜弟子○○○曆宅四時無災八節
　有慶合家平安財丁兩旺富貴雙全所求如意萬事皆良等因右具文疏
　　申上
　　　　五龍寺廣澤尊王濟公佛祖合官一切神祇
　　　　伏祈　採納文疏
　　　　中華民國○○年○月○日
　　具文疏叩拜上申

---

[42] 王聖文編《正宗道門科儀》，頁67，世一出版社，1988年。

[43] 董芳苑《臺灣民宅門楣八卦牌守護功用的研究》，頁97，稻鄉出版社，
1988年。

市售的山海鎮附帶之疏文，如下所示[44]：

安奉山海鎮化煞保安疏文
伏以
中華民國　年
歲次　年　月　日　時之良辰吉日
宅居：
信士：
謹備三牲酒禮、五果金香、誠心誠意、懇請八卦祖師
爺、九天玄女娘娘、楊公仙師、十方神佛、太陽星君、
太陰星君、五路財神、天兵神將、地方福德正神、本
宅司土六神，臨宅庇蔭，化煞鎮宅，百無禁忌，合家
平安，財源廣進，事業順成，名利雙收，富貴如意
恭此
上申
天運　年　月　日焚香叩首百拜見疏

疏文的內容包括屋主的姓名、生辰、住址等基本資料，以及安辟
邪物的原因與對於未來的願景，連同所呼請的神明名號一併列
出，就如同朗誦稿，表達出欲順利安置上門楣辟邪物之意念。

### 4.勅點辟邪物

勅點辟邪物是安置辟邪物的關鍵步驟，所謂「勅」就是賦予
辟邪物或巫術法器超自然之聖力手續，「點」則是開光點眼，「勅」
與「點」是製造「物神」的技巧，勅過的巫術法器用於巫術才能

---

[44]　山海鎮疏文由佛具店老闆謝文景先生提供。

發揮作用，才能為辟邪物開光[45]。必須說明如果辟邪物的圖案有
「眼睛」，如劍獅或麒麟有眼睛，則需要「點眼」，開啟靈活眼
神彷彿注入生命一般，其他辟邪物就只要開光即可。

　　基本上，勒點過程中希望透過「符」與「咒」的符號或聲音
產生力量，必須相輔相成。咒語此時發揮感應與禁令，念咒時要
注意體內運氣，並搭配掐訣、步罡等肢體動作，加上書畫符文，
來為辟邪物開光。

　　道教咒語常有「如律令」、「急急如律令」、「太上老君急
急如律」等詞句，是漢代民間巫師先採用，因為道教起源於漢代，
當時的詔書和楔文中多有「如律令」一語，而被引用成為咒語的
結束之詞，後來成了諸多道教咒語的慣用語。「如律令」的意思
是按照法令執行任務，違反者必定追究，帶有威令的意味，如此
強硬的用詞方能驅動法術功力。

　　各門派的咒語不盡相同，一般安置辟邪物，拜請神明時即有
請神咒，為了開光必須先為筆啟動力量，則唸勒筆咒，再根據辟
邪物的種類催咒，安八卦唸八卦咒，安鏡子唸勒鏡咒，書畫符文
時則有勒符咒，若使用到法器如七星劍，亦有相關的勒令咒語。

　　以筆者所參與的安八卦儀式為例（參附錄圖 4-5、4-6、4-7、
4-8、4-9、4-10），風水堪輿師拿著筆在嘴前喃喃有語，於八卦
凹鏡的鏡面書寫符文，並在八個卦象分別點上紅墨點，加上筆頭
倒頓的動作，表示確實勒點，過程中不斷口唸咒語，咒語內容如
下：

---

[45] 董芳苑《臺灣民宅門楣八卦牌守護功用的研究》，頁 90，稻鄉出版社，
1988 年。

## 八卦咒

人在太極八卦內，腳踏五嶽陰陽間，

六丁六甲隨吾行，青龍白虎顯威靈

東西南北四天神，春夏秋冬五雷兵，

四大金剛隨吾行，拜請乾元亨利貞

八卦魁星斬妖精

兌降英雄兵，艮山封鬼戶，離火滅邪精，坤土藏人宅

坎水救貧人，巽卦可藏身，震雷霹靂聲，吾在中央立

諸將護吾身，吾奉八卦祖師　神兵火急如律令

## 勅符咒

精精靈靈，赫赫長生，通天達地，道炁氤氳

天心正法，無極靈文，神人合心，雷霆靈寶

火速奉行，毫光顯現，符奉行，神帶兵，神帶將

扶助靈符展威靈，吾奉無極聖祖勅　神兵火急如律令

## 勅寶鏡神咒

勅起寶鏡照光明，日月星光隨拱照，

照天天明，照人人長生，照地地顯靈，照神神感應

金木水火土由吾生，寶光輝煌千里照，妖邪鬼魅滅虛空

吾奉太上老君勅照[46]

　　另一安山海鎮儀式，則是風水堪輿師已經先前開光，在安山海鎮上寫上祕字，於吉日良辰掛上之後，再拿一束香對著山海鎮

---

[46] 八卦咒、勅符咒、勅寶鏡神咒由風水堪輿師吳武楠先生提供。

上的八卦，依八個卦象唸咒語，並帶有手勢揮舞，欲把神聖力量加持入山海鎮。（參附錄圖 4-11）

　　5.掛上辟邪物，焚燒金紙

　　有的辟邪物掛好才勅點，大多數是勅點好再掛上門楣，經過開光的辟邪物已經具有保護家宅的能力，成為賦予神力的「物神」，可以執行任務了。安置掛好辟邪物，隨即焚燒金紙，於是乎儀式完成。

## （二）神明安置辟邪物之儀程

　　若有居家不安，常常遭遇不幸，認為有邪魔作祟，有些人會到廟裡或神壇，求神保佑家宅平安，要了解神明的旨意，必須經過媒介，才能神人溝通。臺灣民間可以傳達神意的媒介方式很多，其中常見乩童扮演媒介的角色，乩童臺語稱作「童乩」，在人和神之間，預言或傳達神意讓凡人知道，並可使神明附身降乩。起童做法時，旁邊會有法官桌頭等助手，協同翻譯，一起為神明工作。

　　當神明藉由乩童的身軀、言語與肢體動作，指示善男信女的疑難雜症之原因，隨之會提供解決的方法，針對家宅問題，有些神明會指派辟邪物來代替神明來防護家宅。安置辟邪物流程：在廟裡或神壇請示神明後，神明降乩，乩童傳達訊息，包括辟邪物的類型、安置時間與事先準備工作，到了安置儀式當日，乩童則到民家降乩附身，為辟邪物進行開光。但是，根據田野調查訪談，不見得乩童親自到府，曾有北門鄉一屋主表示是準備辟邪物，先行到廟裡或神壇由神明附身的乩童開光點眼，再蓋上紅布或紅紙。一到神明擇定的良日吉時，自行擺設神明透過乩童所交代準備的祭品，焚香告知主其事的神明，再揭開紅布或紅紙，掛上辟

邪物，最後燒金紙，安置辟邪物的儀式即告成。

　　若在神明的指示下安置門楣辟邪物的狀況，除了乩童附身起乩，神明降駕還有一種撐手轎的方式，二名抬手轎，當手轎上下左右搖晃時表示神明到臨，神明依附在轎子上，會晃動手轎，轎手抓轎腳，順勢在有淨香末的桌子上寫出黑字（不易懂的符字）或白字（易懂的白話字），再由桌頭翻譯，即可了解神意。筆者所參與安山海鎮的安置儀式，則是以抓手轎方式安山海鎮，至於安置的緣由，李姓屋主說明：

> 過年時到土城的朋友家，剛好黑面三媽媽祖婆降駕，指示本來住宅後的房子是相連的，但怪手挖掉後面的房子後，傷到宅體，地基主跑掉了，媽祖婆去追回地基主，還必須安置穩定屋宅的東西，三選一：劍獅、八卦、山海鎮，因為山海鎮最有威力，就選擇山海鎮。不想由乩童來做，怕乩童亂來，就自行在家請朋友來安[47]。

安置之前，神明透過手轎就山海鎮為開光，隨即要掛上山海鎮，過程中手轎一直上下搖動，指示安置儀式，屋主之子不斷詢問神明的意思（往下表示同意，往上表示不同意），依照手轎晃動來判斷安置山海鎮的方式。在神明指示下山海鎮安上，在山海鎮背後塞 36 個紅包，並將開光的毛筆放到山海鎮上方，再焚燒約 3 疊紙錢，此時手轎強烈震動，儀式完成。此安置山海鎮個案並沒有供品與疏文，也無需祭拜活動，相當簡化。（參附錄圖 4-12～附錄圖 4-19）

　　由神明安置門楣辟邪物，神明是最重要的主導者，不像風水

---

[47] 93.5.30 訪談安定鄉李姓屋主，該日安置山海鎮。

堪輿師與道士法師安置辟邪物之儀程，還要根據風水或擇日的理論基礎，神明自會定奪，儀式大多簡單歷時不長。

## （三）其他安置辟邪物之儀程

透過風水堪輿師、道士法師、神明等「專業人士」的協助安置辟邪物，頗為普遍卻有例外，根據田野調查，則有屋主表示自行安置辟邪物，參考農民曆中宜開光之吉日，拿著自備的辟邪物到大廟裡（通常指主神神格為帝后級或王爺千歲的廟），上香祝禱後，向神明告知屋主的姓名、住址與安置辟邪物的原因，請求神明加持，有時還會擲筊以得到神明的允諾，然後在大香爐上空「過爐」左三圈右三圈，辟邪物即可帶回家掛上，只是辟邪物的功效僅能維持一年，年年都要回到廟中重新過爐。這種方式與前述辟邪物不輕易取下的特點，似乎多了些彈性空間。

辟邪物與道教民間信仰的關係匪淺，在臺南縣所訪談到的安置儀式，多是採用與道教科儀相關手法，然而佛教亦有開光儀式，藏傳佛教密宗的九宮八卦為例，因為被視為神，所以常製成護身符，必須經過開光儀式，開光的方式強調自我淨化、觀想、通咒等基本步驟[48]。

## 四、門楣辟邪物安置後的處理

一旦辟邪物安置到門楣上，開始執行保護家宅的安寧平順，雖然並無神格階級的定位，但其實辟邪物可視為具神聖力量的「物神」，屋主應有供奉的義務。在臺南縣境內，有些門楣辟邪物前擺放小香爐，還有香腳，顯然平日屋主即有祭祀辟邪物的習

---

[48] 才讓《藏傳佛教信仰與民俗》，頁 263~264，民族出版社，1999 年。

慣。（參附錄圖 4-20）

　　根據訪談，有屋主表示風水堪輿老師交代，平時若不祭祀辟邪物，逢年過節也慰勞進駐在辟邪物的神，感謝祂平日辛勞，可以焚燒金紙在辟邪物前繞一繞，並於祭祀拜拜時一併答謝。安置好的門楣辟邪物，最好大約三年再勅點一次，確保門楣辟邪物的神力。

## 第四節　門楣辟邪物與民宅建築之空間關係

　　辟邪物設置於民宅門楣上，是來自漢人空間觀念落實在民宅格局的空間分布，欲了解臺南縣民宅格局的空間分布，必須先體認臺南縣的民宅現存的型態，並存傳統的一條龍、三合院式建築，以及現代的街屋透天厝形式建築與公寓大樓形式建築，當這些建築物的主體本身結構不同，整體格局的空間分布跟著改變，會影響門楣辟邪物的使用設置方式。透過實際田野調查，本節將探討門楣辟邪物與民宅建築物主體之空間關係，歸納出門楣辟邪物在不同類型的建築物之生態。

　　依臺南縣民宅現存的型態推演其發展歷程，可知傳統建築跟隨清代移民進入臺南，屬於閩南文化的建築型態，常見有一條龍與三合院形式，前者只有正身，依面寬房間分三間起或五間起，後者由正廳與廂房及院牆組成，呈ㄇ字形合院，能容納更多的人口、堆放農具與饌養禽畜，前埕則可曬穀或菜乾，是臺灣農村最為常見的建築型態[49]，曾以農為主的臺南縣就普遍出現一條龍與三合院建築。

---

[49] 李乾朗《臺灣古建築圖解事典》，頁 68，遠流出版社，2003 年。

當聚落沿著道路呈線性集村，為了增取沿街有利商業的土地利用，於是屋身加深並加蓋樓層，有了「下舖上宅」的街屋建築，因為每棟均有向上發展的空間，所以稱「透天厝」[50]。透天厝採用新的建材與空間規劃，提供有別於傳統民宅的生活品質與衛生條件，漸漸成為臺灣主要的居住型態，並有建築公司大批興建，就是所謂的「販厝」，使得人口聚集密度提高。約略在民國六十年代，因為產業轉向工商發展，經濟能力漸佳，促使許多民宅紛紛改建為透天厝。當然臺南縣大部分農村與漁村也依循如此模式，於是縣內一般村庄聚落並存傳統與現代民宅建築。

當鄉鎮發展到都會型態，為了增加居住空間，就出現高層集合公寓大樓，住商皆可，尤其臺南縣的永康市人口驟增的情形下，這種高樓公寓非常迫切需要，而新營市、新化鎮、仁德鄉等鄉鎮，高樓大廈一棟接一棟，亦不在少數。其實建築主體型態因應聚落發展趨勢而有變化，依臺南縣 31 鄉鎮的都市層級看來，層級越趨向中心都市，傳統民宅數量遞減；相對之，一般鄉鎮農漁村，仍以傳統民宅居多，即使建有透天厝，但數量、樓層高度與集中程度不若都會型市鎮聚落。

臺南縣現存民宅建築主體的型態，因空間格局分布的轉變，影響臺南縣門楣辟邪物目前的使用現況，探究門楣辟邪物與民宅建築物主體之空間關係，發現產生以下情形：

# 一、門楣辟邪物與傳統民宅之空間關係

以傳統建築而言，在臺南縣以三合院與一條龍的型態為主，

---

[50] 李乾朗《臺灣古建築圖解事典》，頁 51，遠流出版社，2003 年。

屋宅講究均衡之美左右對稱，主體軸線有縱橫兩條，縱軸線為主軸，以正身之正廳為準向前後伸展，而正身之正廳代表家中的神聖核心位置，用來放置神明香案與祖先牌位，並建構三合院與一條龍格局分布有內尊外卑的倫理位序。

必須說明的是，延伸三合院與一條龍的主要縱軸線，就在正廳神案的前方與正前上方都具有神聖地位，換句話說與神案同位列於縱軸線的大門、門楣、屋脊中央、屋埕中央與外牆牆門中央等處都能安置辟邪物[51]，但是層級上仍以正身之正廳大門最為尊崇，畢竟風水堪輿重視「門、主、灶」，而正身之正廳大門，就明確的表徵出這類型態傳統建築的「大門」，而且處於居高望遠的位置，勿庸置疑辟邪物設置於正身之正廳的大門門楣上是最佳選擇，單一個就能象徵防護屋宅的功效。（參附錄圖4-21）

在臺南縣的傳統一條龍與三合院在正廳門楣上設置辟邪物相當典型，常見單一個八卦、鏡、獸牌等基本型態，但是根據實際田野調查，其實護龍的門上設置門楣辟邪物的情形亦存在，但是少之又少。

## 二、門楣辟邪物與透天厝之空間關係

以透天厝而言，建築主體格局分布大幅更動，空間規劃跳脫傳統規則，最重要的改變是神明廳的位置，過去在傳統民宅神明廳居於正身正廳，不偏不倚，但透天厝的一樓入口不見得在屋宅主體的正中央，而且透天厝的一樓空間若為了開門做生意，就很難安排神明廳，於是乎變通的方式將神明香案與祖先牌位移至頂

---

[51] 呂理政《傳統信仰與現代社會》，頁71，稻鄉出版社，1992年。

樓居高臨下的位置，大門的神聖性定義就因此改變，勢必影響門楣辟邪物根據大門的定義轉變才安置，「大門」不再是單一性與絕對性，一樓進出口大門與神明廳前大門都成爲重要神聖的象徵。所以在臺南縣的透天厝所使用的門楣辟邪物，可能出現在一樓進出的大門門楣，也可能出現在頂樓神明廳的大門門楣，甚至透天厝正面每一層樓的對外陽臺大門門楣也通通安置上門楣辟邪物，或許個數增加辟邪能力也增加吧！（參附錄圖 4-22、4-23、4-24）

大門的形制也關係著門楣辟邪物，過去傳統民宅大門的尺寸大致有一定大小，但透天厝的門大小形式不一，甚至有整片落地門，門面加寬使得門楣辟邪物數量增加，就有一樓門楣掛上三個八卦鏡的個案。而且現今民宅多有加蓋防盜鐵門窗，影響門的形式也導致門楣辟邪物的位置改變，所以產生特殊情形是在透天厝的門楣辟邪物不單只置於門楣，會根據門的位置與周邊環境調整門楣辟邪物的位置，因此可以發現一向掛在門楣的辟邪物，會出現在窗戶上、牆上或大門前鐵門窗上的現象，或者針對屋宅所面臨的風水沖煞來向的位置也能找到門楣辟邪物。

## 三、門楣辟邪物與高樓公寓之空間關係

以高樓公寓而言，有的甚至有電梯的大廈型態建築，這類型集合式住宅的「門」定義又有所變化，還必須考量是單棟大樓、雙拼大樓或集合式住商大樓，整棟大樓的出入口並不見得被視爲民宅「大門」，仍以各住戶的「門」爲主。一樓倘若爲店舖，通常與透天厝的處理方式一樣，門楣辟邪物置於入口門楣；至於二樓以上的住宅部分，「門」又分爲入口門和陽臺門，這兩處皆有

安置門楣辟邪物的個案，顯然高樓公寓的門也不具單一性與絕對性，甚至面對風水沖煞來向的窗戶上、牆上或鐵門窗上等都有辟邪物。

## 四、民宅建築物型態變遷對辟邪物之影響

根據門楣辟邪物與民宅建築物主體之空間關係，歸納出其相互產生影響與轉變的因素，有下列特點：

（一）門楣辟邪物的設置位置隨「門」的定義而產生變化，而建築主體空間格局轉變，「門」的定義就轉變，三者轉變產生影響順序為：建築主體空間格局轉變→「門」的定義轉變→門楣辟邪物設置位置轉變。

（二）傳統建築三合院與一條龍的「門」具有相當確切的地位，就是指正身之正廳的大門，所以門楣辟邪物的位置固定少變動；現代建築透天厝的「門」地位模糊難明，位置與形式毫無固定規格，因此門楣辟邪物隨之彈性運用，相當活潑。不過無論門的形式如何改變，門楣置中安放辟邪物還是最為普遍典型的方式，顯然縱軸線為主的漢人空間觀念依舊存留。

（三）建築型態轉變，辟邪物的數量有增加的趨勢，在傳統建築主體上，一戶人家只使用一個門楣辟邪物即可；現代透天厝主體上，則突破象徵性的單一個數，門楣辟邪物所需個數沒有定數，自由發揮。

（四）門楣辟邪物與傳統民宅之空間關係單純，因為早期傳統建築多是各自建設，築屋的匠師會將屋主的生辰八字融入風水原理及住屋營造規劃之中，藉以選擇自宅的良好朝向，

並剔除風水禁忌，調和屋宅與外在環境的吉凶關係，因此住宅設計都是為屋主量身打造而成。而且傳統民宅較多的聚落，通常發展停滯落後，人口外流嚴重，新的建築物不多，民宅的稠密度低的情況下，諸如厝角相沖的風水問題較少，門楣辟邪物就無用武之地。

（五）門楣辟邪物與透天厝與高樓公寓之空間關係複雜，尤其在都會型的市鎮，透天厝與高樓公寓必須遷就都市發展與街道走向等外在環境的因素，很難謀合屋主的個人需求，加上為了容納更多人口，不斷有新的建築物增建，牽涉的風水禁忌有增無減，厝角壁刀隨處可見，當住宅受限程度高的情形下，門楣辟邪物自然而然成了趨吉避凶之物。

# 第五節　門楣辟邪物分布與臺南縣境城鄉發展差異之關係

　　臺南縣共計 31 個鄉鎮，包括 2 個縣轄市，7 個鎮，22 個鄉，幅員遼闊，涵蓋山地、丘陵、沿海、平原等地理環境，各鄉鎮有其發展特色，門楣辟邪物則因各鄉鎮的區域特色而產生分布上的差異，差異的出現，勢必人口集居不均的現象，連帶影響住宅的稠密度，門楣辟邪物隨之可歸納出分布上的特色。因此，由臺南縣聚落發展差異背景著手，探討門楣辟邪物所存在分布之現況，以了解兩者之間的關係。

## 一、臺南縣聚落發展差異背景

　　整體而言，臺南縣的鄉鎮有區域的差別化，大致上會呈現地

理環境、交通網絡、城鄉層級的差異，其情形如下：

## （一）地理環境

1. 東部遊憩與保育丘陵山區地帶：包括龍崎、左鎮、楠西、玉井、南化等地區，大部分是丘陵與山地地形，以農業、觀光遊憩為主，發展停滯落後，人口外流嚴重。

2. 西部沿海漁業之鹽份地帶：包括北門、將軍、七股等，主要靠漁撈、養殖為經濟重點，卻受限於自然與交通等因素，成為發展停滯不前且人口外流嚴重的地區。

3. 中北部農業平原地帶：有二個區域，其一以新營為中心的北部農業地區包括新營、柳營、鹽水、後壁、白河、東山等六市鎮之平原地區；另一個於南北中心間、臺 17 線省道與東部丘陵山區地帶之間的廣大平原地帶，包括善化、山上、大內、佳里、麻豆、下營、官田、六甲、安定、學甲等鄉鎮之平原地區。除了具有日常生活中心功能，工商發展不若都會區，主要還是以農業為發展重心。

4. 南部工商都會區：臺南縣南部永康市、新市鄉、新化鎮、仁德鄉、歸仁鄉、關廟鄉、西港鄉等鄉鎮，位處臺南市週邊以配合臺南都會區之擴散，以工商發展為主，人口密度高，伴隨住宅稠密[52]。（參圖 4-4）

---

[52] 臺南縣政府編《臺南縣綜合發展計畫》，頁 38~40，臺南縣政府，1996年。

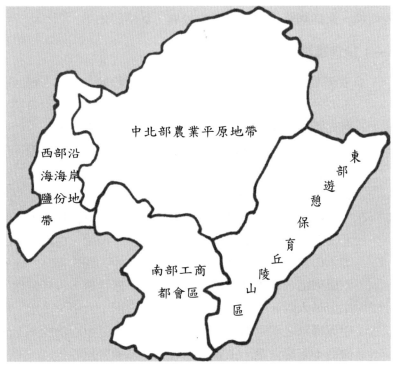

中北部農業平原地帶

西部沿
海海岸
鹽份地
帶

東
部
遊
憩
保
育
丘
陵
山
區

南部工商
都會區

圖4-4　臺南縣區域分布圖

## （二）交通網絡

　　雖說臺南縣早先發展的聚落是沿海對大陸的港口，但後來因本島的發展，逐步類歸成以上四大區域。區域形成過程中，大部分鄉鎮聚落需依賴道路聯繫，當鄉鎮聚落依附單一主軸道路或十字街發展成線型的集村，則沿著村內主要中心街道為軸，民宅呈現街路兩側分布，提供居住並兼具商業功能，如此一來就有了街屋成庒的型態，倘若交通路線繼續加寬加多，整個聚落的發展越趨興盛，甚而諸多重要交通路線串連，即發展成人口稠密的都會

型鄉鎮。（參圖4-5）

　　聚落發展與道路交通關係密切，即便是山區或沿海的小村庄，其實都有其交通聯繫網絡。交通影響聚落的發展，連帶的影響人口集居的稠密情形，也就牽涉到提供辟邪物生存的空間。臺南縣南北交通路線連通，沿著主要交通幹道的鄉鎮，其分布狀況如下：

1.濱海公路（臺十七）上的北門、七股。

2.中央公路（臺十九）上的鹽水、學甲、佳里、西港。

3.中山高速公路經後壁、新營、下營、麻豆、西港、安定、新市、永康、仁德，有新營、麻豆、永康、仁德、安定數個交流道。近年來新建的南二高，對都市發展亦有影響，增加臺南縣東部鄉鎮交通之便利。

4.臺一省道與縱貫鐵路，經過後壁、新營、柳營、官田、善化、新市、永康。

5.東部山區因地形因素，對外交通相對不便，發展較緩，城鎮的發展，也沿著聯外道路，包括楠西、玉井、左鎮、南化[53]。

## （三）城鄉層級

　　根據前述鄉鎮區域差別與交通等分析指標，配合都市層級的分類方式，可將臺南縣 31 鄉鎮分出層級，層級越高的鄉鎮，人口密度較高，住宅較稠密。以臺南縣而言，城鄉層級區分如下：

1.區域中心城市：臺南市、嘉義市。

2.區域次中心城市：新營市。

3.與區域中心（次中心）城市較遠，居於地區中的地方中心城市：

---

[53]　臺南縣政府編《臺南縣綜合發展計畫》，頁 31，臺南縣政府，1996 年。

(1)中部平原地區：善化、麻豆、佳里、學甲。

(2)北部平原地區：白河（規模較小，但為該區的中心城市）。

(3)山區：玉井（規模較小，但為該區的中心城市）。

4.在上述各類中心城市外圍，與該城市有密切產業、居住、交通等關係之一般市鎮或農村集居地：

(1)臺南都會區：永康、仁德、歸仁、關廟、新化、新市、西港。

(2)新營外圍：鹽水、柳營、後壁。

5.居於都市間的中介點或具有特殊產業條件而發展成一般規模的市鎮聚落：

(1)鹽份地帶：將軍。

(2)中部平原地區：六甲、官田、下營、安定。

(3)北部平原地區：東山

6.偏遠地區的小型農村集居地：

(1)鹽份地帶：北門、七股。

(2)山區：大內、山上、楠西、南化、左鎮、龍崎[54]。

---

[54] 臺南縣政府編《臺南縣綜合發展計畫》，頁 31~32，臺南縣政府，1996年。

圖 4-5：臺南縣交通網絡與城鄉層級圖
資料來源：臺南縣政府編《臺南縣綜合發
展計畫》，頁 32，臺南縣政
府，1996 年。

◎ 區域中心

◎ 次區域中心

◎ 地方中心

✳ 一般市鎮

• 農村集居

— 道路系統

······ 鄉鎮市界

▢ 都會發展區

## 二、門楣辟邪物分布現況

調查所得資料，雖然不盡能精準確切統計出門楣辟邪物的數量，卻能反應出八卦牌、鏡、八卦鏡、山海鎮、獸牌等基本類型在臺南縣各鄉鎮分布之疏密情形，以探討各鄉鎮的發展與門楣辟邪物運用之相互關係。於是實際取樣調查結果，發現臺南縣的民宅門楣辟邪物目前的使用現況，可以類歸出在臺南縣各鄉鎮聚落的分布情形有大致上的規律：

### （一）東部的偏遠山區鄉鎮

在臺南縣東部的偏遠山區鄉鎮，以致於南部鄉鎮靠近高雄縣的山區聚落，人口密度低且分散，外流嚴重，即使少數集村式聚落或該鄉鎮行政核心聚落（鄉公所所在地），人口數量通常也不多，屬於山區農村型態，在此類地區民宅門楣辟邪物的數量呈現稀少狀況，多是鏡子、八卦等基本類型，甚至整個村子幾乎沒有辟邪物。

以龍崎鄉為例，除了新市子僅出現五、六個辟邪物，其他村落都幾乎沒有辟邪物。但是較為例外的是玉井鄉的市區，城鄉層級屬於地方中心城市類型的地區，門楣辟邪物數量就顯著的比起鄰近的鄉鎮多，樣式也比較多變化。

### （二）西邊的沿海鹽份地帶鄉鎮

在臺南縣西邊的沿海鹽份地帶鄉鎮，向西越靠近海邊的村落，屬於人口數量不多但集中的漁村型態，此類地區民宅門楣辟邪物的數量呈現稀少狀況，種類上除了基本類型，略有變化，甚至深具獨特性，會發現獨一無二的門楣辟邪物。以北門鄉蚵寮、

七股鄉頂山、將軍鄉青鯤身為例，訪談此地區家有辟邪物的屋主表示，辟邪物多是王爺派的，因為臺南縣西部沿海地區以王爺信仰為主，其實通常是以金紙畫符即「王爺符令」來辟邪，辟邪物則是特別指示下由屋主準備，就出現個別差異，而非制式化的型態。

## （三）中北部農業平原地帶

在臺南縣的中北部農業平原地帶，通常屬於腹地不大的一般市鎮或農村集居地，傳統合院式建築居多，並存透天厝建築型態，現今農村人口普遍外流，住民雖聚集卻不甚稠密。在此類地區民宅門楣辟邪物的數量不多，但仍比起偏遠山區或沿海地帶多，型態以鏡子、八卦、獸牌等基本類型為主，圖案文字變化甚少。在中北部農業平原地帶，一般而言，區域次中心城市與居於地區中的地方中心城市，人口聚居程度集中，比較容易出現量與質豐富的辟邪物。

## （四）基督教為信仰中心或平埔族活動的鄉鎮

以基督教為信仰中心的鄉鎮，多數曾是平埔族活動的範圍，此類區域門楣辟邪物稀少，例如新化鎮東側的口埤、礁坑等山區聚落，是昔日平埔族大目降社居住地，因基督教的介入，多數居民成為基督教信徒，基於基督教教義，心中有「主」則根本鮮少使用門楣辟邪物；大內鄉與左鎮鄉亦同是基督教區，不見得完全沒有辟邪物，就是數量不多，較為特殊有民宅門楣掛上十字架，明顯以基督教信徒的觀點，祈求主賜平安的意味，符合辟邪物祈福保護的精神，可以類歸為門楣辟邪物。必須說明的是，根據屋主表示十字架不需經過類似開光點眼等宗教辟邪儀式。

## （五）都會工商型態或市鎮集居地

　　臺南縣部分鄉鎮，屬於人口稠密的都會工商型態或市鎮集居地，高度開發下矗立各式各樣的建築物，現象是傳統建築漸漸沒落，僅僅零星存在，透天厝四處林立，高樓大廈逐一出現，此類地區民宅門楣辟邪物出現頻率高，不但基本型態的門楣辟邪物普遍易見，還能發現五花八門的種類，題材所選用的圖案文字變化多樣，並呈現活潑的組合情形。

　　在都會工商型態或市鎮集居地，有時一條路上可以找到數個型態殊異的門楣辟邪物，以新市鄉中興路與關廟鄉的成功路為例，屬於集居地，人口密集，居住環境稠密，門楣辟邪物則在該處相當精采豐富。（參圖4-6）

西邊的沿海鹽份地帶鄉鎮：
門楣辟邪物數量不多且分布稀疏，除了基本類型，出現具有獨特性辟邪物。

中北部農業平原地帶：
門楣辟邪物數量不多，以鏡子、八卦、獸牌等基本類型最為常見

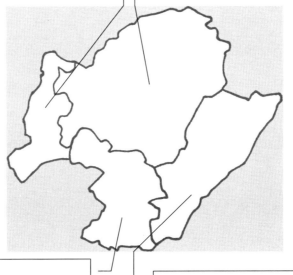

都會工商型態或市鎮集居地：
門楣辟邪物數量多且分布密集，除了基本類型，其他種類豐富多樣，圖文題材組合活潑有變化。

東部的偏遠山區鄉鎮基督教為信仰中心或平埔族活動的鄉鎮：
門楣辟邪物數量稀少甚至沒有，多是基本類型，以鏡子、八卦為主。

圖 4-6：臺南縣辟邪物分布圖

第五章

結論

辟邪文化綿長久遠，堆砌一層一層民俗習慣，已然將精神意義內化於辟邪物，透過不同類型的辟邪物來趨吉避凶，渲染式的傳遞著辟邪的觀念。辟邪體系龐雜而繁複，在在都顯示與人的生活貼近而密切，替無法詮釋的神秘超自然現象，所引發心理的不安全感，尋求一個合理的解釋，獲得一個適切的解決。

門楣辟邪物在辟邪物體系中，扮演的角色，屬於空間辟邪物，存在於私領域。基於血緣親情的聯繫，欲保護一家人生命共同體，就在門楣上方寸大小的空間，讓小小辟邪物來負起保護家園的責任，雖然無法驗證是否真實，然而隱蘊心靈上的寄託，感受生活環境無形的潔淨，並與超自然和諧相處，那份價值感絕對超乎想像。

以臺南縣為研究區域，門楣辟邪物呈現的民俗風貌，是如此多樣化，從題材、類型、安置手法、安置位置皆能清楚看出，說明著民宅門楣辟邪物是歷久也是彌新，同時烙下新與舊的痕跡，探究其影響因素，將是進入到辟邪文化深層的精神意義，並為臺南縣境內的民俗領域，留下關於門楣辟邪物的一頁。

# 一、門楣辟邪物普遍通則：多樣化

目前所見的臺南縣境內門楣辟邪物，「多樣化」是普遍通則。異中求同，同中求異，人們始終在民俗習慣中磨合出適切的模式，因而產生各式各種形形色色的門楣辟邪物，運用門楣辟邪物的方法則遷就人為因素，變化出的樣式五花八門，令人不免驚訝門楣辟邪物的豐富程度。

## （一）題材多樣化

門楣辟邪物上的題材，有圖案、符號、文字、器物，經過組織安排，即便是以圖案符號為主，有文字陪襯相得益彰，而且圖符與文字彼此能更替，○ ☽ 與文字「日月」互通，山海景色圖畫可以由文字「山海」取代。辟邪題材涵蓋壓制、迴避、祈福的面向，尤其祈福為主軸的辟邪題材，絲毫嗅不出沖煞的威脅，所以，門楣辟邪物題材簡單的只有一個圖案，一句文字，繁複的則洋洋灑灑二十幾種圖文共處於一平面，任君選擇，彈性運用。

宗教是辟邪題材主要來源，甚至能進一步的說，臺南縣的門楣辟邪題材受道教影響最深，幾乎圍繞著道教的自然與神祇崇拜，偏向道教的臺灣民間信仰本來就系統龐雜，間接使辟邪題材取向廣泛。當辟邪題材觸角伸向佛教、藏傳密宗、基督教，圖符、文字、器物打破宗教界線，讓來自不同宗教的圖案符號與文字能共通共享，融合並行不悖。

## （二）類型多樣化

門楣辟邪物主要是平面造型，包括基本類型與牌匾類型，基本類型的八卦鏡、八卦牌、鏡子、山海鎮、獸牌，隨處可見；牌匾類型的字牌、星宿牌、七星劍星宿日月牌、八仙牌、卍字牌、法輪九宮八卦咒輪牌、時輪金剛咒牌、梵文咒輪牌。立體造型則是器物類型的五寶、白鐵板、釘板、筆、錢幣、水晶、羅盤、風鈴、八卦鐘等。綜合平面與立體的辟邪物類型，實在不難感受辟邪物種類眾多，彷彿辟邪物是創意發揮，舉凡以辟邪目的為依歸，都能加以擇用。

## （三）組合多樣化

　　臺南縣境內，組合不同類型辟邪物，有兩大類：成套的辟邪物組合，有規律可循；多重複合的辟邪物組合，就包羅萬象隨性湊聚二種以上類型。一體成形的辟邪物掛在門楣上，單一個就能防護家宅，數量的擴充，讓一棟建築物可以同時掛著多個同款式辟邪物，也是屬於辟邪物的組合。所以一組辟邪物，在數量與樣式上的排列組合，形成辟邪網絡，把家宅保護得滴水不漏。

## （四）安置手法多樣化

　　門楣辟邪物原本是靜態，在安置儀式中，透過「人」而注入新生命，目的雖然一致的為了趨吉避凶，過程卻充滿著差異性，可以簡簡單單，可以繁瑣隆重。要為辟邪物開光點眼，啟動神祕辟邪力量，端看風水堪輿師、道士法師、神明執行的手法，祭品、咒語、神明對象難以統一，只能說是雷同的模式。

## （五）工藝技術與材料多樣化

　　辟邪物取材可以是自然物，可以是人造物，透過木雕彩繪、鏡面彩繪、石雕琢磨、交趾陶、銅鑄等工藝技術都能製作出門楣辟邪物。工藝技術與材料的配合，讓辟邪物的型態趨於精緻，尤其平面造型的辟邪物設計藝術化。

# 二、影響臺南縣民宅門楣辟邪物的「歷久」因素

　　門楣辟邪物能夠持續被臺南縣的人們所接受，是因為長時期在這塊土地生活，在同脈絡的民俗文化的氛圍，沾染一脈相承的民俗觀念，將使用門楣辟邪物的風氣能夠傳續下去。

## （一）沿用民俗慣見圖符、文字、器物

　　辟邪物的題材並非憑空捏造，也非一夕之間誕生，追溯根源，部分宇宙符號源自遠古時期，蒙上傳說神話的神秘色彩，不可證實卻深植人心，典型的八卦系統符號就是如此，影響民俗文化甚久。

## （二）表現傳統漢文化時空意涵

　　漢文化的空間觀念以中軸為主，講究左尊右卑與內尊外卑，可以在門楣辟邪物的題材看出端倪，辟邪物的中軸幾乎都是主要的圖案符號，以山海鎮為例，中央的山最高聳，八卦系統列於中央，左右對稱的佈局，無論是圖符或是文字，大多數的排列方式：左邊為先，右邊為後。無論是傳統合院建築，抑或是現代透天厝、高樓公寓，辟邪物大多安置於門楣的正中央，亦表現出中軸觀念，顯然空間認知是歷久不衰。

　　辟邪物與時間的關係，比較不容易直接看出。安置儀式過程中，必須確認時間點的年、月、日、時辰，才能順利安然的安置辟邪物，這種擇吉行事的方式，就是傳襲著漢文化的時間觀念。

## （三）崇尚陽宅風水堪輿術

　　風水堪輿術在清朝自大陸傳來臺灣，開枝散葉，深入一般人們生活，無論市井小民或者高官士紳，莫不趨之若鶩，期望藉由風水堪輿審視生活條件，尤其人生在世，陽宅此生活空間，品質攸關居住者的身、心、靈，相當重要。一旦陽宅出現風水上的瑕疵，有違禁忌，面對各種沖煞，於是乎辟邪物提供解決管道，因此崇尚陽宅風水堪輿風氣越為興盛，辟邪物得以生存的空間就越大。

## （四）相信宗教巫術之助力

　　求神問卜向來是臺灣民間信仰重要的活動，宗教的力量牽動人心，期望藉由宗教的助力，達成人生願景並且趨吉避凶得以安順過日子。然而門楣辟邪物與宗教、巫術關係深厚，三位一體，因為相信宗教與巫術，就相信辟邪物，所以辟邪物很難被淘汰，根深蒂固與宗教、巫術繼續發揮影響力，給予人們心靈的慰藉。

# 三、影響臺南縣民宅門楣辟邪物的「彌新」因素

　　門楣辟邪物長時期在臺南縣境內，絕非一成不變，歷經去蕪存菁，面臨汰舊換新，讓辟邪物有新風貌，有別於過去傳統形式。

## （一）題材訴求偏向祈福

　　辟邪題材可以表達人心，鎮制沖煞固然重要，對於福、祿、壽、喜、財的嚮往更是迫切需要，就直接了當讓辟邪物的圖符文字來闡述，尤其賺大錢求財觀念明顯，書寫五路財神、招財進寶，對我正生財等詞句在辟邪物上，似乎財富攸關家宅的興衰，重要性不言可喻，辟邪物則提供更廣的發願空間，祈福性質的題材越來越多，在山海鎮上多則二十幾組的文字詞句可見一斑。

## （二）建築型態格局轉變

　　臺南縣的民宅型態，最初是傳統合院建築，逐漸成了透天厝與高樓公寓，而且經過時代變遷，空間格局分布有所變化，首當其衝的是「門」的位置與型態，而且「門」的神聖性與重要性有所變化，不再僅是入口大門，透天厝最重要神聖的門移轉到頂樓神明廳的門，高樓公寓最重要神聖的門則是陽臺落地窗，因為門

變了，讓門楣辟邪物安置的位置也變了，重新定位，考量適合的門楣位置。而且建築型態改變，門楣辟邪物突破在傳統建築，單一個數在正廳門上，而是透天厝每層樓對外的每一面門上，通通安置辟邪物，與建築主體產生新的空間關係。

## （三）區域發展之差異

臺南縣的城鄉發展分為四個區域：東部遊憩與保育丘陵山區地帶、西部沿海漁業之鹽份地帶、中北部農業平原地帶、南部工商都會。受到自然地理環境的影響，差異落實在經濟發展、建築稠密度與宗教信仰。自然地理環境條件較弱的鄉鎮，如龍崎鄉、左鎮鄉、大內鄉，經濟狀況差，人口密度低，原本多是平埔族生活的場域，後來基督教介入，綜合族群與宗教的因素，使得辟邪物數量少而樣式基本。相對之，都會型發展與人口聚集的鄉鎮，多是漢文化為主的地區，則門楣辟邪物的數量與類型頗為多樣。

## （四）工藝精進與材料取向廣泛

以傳統民俗工藝技術為基礎，隨著技術改良，新的材料不斷出現，製作門楣辟邪物的方式跳脫手工的侷限，採用機器加工，制式化大量生產，與傳統社會中的辟邪物大不同。

## （五）媒體與網路推波助瀾

關於術數的電視節目如雨後春筍般推出，以陽宅風水堪輿為主軸的節目，剖析生活周遭的風水沖煞問題，並介紹各式各樣辟邪之物，引起觀眾產生共鳴，宣傳效果十足，無形中帶動辟邪物的曝光率，加上網際網路無遠弗屆，提供辟邪物販售的途徑，自然而然辟邪物的出路有了新契機。

參考書目

## 一、古籍史料

《呂氏春秋》（秦代）呂不韋，臺灣商務印書館，1967 年。

《說文解字》（東漢）許　慎，臺灣商務印書館，1967 年。

《史記》（漢代）司馬遷，新文豐出版社，1975 年。

《漢書》（漢代）班　固，新文豐出版社，1967 年。

《急就篇》（漢代）史游，（唐代）顏師古注，（明代）王應麟補注，
　　中華書局，1985 年。

《春秋繁露》（漢代）董仲舒，臺灣商務印書館，1967 年。

《三國志》（晉代）陳　壽，藝文印書館，1958 年。

《葬經》（晉代）郭　璞，東方文化出版社，1977 年。

《拾遺記》（晉代）王　嘉，新文豐出版社，1987 年。

《後漢書》（南朝宋）范　曄，藝文印書館，1958 年。

《宋書》（梁朝）沈　約，新文豐出版社，1975 年。

《古鏡記》（隋代）王　度，中華書局，1991 年。

《酉陽雜俎》（唐代）段成式，中華書局，1985 年。

《藝文類聚》（唐代）歐陽詢，中文出版社，1980 年。

《宣室志》（唐代）張　讀，中華書局，1985 年。

《大佛頂首楞嚴經》（唐代）天竺沙門般剌密帝譯，和裕出版社，1998
　　年。

《開元天寶遺事》（五代）王裕仁，上海古籍出版社，1985 年。

《顏氏家訓》（北齊）顏之推，臺灣商務印書館，1967 年。

《輿地碑記目》（宋代）王象之，臺灣商務印書館，1939 年。

《雲笈七籤》（宋代）張君房，華夏出版社，1996 年。

《雲笈七籤》（宋代）張君房，收錄於《道藏精華》第 7 集，自由出版社，1962 年。

《太平廣記》（宋代）李　昉，新興書局，1969 年。

《翻譯名義集》（宋代）普潤大師釋法雲，臺灣商務出版社，1976 年。

《宋史》（元代）脫　脫，新文豐出版社，1976 年。

《輟耕錄》（元代）陶宗儀，中華書局，1985 年。

《太極圖說述解》（明代）曹　端，臺灣商務印書館，1967 年。

《姓源珠璣》（明代）楊信民，莊嚴文化，1997 年。

《繪圖魯班經》（明代）午榮編，瑞成書局，1999 年。

《升庵外集》（明代）楊　慎，臺灣學生書局，1971 年。

《萬曆野獲編》（明代）沈德符，新興書局，1976 年。

《武備志》（明代）茅元儀，華世出版社，1994 年。

《八仙出處東遊記》（明代）吳元泰，上海古籍出版社，年代不詳。

《封神演義》（明代）許仲琳，三民出版社，1991 年。

《本草綱目》（明代）李時珍，人民衛生出版社，1999 年。

《西游記》（明代）吳承恩，中華書局，1991 年。

《八宅明鏡》（清代）箬冠道人，瑞成書局，1990 年。

《淮南子》（漢代）劉　安，臺灣商務印書館，1967 年。

《通俗編》（清代）翟　灝，藝文印書館，1968 年。

《尚書考靈曜》（清代）黃奭輯，藝文印書館，1972年。

《聊齋志異》（清代）蒲松齡，利大出版社，1985年。

《全圖詳註聊齋志異》（清代）蒲松齡，廣文書局，1991年。

《欽定協紀辨方書》（清代）清高宗敕編，臺灣商務印書館，1967年。

《鑄鼎餘聞》（清代）姚福均，臺灣學生書局，1989年。

《清嘉錄》（清代）顧祿，東方文化出版社，1974年。

《逸周書》（晉代）孔晁注，中華書局，1981年。

《集說詮真》（清代）黃伯祿，臺灣學生書局，1989年。

《歷代神仙通鑑》（清代）徐　道，臺灣學生書局，1989年。

《妙法蓮華經》（姚秦）鳩摩羅什奉詔譯，蓮池放生會，1983年。

《長阿含經》，中華佛教文化館影印大藏經委員會，1955年。

《周易》，臺灣商務印書館，1967年。

《廣雅》，臺灣商務印書館，1966年。

《尚書》，臺灣商務印書館，1967年。

《周禮》，臺灣商務印書館，1967年。

《禮記》，臺灣商務印書館，1967年。

《山海經》，臺灣商務印書館，1967年。

《爾雅》，臺灣商務印書館，1967年。

《三輔黃圖》，臺灣商務印書館，1967年。

《莊林續道藏》，成文出版社，1975年。

《玉匣記》，新文豐出版社，1977年。

《釋名》，中華書局，1985 年。

《繪圖三教源流搜神大全》，聯經出版社，1980 年。

《道藏》第 1 冊，文物出版社、上海書店、天津古籍出版社聯合出版，
　　　1988 年。

《道藏》第 2 冊，文物出版社、上海書店、天津古籍出版社聯合出版，
　　　1988 年。

《道藏》第 3 冊，文物出版社、上海書店、天津古籍出版社聯合出版，
　　　1988 年。

《道藏》第 9 冊，文物出版社、上海書店、天津古籍出版社聯合出版，
　　　1988 年。

《睡虎地秦墓竹簡·日書》，文物出版社，1990 年。

《黃帝宅經》，中華書局，1991 年。

《陽宅撮要》，中華書局，1991 年。

《大般若經》，眾生文化出版社，1993 年。

《華嚴經》實叉難陀譯，小報文化出版社，1993 年。

《大智度論》龍樹菩薩著；鳩摩羅什譯，世樺出版社，1994 年。

《地學形勢集》，新文豐出版社，1995 年。

《玉歷寶鈔》，真佛宗密宗學會，年代不詳。

## 二、專書

三民書局大辭典編纂委員會《大辭典》，三民書局，1985 年。

才　讓《藏傳佛教信仰與民俗》，民族出版發行，1999 年。

上河文化出版社編《臺灣地理人文全覽圖〔南島〕》，上河文化出版社，2002 年。

王玉德《神祕的風水》，書泉出版社，1994 年。

王玉德《神祕的八卦》，廣西人民出版社，2003 年。

王其亨編《風水理論研究》，地景出版社，1995 年。

王銘顯《工藝概論》，新形象出版社，1987 年。

王聖文編《正宗道門科儀》，世一出版社，1988 年。

王建傳、孫麗編《佛家法器》，天津人民出版社，2004 年。

王貴祥《文化‧空間圖式與東西方建築空間》，田園城市文化，1998 年。

王健旺《臺灣的土地公》，遠足文化出版社，2003 年。

王　苡《神靈活現：驚艷八仙彩》，博揚文化，2000 年。

片岡巖《臺灣風俗誌》，眾文圖書，1990 年。

心岱編《臺灣老樹之旅》，時報文化出版社，1999 年。

弗雷澤《金枝：巫術與宗教之研究》，桂冠出版社，1991 年。

白鶴鳴《旺宅化煞 22 法》，聚賢館文化公司，1992 年。

臺南縣政府編《臺南縣綜合發展計畫》臺南縣政府，1996 年。

艾定增《中國建築---風水與建築》，天龍出版社，2003 年。

任　騁《中國民間禁忌》，北京作家出版社，1991 年。

任繼愈編《基督教小辭典》，上海辭典出版，2001 年。

杜而未《鳳麟龜龍考釋》，臺灣商務印書館，1966 年。

全佛編輯部編《佛教的法器》，全佛文化出版社，2000 年。

呂理政《天、人、社會---試論中國傳統的宇宙認知模式》，中研院
　　民族所，1990年。

呂理政《傳統信仰與現代社會》，稻鄉出版社，1992年。

呂大吉《宗教學通論》，博遠出版社，2003年。

李亦園《信仰與文化》，巨流圖書公司，1978年。

李亦園編，段芝撰《中國神話》，地球出版社，1994年。

李亦園《宇宙觀、信仰與民間文化》，稻鄉出版社，1999年。

何恭上《水晶珍藏》，藝術圖書公司，1994年。

宋韶光《風水百寶箱》，笛藤出版社，1997年。

何培夫《臺灣古蹟與文物》，臺灣省政府新聞處，1997年。

何培夫《臺灣的民俗辟邪物》，臺南市政府，2001年。

李世偉編《臺灣宗教閱覽》，博揚文化出版社，2002年。

李桂玲《臺港澳宗教概況》，東方出版社，2003年。

李乾朗《臺灣古建築圖解事典》，遠流出版社，2003年。

李祖定《中國傳統吉祥圖案》，大孚書局，1995年。

李蒼彥《中國吉祥圖案》，南天書局，1988年。

阮昌銳《中國民間宗教之研究》，臺灣省立博物館，1990年。

吳瀛濤《臺灣民俗》，眾文圖書，1992年。

吳裕成《中國的門文化》，天津人民出版社，1998年。

吳炳輝《臺灣傳統民宅的人文風貌》，稻田出版社，2003年。

周宇延編《南臺灣公路地圖集》，大輿出版社，1997年。

林禮明《圖說中國鬼文化》，翌耕圖書公司，1995年。

倪再沁編《福爾摩沙之美：臺灣民間工藝》，行政院文化建設委員
　　會，2001 年。

馬凌諾斯基《巫術、科學與宗教》，協志工業叢書出版公司，1980
　　年。

馬書田《中國道教諸神》，國家出版社，2001 年。

馬書田《中國民間諸神》，國家出版社，2001 年。

姜義鎮《臺灣的鄉土神明》，臺原出版社，1995 年。

袁　珂《中國神話傳說辭典》，華世出版社，1987 年。

袁　珂《神異篇》，書泉出版社，1993 年。

高燦榮《燕尾、馬背、瓦鎮---臺灣古厝屋頂的型態》，南天出版社，
　　1989 年。

高燦榮《臺灣古厝鑑賞》，南天出版社，1993 年。

莊伯和、徐韶仁《臺灣傳統工藝之美》，晨星出版公司，2002 年。

徐福全《臺灣民間祭祀禮儀》，臺灣省立新竹社會教育館，1996 年。

徐志銳《周易陰陽八卦說解》，里仁書局，1994 年。

張道一編《中國圖案大系---清代》，山東美術出版社，1994 年。

張治江、成剛、汪澤源主編《佛教文化》，麗文文化出版社，1995
　　年。

張宏實《西藏神域・辟邪瑰寶》，淑馨出版社，1995 年。

張懿仁《金銀紙藝術》，苗栗縣政府，1996 年。

張澤洪《道教齋醮符咒儀式》，巴蜀書社，1999 年。

張蕙芬《臺灣老樹地圖---臺灣老樹 400 選》，大樹文化出版社，2002

年。

卿希泰《中國道教》,頁 306~307,知識出版社,1994 年。

陳　青《祕傳萬法歸宗》,新南書局,1946 年。

陳天水《中國古代神話》,鴻泰圖書,1990 年。

陳久金、楊　怡《中國古代的天文與曆法》,臺灣商務印書館,1993
　　年。

陳炳容《金門風獅爺》,金門縣政府,1996 年。

陳兆復《古代岩畫》,文物出版社,2002 年。

國立歷史博物館編編輯委員會編《歷代銅鏡》,國立歷史博物館,
　　1996 年。

葉志雲《藏傳佛教藝術導覽》,臺中市立文化中心,1999 年。

連　橫《臺灣通史》,幼獅文化事業,1977 年。

曾永義《鄉土的民族藝術》,行政院文化建設委員會,1988 年。

黃世維《實用佛教事典》,頂淵出版社,1990 年。

黃文博《臺灣民間信仰與儀式》,常民文化,1997 年。

黃文博《南瀛石敢當誌》,臺南縣文化局,2002 年。

黃應貴編《空間、力與社會》,中央研究院民族學研究所,1995 年。

陶思炎《中國鎮物》,東大出版社,1998 年。

陶思炎《中國祥物》,東大出版社,2003 年。

趙沛霖《先秦神話思想史論》,五南出版社,1998 年。

聖　嚴《戒律學綱要》,佛光文化事業,1997 年。

董芳苑《認識臺灣民間信仰》,常青文化公司,1986 年。

董芳苑《臺灣民宅門楣八卦牌守護功用的研究》，稻鄉出版社，1988
　　年。

董芳苑《探討臺灣民間信仰》，常民文化，1996 年。

鄭曉江《中國辟邪文化大觀》，花城出版社，1994 年。

潛龍居士《符咒妙法全書》，泉源出版社，1991 年。

劉還月《臺灣民間信仰小百科---靈媒卷》，臺原出版社，1994 年。

劉韶軍《神秘的星象》，書泉出版社，1994 年。

劉敏耀《澎湖的風水》，澎湖縣立文化中心，1996 年。

潘恩德《全像民間信仰諸神譜》，巴蜀書社，2001 年

鍾華操《臺灣地區神明的由來》，臺灣省文獻委員會，1979 年。

謝宗榮編《驅邪納福：辟邪文物與文化圖像》，國立傳統藝術中心，
　　2004 年。

蕭　兵《避邪趣談》，上海古籍出版社，2003 年。

藍吉富編《中國佛教百科全書》第 2 冊，中華佛教百科文獻基金會，
　　1994 年。

藍吉富編《中國佛教百科全書》第 4 冊，中華佛教百科文獻基金會，
　　1994 年。

藍吉富編《中國佛教百科全書》第 6 冊，中華佛教百科文獻基金會，
　　1994 年。

藍吉富編《中國佛教百科全書》第 9 冊，中華佛教百科文獻基金會，
　　1994 年。

蘇啟明編《道教文物》，國立歷史博物館，1999 年。

## 三、期刊論文

關華山〈臺灣傳統民宅所表現空間觀念〉，《中央研究院民族學研究所集刊》，49 期，1980 年。

楊聯陞〈禪宗語錄中之『聻』〉，《清華學報》，14：01，1982 年。

談錫永〈咒輪厭勝及祈福符〉，《故宮文物月刊》02：05，國立故宮博物院，1984 年。

楊仁江〈石敢當初探---臺南地區石敢當實例〉，《臺南文化》，24 期，1987 年。

周榮杰〈臺灣民間信仰中的厭勝物〉，《高雄文獻》28：29，1987 年。

石暘睢〈臺南の石敢當〉，《民俗臺灣》，02：05，武陵出版社，1988 年。

三島格〈獸牌〉，《民俗臺灣》中譯本，第一輯之 15，武陵出版社，1990 年。

江韶瑩〈臺灣工藝的發展與變遷（上）〉，《臺灣美術》，04：12，1991 年。

江韶瑩〈臺灣工藝的發展與變遷（中）〉，《臺灣美術》，05：12，1991 年。

盧明德〈安平古聚落所見獸牌及其造形之研究〉，《實踐學報》12 期，1993 年。

林會承〈漢民族空間模式之建立概說〉，《賀陳詞教授紀念文集》，東海大學建築系暨建築研究所，1995 年。

鄭曉江〈論中國民間避邪文化〉，《中國文化月刊》，192 期，1995
　　年。

鄭曉江〈中華避邪文化之科學透視〉，《二十一世紀》，27 期，1995
　　年。

謝宗榮〈厭勝物所反映的臺灣民間信仰空間觀念〉，《臺北文獻》
　　直字 124 期，1998 年。

李豐楙〈煞：一個非常的宇宙現象〉，《歷史月刊》，132 期，1999
　　年。

戴文鋒〈臺灣民間五營的民俗與信仰〉，《漢家雜誌》68 期，2001
　　年。

吳望如〈從辟邪物談劍獅〉，《北縣文化》，74 期，2002 年。

莊伯和〈漫遊亞洲圖像〉，《傳統藝術》，50 期，國立傳統藝術中
　　心，2005 年。

## 四、學位論文

戴文鋒《日治晚期的民俗議題與臺灣民俗學－－以《民俗臺灣》為
　　分析場域》，國立中正大學歷史研究所博士論文，1999 年。

謝宗榮《臺灣辟邪劍獅研究》，國立藝術學院傳統藝術研究所碩士
　　論文，2000 年。

附錄圖片

附錄圖 2-1：一營寨有七
支竹符

附錄圖 2-2：竹符前有瓷
燒、烘爐，並與石碑結
合。

附錄圖 2-3：五色紙所糊
成的營主帥神像

附錄圖 2-4：五營有雕刻神像
金身

附錄圖 2-5：竹符令旗米篩與
五營結合

附錄圖 2-6：關聖帝君指派的
鐵樹五營。

附錄圖 2-7：聚落「石敢冬」(北門鄉)

附錄圖 2-8：路中央的石敢當「阿彌陀佛」

附錄圖 2-9：石敢當「天虎大將軍」

附錄圖 2-10：刺桐樹與樹下的獸牌為了鎮煞，該處曾發生嚴重的車禍。(安
　　　　　 定鄉)

附錄圖 2-11：用來制水煞的塔(七股鄉)

附錄圖 2-12：路口的神龕
內有阿彌陀佛像

附錄圖 2-13：傳統民宅中
樑八卦

附錄圖 2-14：家中擺設麒
麟踩八卦，鎮宅並帶來福
氣。

附錄圖 2-15：慈安宮附近
屋脊上的陶罐，是神明所
指派的。

附錄圖 2-16：屋脊上種植
仙人掌。

附錄圖 2-17：屋牆上的字
牌。(佳里鎮)

附錄圖 2-18：門上有舖首，門楣上有八卦牌。(白河六重溪)

附錄圖 2-19：民宅屋後的石敢當，上方還有一面山海鎮。(關廟鄉)

附錄圖 2-20：石敢當近照。

附錄圖 2-21：刀劍門(北
門鄉)

附錄圖 2-22：刀劍門(北
門鄉)

附錄圖 2-23：刀劍門(佳
里)

附錄圖 2-24：「吉星與卍」的門，功能和刀劍門一樣(大內鄉)

附錄圖 2-25：照牆

附錄圖 2-26：照牆

附錄圖 2-27：照牆

附錄圖 2-28：「對我生財」照牆

附錄圖 2-29：神明指示的鐵皮照牆

附錄圖 2-30：伏羲與女媧人身蛇尾的造型。（資料來源：《中國神話》）

附錄圖 2-31：伏羲見神龜而畫八卦（資料來源：《中國神話》）

附錄圖 2-32：伏羲(中者)捧著八卦( 資
料來源：《中國神話》)

附錄圖 2-33：伏羲見龍馬而畫八卦
資料來源：《中國神話》

附錄圖 2-34：宋代照妖鏡
資料來源：《歷代銅鏡》

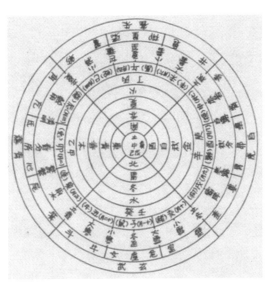

附錄圖 2-35：五行類比系統圖示。（資料來源：《天、人、社會》）

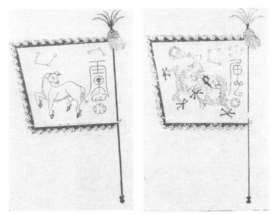

附錄圖 3-1：二十八星宿為題材的軍旗（資料來源：《武備志》）

附錄圖 3-2：六丁六甲獸頭人身十二神將（資料來源：《三才圖會》）

附錄圖 3-3：六丁六甲神將為題材的軍旗。（資料來源：《武備志》）

附錄圖 4-1：以一面山海
鎮為立足點，面對路沖。

附錄圖 4-2：廟後的人家
安了一面王爺派的鏡
子。

附錄圖 4-3：八卦鏡內的
電線桿說明防制柱沖。

附錄圖 4-4：安置八卦四
面鏡簡單慎重。

附錄圖 4-5：吳武楠先生
要安字牌，同時為八卦四
面鏡開光，祭品豐富。

附錄圖 4-6：持筆口唸咒
語。

附錄圖 4-7：筆頭倒頓
表示確實勅點。

附錄圖 4-8：在鏡面書
畫符文。

附錄圖 4-9：將八卦凹
面鏡在淨香爐上方繞
圈。

附錄圖 4-10：完成開光
(勅點)的辟邪物。

附錄圖 4-11：安置山海
鎮，搭配手勢咒語

附錄圖 4-12：〈步驟一〉
神明以手轎的方式為山
海鎮開光。

附錄圖 4-13：〈步驟二〉決定安置山海鎮的位置。

附錄圖 4-14：〈步驟三〉神明指示山海鎮背面塞紅包。

附錄圖 4-15：〈步驟四〉山海鎮背面塞進紅包。

附錄圖 4-16：〈步驟五〉將開光筆放到山海鎮上方。

附錄圖 4-17：〈步驟六〉固定山海鎮。

附錄圖 4-18：〈步驟七〉焚燒金紙。

附錄圖 4-19：〈步驟八〉
手轎強烈搖晃，表示禮
成。

附錄圖 4-20：獸牌前有插
香竹管，表示平日會祭
祀。

附錄圖 4-21：傳統合院建
築門楣單一個辟邪物。

附錄圖 4-22：透天厝一樓門門中央的辟邪物

附錄圖 4-23：透天厝的門型態改變，辟邪物的位置亦隨之改變，移到頂樓對外的門楣上。

附錄圖 4-24：透天厝對外的門楣上都掛上鏡子，數量增多。

國家圖書館出版品預行編目資料

臺灣民宅的辟邪物—以臺南縣家宅的門楣為例
／陳桂蘭著. -- 初版. -- 臺北市：蘭臺, 2006[民 95]
面； 公分. --（臺灣鄉土與宗教研究叢刊；第 1 輯）
參考書目：面

ISBN 978-986-7626-40-0（平裝）

1.喪禮 – 臺灣　2.佛教 – 儀式

538.68232　　　　　　　　　　　　　　95022365

TR006
臺灣鄉土與宗教叢刊　第一輯

# 臺灣民宅的辟邪物
## ——以臺南縣家宅的門楣為例

總　編　輯：李世偉、郝冠儒
作　　　者：陳桂蘭
發　　　行：博客思圖書公司
出　版　者：蘭臺出版社
地　　　址：台北市中正區開封街一段 20 號 4 樓
電　　　話：(02)2331-1675　傳真：(02)2382-6225
編　　　輯：張加君
美　　　編：赤邑生
劃 撥 帳 號：18995335
網 路 書 店：http://www.5w.com.tw　E-Mail：lt5w.lu@msa.hinet.net
網 路 書 店：博客來網路書店　http://www.books.com.tw
網 路 書 店：中美書街　http://chung-mei.biz
總　經　銷：成信文化事業股份有限公司
香港總代理：香港聯合零售有限公司
地　　　址：香港新界大蒲汀麗路 36 號中華商務印刷大樓
　　　　　　C&C　Building, 36, Ting　Lai　Road, Tai Po,New Territories
電　　　話：(852)2150-2100　　傳真：(852)2356-0735
出 版 日 期：2006 年 11 月初版
定　　　價：新臺幣 350 元整

ISBN-13：978-986-7626-40-0
ISBN-10：986-7626-40-0